21世纪高职高专规划教材·公共课系列

公共关系案例与实训教程

主　编　王光华
副主编　尹　莹　肖红艳　阎　伟　卢文丰

中国人民大学出版社
·北京·

图书在版编目（CIP）数据

公共关系案例与实训教程/王光华主编．—北京：中国人民大学出版社，2017.2
21世纪高职高专规划教材．公共课系列
ISBN 978-7-300-24047-3

Ⅰ.①公… Ⅱ.①王… Ⅲ.①公共关系学-高等职业教育-教材Ⅳ.①C912.31

中国版本图书馆CIP数据核字（2017）第021586号

21世纪高职高专规划教材·公共课系列
公共关系案例与实训教程
主　编　王光华
副主编　尹　莹　肖红艳　阎　伟　卢文丰
Gonggong Guanxi Anli yu Shixun Jiaocheng

出版发行　中国人民大学出版社
社　　址　北京中关村大街31号　　　　邮政编码　100080
电　　话　010－62511242（总编室）　　010－62511770（质管部）
　　　　　010－82501766（邮购部）　　010－62514148（门市部）
　　　　　010－62515195（发行公司）　010－62515275（盗版举报）
网　　址　http://www.crup.com.cn
　　　　　http://www.ttrnet.com(人大教研网)
经　　销　新华书店
印　　刷　中煤（北京）印务有限公司
规　　格　185 mm×260 mm　16开本　　版　　次　2017年2月第1版
印　　张　15.75　　　　　　　　　　印　　次　2021年6月第4次印刷
字　　数　318 000　　　　　　　　　定　　价　35.00元

前言

公共关系是现代任何组织创建和发展都不得不面临的问题，无论是政府组织、社会组织还是公益组织，都会遇到。在自媒体及“互联网＋”蓬勃兴起的时代，往往“成也公关，败也公关”。华为技术有限公司能立足于世界高科技企业之林，不唯其技术力量，还在于它的企业文化建设和良好的公共关系构建；中国红十字会在公众心目中的形象曾一落千丈，也恰在于它的公共关系处理不当。公共关系是一个组织在发展过程中需面对的重要问题，是虽细微但牵一发而动全身的问题。公共关系作为一门显学，在中国无论是研究发掘还是市场运用，都具有较为深厚的基础和广阔的前景。虽然我国有大量的公关教学和研究的专家学者及公关经理、公关专门人才，他们为社会和组织创造的公共关系文化和经济价值也在持续增长，但相对于美、英等国一个公关巨头年营业额上百亿的市场来说，中国的公共关系行业与经济社会的发展还很不相称。除了职业公关人才以外，在“酒好也怕巷子深”的当今社会，在信息沟通多渠道和高频率的情况下，各个组织中的成员都必须具备一定的公关意识和能力，才能为组织形象、口碑、品牌添砖加瓦。

为此，一些院校开设了公共关系专业。当前，公共关系类教材虽多，但显然跟不上应用型人才培养的节奏，尚需时日来做更大的改进和创新。当我们的实际教育和职业实践经由市场的“春风”吹拂，已是“山花烂漫时”，跟市场接轨的课程和教材却依然“春意料峭”。我们在长期的教学和研究中，发现课程教学的课时量和课程标准与相应专业的接榫不够精准，诸多公共关系类教材普遍存在两个问题：一是教材“知”多“行”少，而应用型教育的本质是知行合一；二是教材大多为公共关系学专业编写，而对于其他应用型专业的公共关系课程并不适用。

为此，我们组成了包括行业、企业相关专家的编写团队，反复研讨和思考，结合应用型教学和研究实际，“定制”了本教材的六个项目，根据各个项目设计数量不等的任务，以经典的案例阅读、点评和任务实训为主，任务知识点和技能点基本“合一”。六个项目和相关的任务囊括了什么是公共关系、为什么需要进行公关、谁来公关、为谁公关、怎么去公关、公关常用的活动方式、公关的效果评价、公关危机的处理、公关常用的技巧等一门课程应当具备的追问和一个具备公关意识与能力的人所必经的锤炼。为了避免诸多教材“坐而论道”的“僵硬面孔”，我们在每一个项目下的任务中按照人们惯常的、易于接受的思维方式，创新性地设计了案例阅读及案例点评、实训导引、阅读必备、阅读链接四个环节。每项任务根据知识点和技能点的训练需要列举多个典型案例并进行点评，实训导引包括任务步骤及相关的评价表，阅读必备用关键词强调教学项目下各个任务的知识点，阅读链接列出了相关书籍及网站等。同时，本教材也是一部出“彩”的教材，每个案例后多配有相应的图片，力求避免传统教材的刻板和“一本正经”，期望能够提高学习者的学习兴趣。

本教材极力体现一个创新、两个重点、三个落脚点。

一个创新：打破学科知识逻辑的固有建构，体现职业应用型的建构逻辑。作为非公共关系专业的一门课程，“我要学”和“学而能用”是主要的导向，典型案例分析和实际的项目训练就凸显了它的应用性和实践性特色，体现以“知行合一”和“智”的训练为导向的应用型教育教材编写的创新，从“知”的教育跨越到“智”的训练，再辅以阅读必备环节，体现以学习者为主体，帮助他们建构自己更多的公关意识和能力。

两个重点：重点突出公共关系实践思路和方向性的训练；重点突出职业活动中公共关系意识和一般性能力的建构。

三个落脚点：落脚在学习者所学的专业文化和未来从事的职业的文化上；落脚在互联网背景下案例分析讨论和“智”性的任务训练的建构中；落脚在求学者的自主学习和创新。

课程和教材在应用型专业中不是纯学科性的，是附着和融合于求学者的专业和他们未来从事的职业中的，要摒弃单纯的知识的传授，重在智慧和技能的训练。同时，本教材在“互联网＋”时代特点、“新生代”学子特点和日新月异的职业发展特点等叠加的背景下，力求简约、实际，既怀着仰望星空的情怀，又力图在接地气的易于操作层面上下工夫。

本教材由在公共关系课程教学领域深耕多年的王光华教授、尹莹博士、肖红艳老师、阎伟老师、卢文丰副教授等组成的团队共同探讨并编写完成。在编写过程中，大家都提出了很有创意和见地的意见和建议。其中，广东科学技术职业学院王光华教授负责总策划、统筹、审定并编写项目一，浙江义乌工商职业技术学院尹莹博士编写项目二和项目四，广东江门职业技术学院肖红艳老师编写项目三和项目五，广东外语艺术职业学院阎伟老师编写项目六，珠海城市职业技术学院卢文丰副教授进行了书稿初审，沈阳建筑大学管理学院王毓昕同学制作了配套的PPT，吉林大学珠海学院中文系莫文欣同学进行先期的文字梳理工作。同时，特邀请深圳华为技术有限公司秘书处处长李婉俊女士对教材编写进行共同研讨、策划与审稿，相关的课程软件开发由深圳国泰安教育技术有限公司负责。教材及相关软件也作为部分校企合作企业员工培训参考资料。

感谢中国人民大学出版社的鼎力支持，感谢广东科学技术职业学院、广东外语艺术职业学院、广东农工商职业技术学院、广东江门职业技术学院、浙江义乌工商职业技术学院、珠海城市职业技术学院等相关院校热心领导、专家及教授的大力支持，在此谨表谢意！本书在编写过程中参考了公共关系方面的诸多网站、书籍和报刊，在此也表示最真诚的谢意！

由于编写水平和时间所限，书中难免有不妥之处，诚望大家批评、指正。

目录

项目一 什么是公共关系

公共关系与我们每个人的生活、工作息息相关。奥运健儿参与国际体育赛事，不似我们平日里的运动健身，他们的举止、拼搏代表一个国家的形象和体育精神，所以每有获奖，必伴有国歌和升国旗仪式。在校求学，你便是某学校的学生，一些人对你学校的认知，会从你身上体察，更不用说你代表学校进行比赛了。所以，你的言行举止具有组织形象的建设意义，具有一定的公共关系的符号性。职场中，你若从政，你的公务活动、你的言行是在塑造政府的公关形象，虽然政府的公关形象不仅仅限于此；你若经商，你的产品设计、生产、包装、销售和服务都在建立一种公共关系的品牌和口碑，你的经营活动也是店面和公司的公关形象展现。我国工人群体、农民群众、知识分子，都在长期的公共关系文化的风雨中，建构了自己各自群体的广义上的公共关系形象。所以，公共关系既是当下的行为，也是历史的积淀。

任务一　公共关系的目的和方向

什么是公共关系？公共关系是如何发生和发展的？谁需要公共关系？公共关系能做什么？不同组织的公共关系活动是否是一样的？这些问题是我们在学习和训练中必须明了的。下面我们通过几个典型的案例及点评，让大家“智”；通过实训导引，让大家“会”；通过引导性的阅读必备，让大家“知”。

案例阅读1

国庆阅兵显示国际形象

2015年9月3日9时，在天安门广场举行了盛大的“纪念中国人民抗日胜利暨世界反法西斯胜利70周年”的阅兵活动。此次阅兵有几个第一次：中国第一次邀请外国军队参与；第一次大量展示自主研发的居世界前列的重型武器；很多武器装备是第一次出现在阅兵仪式上，首次展出的装备达到84%；全国阅兵仪式中第一次出现女仪仗队员；第一次亮相平均年龄为80多岁的老兵英雄方队；第一次有将军担任方队的领队；第一次现场出现由军校学生组成的千人合唱团……如此多的第一次在中国阅兵史上实属罕见。

资料来源：http://city.igdzc.com/a/20150904/44276_2.html.

案例点评

公共关系是组织与公众建立的一种良性关系，是一个组织塑造自己良好形象的必要手段和方式。从公关的角度来看，2015年中国的大阅兵对中国国际形象的塑造有以下几大作用：第二次世界大战中东方主战场的地位得到全世界的公认；铭记历史，更加紧密地连接全国人民，齐心协力创造美好未来；进一步联络了在抗战时期就建立起来的与各国的外交情谊；向世人展示了发展中的中国虽然强大但是珍爱和平（再次裁军30万人）；树立良好的大国形象。

做好公共关系工作，可以与公众建立良好的关系，塑造一个组织可亲、可爱、可信赖的形象。

案例阅读2

全聚德店庆创造新辉煌

全聚德作为我国餐饮业驰名中外的老字号企业，自清朝司治三年（1864 年）创立至今已有一百多年的发展历程。经过几代人的努力，全聚德形成了以烤鸭为代表的系列美食精品和独特的饮食文化。全聚德这家百年老店已成为国家领导人宴请国际友人的重要场所，成为国际国内朋友认识、了解北京的窗口。

为了抓住机遇，迎接挑战，积极参与市场竞争，集团公司决定以 1999 年全聚德建店 135 周年为契机，全年推出一系列多层次的企业形象公关活动。全年系列公关活动分为三个阶段。第一阶段：在含有元旦、寒假、春节、元宵节等节假日的第一季度与《北京晚报》、北京楹联研究会联合举办“全聚德杯”新春有奖征集对联活动（以下简称“征联”）；面向全社会（包括集团员工）开展“我与全聚德”征文，征集店史文物活动；着手整理资料，编辑、出版《全聚德今昔》一书。第二阶段：在农历六月初六（即全聚德创建日）举办“全聚德建店 135 周年店庆暨首届全聚德烤鸭美食文化节开幕式”。第三阶段：在金秋十月，借新中国五十华诞之际举办全聚德品牌战略研讨会。经过近一年时间的实施，1999 年全聚德集团企业形象公关活动达到了预期的公关目的。

首先，“全聚德杯”新春有奖征联活动，把树立全聚德品牌形象与中国传统楹联文化有机地结合起来，形成了“以文化树品牌”“以文化促经营”的新闻热点，弘扬了全聚德的饮食文化和品牌文化。

其次，提高了全聚德品牌的知名度和美誉度。众多新闻媒体都对“全聚德建店 135 周年店庆暨首届全聚德烤鸭美食文化节”作了全面报道，强化了全聚德的品牌形象。

再次，全聚德集团通过 135 周年店庆活动取得了良好的经济效益。由于“全聚德建店 135 周年店庆暨首届全聚德烤鸭美食文化节”活动的拉动作用，国庆节期间（10 月 1 日～7 日）集团公司 10 家直营店共完成营业收入 703.5 万元，接待宾客 76 325 人次，日平均营业额达100.5万元。

最后，全聚德品牌发展战略研讨会明确了全聚德品牌战略目标，即以全聚德烤鸭为龙头、以精品餐饮为基业，创造具有中国文化底蕴、实力雄厚、品质超凡、市场表现卓越、享誉全球的餐饮业世界级名牌。

案例点评

在激烈的中外餐饮竞争中，要维护和发展自己的产品品牌和独到的餐饮形象，没有一定的公关思维和思路是不行的。因此，全聚德组织了这一次以民族风为主调的公关活动。

第一，全聚德作为餐饮业驰名中外的老字号，在本次活动中突出自己的特点，通过宣传本店深厚的文化底蕴来树立自己的独特形象。冠名新春征联，征集店史文物，开展“我与全聚德”征文，出版《全聚德今昔》一书，这些活动都是以全聚德135年的历史为背景进行的。一百多年的文化积淀，使全聚德形成了自己的饮食文化，这种文化在当代又具有强烈的品牌意义。征联、征文、出版活动，从形式到内容都渗透了中国传统文化对全聚德的影响，这是真正意义上的“文化搭台，经济唱戏”。

第二，与当时主要媒体平台（《北京晚报》）联合举办面向社会的新春征联活动，面向全社会征文，随后的“全聚德建店135周年店庆暨首届全聚德烤鸭美食文化节”又被众多媒体全面报道，引起公众的广泛关注，提高了全聚德的知名度和美誉度。

第三，召开全聚德品牌发展战略研讨会，确定了全聚德品牌发展的战略目标。以讨论“发展战略”为主题的研讨会本身就为塑造全聚德的现代化品牌形象增添了浓重的一笔；发展战略的确定，更为有135年历史的全聚德树立了适应社会发展环境的现代企业的形象。

公共关系既体现在一个组织的外在公众形象上，也体现在组织的品牌质量和内涵上。全聚德在这次活动中，采取多种形式，把传统的饮食文化与现代企业文化有机地结合起来，成功地为自己塑造了具有深厚中国传统文化底蕴的现代企业的形象，并且被媒体广泛传播，活动是成功的。

案例阅读3

“香港回归祖国倒计时”活动——《中国名牌》杂志社公关创意

《中国名牌》杂志社曾组织策划了高扬爱国主义旗帜的中国政府对香港恢复行使主权倒计时活动，具有深刻的政治意义与深远的历史意义。其创意如下：

一、项目调查

1. 历史：香港问题是英帝国主义入侵中国后强迫清政府签订的不平等条约的产物；

2. 立场：香港是中国领土，不属于“殖民地”范畴，邓小平同志明确表示 1997 年要对香港恢复行使主权；

3. 结论：1997 年 7 月 1 日这一天回归，使一个世纪的悲欢离合、一个民族的沧桑荣辱在这个时刻凝聚升华。

二、项目策划

1. 目的：高扬爱国主义旗帜；

2. 切入点：倒计时（让它分分秒秒叩动每一位炎黄子孙的心弦）；

3. 规模：倒计时牌上每字高度不小于 1 米，总面积 150 平方米，可视距离 1 000 米以上；

4. 焦点：倒计时牌建在天安门广场的中国革命历史博物馆正中；

5. 层次：报呈新华社领导、北京市政府、国务院港澳办，直到中央领导；

6. 时间：在 1994 年 12 月 19 日（中英联合声明 10 周年）启动，运行至 1997 年 7 月 1 日，共计运行 925 天。

三、项目实施

1. 高层公关：中央支持；

2. 政府各职能部门公关：热情赞许；

3. 横向公关：全国人民振奋。

四、项目评估

1. 中央领导高度评价；

2. 925 天中，参观率最高，也是爱国主义教育基地；

3. 世界之最：面积、时间、参与人数、新闻报道。

资料来源：http://wenku.baidu.com/view/57a29b19227916888486d779.html.

案例点评

这一案例典型体现了公共关系状态、公共关系活动、公共关系观念三个知识点。三者之间的关系是：公共关系活动的结果形成特定的公共关系状态，而自觉、科学的公共关系活动又必须在现代公共关系观念的指导下进行。

公共关系活动是指运用传播沟通的方法去协调组织的社会关系，影响组织的公众舆论，塑造组织的良好形象，优化组织的外部环境的一系列公共关系工作。《中国名牌》杂志社通过项目调查、项目策划和项目实施等公共关系操作实务，紧紧围绕香港回归这一重大历史事件、高扬爱国主义旗帜这一主题策划并实施了“香港回归祖国倒计时”公共关系活动，具有深刻的政治意义和深远的历史意义。

公共关系状态是指一个组织与其公众环境之间客观上存在的关系状况和舆论状况。《中国名牌》杂志社的这一公关活动得到了中央领导的高度评价，从1994年12月19日至1997年7月1日这925天中，倒计时牌成为爱国主义教育基地，并创造了数项世界之最。公众从中受到爱国主义教育，组织与公众间的关系状况和舆论状况得到极大的改善。

公共关系观念是一种引导、规范组织行为的价值观念和行为准则。此次活动的策划人员正是通过形象观念、公众观念、传播观念、协调观念、互惠观念和服务观念，策划并实施了此次爱国主义教育活动。

案例阅读4

占座风波

江西第一家肯德基餐厅落户南昌时，人如蜂拥，非常火爆。不曾想，有顾客因争座被殴打而向报社投诉肯德基，引起一场不小的风波。

事件经过大致如下：一位女顾客用所携带物品占座位后去排队购买套餐，座位被一位男顾客占去而与之发生争执。两位顾客之间的争执尽管已引起其他顾客的注意，但大家都未太在意，餐厅的员工也未能及时平息二人的争端。接着争吵升级，店内所有顾客都开始关注事态，邻座的顾客则停止用餐，离座回避，带小孩的家长担心事态危险和小孩受到粗话的影响，开始领着小孩离店。最后两人由争吵上升到斗殴，男顾客大打出手，打伤女顾客后离店，别的顾客也纷纷离座外逃，远远地看热闹。女顾客非常气愤，当即要求肯德基餐厅对此事负责，并予以赔偿。但餐厅经理表示：“这是顾客之间的事情，肯德基不应该负责。”他拒绝了女顾客的要求。女顾客马上打电话向《南昌晚报》和《江西都市报》投诉。两报立即派出记者到现场采访。女顾客陈述了事件的经过并坚持自己的要求，而餐厅经理在接受采访时对女顾客被殴表示同情和遗憾，但是认为餐厅没有责任，不能作出道歉和赔偿。两报很快对此事作了报道，结果引起了众多市民的议论和有关法律专家的关注。事后，根据《中华人民共和国消费者权益保护法》，肯德基被认定对此事负有部分责任，向女顾客公开道歉，并赔偿了部分医药费，两报对此也都作了后续报道。

案例点评

从公共关系的角度来看，肯德基对顾客争座应该管，而且管得越早越好。南昌肯德基因未及时处理好该事件而使舆论影响不断升级，形象损失越来越大。在两位顾客因争座发生口角伊始，尽管已引起其他顾客的注意，但大家都未太在意，此时餐厅的员工如能及时平息两人的争端，则不会有任何不良后果。及至两人由争吵上升到斗殴，别的顾客也纷纷离座外逃和远远地看热闹，其影响面还局限于人际范围，如果餐厅经理能满足女顾客的要求，女顾客就不至于向报社投诉。而接受记者采访时餐厅经理继续与女顾客持对立的观点，更增加了新闻报道的冲突性和报道价值，从而令南昌肯德基进一步陷入被动局面。从整个过程看，肯德基对该事件的处理态度实为公关大忌，餐厅经理为维护一时的权益，不仅失去了一个消费者，而且造成了众多消费者的心理阴影。在这一事件中，从自身公关形象出发，肯德基也应该意识到：

1. 培养员工的公关意识十分重要。目前不少公司的员工宁输公司的形象也不愿输理，因小失大，就源于员工公关意识薄弱，看不到形象作为无形资产对于公司的巨大价值。案例中的肯德基应主动及早处理，使消费者免伤和气，心情愉快地消费。对于经营性组织来说，公关不只是公关部的责任，对员工进行素质培养，推行全员公关，是各个组织都不应忽视的。

2. 公关无小事。公关危机大都是由小事件引起的，遇事无应对之策，就说明公关管理仍有漏洞。塑造企业形象的公关工作应当从点滴做起，而现在的一些企业热衷于“大手笔”，重视媒体公关，往往忽视了日常公关管理，这正是造成企业名声在外而消费者却不满意的原因之一。

3. 勇于承担责任是企业公关的一种境界。公关要塑造的一个重要方面是企业的社会形象，而一个企业的形象是否表里如一，就在于其在经营活动中是否勇于承担与其形象一致的社会责任与义务。怕担责任甚至出了事拒绝承担责任的企业是会让消费者寒心的。此类行为一旦发生，必然使企业的美誉度大受损害。是否积极承担社会责任与义务，是真公关和假公关的分水岭。

4.“莫以善小而不为。”在中华民族传统文化中，有“万事德为先”的思想，这也是一个优秀企业内在品质的表现。南昌肯德基员工在两位顾客争座过程中，始终没有出面为顾客排忧解难。其实顾客争的不过是一个座位而已，只要肯德基的员工设法为其再提供一个座位，事情马上就可得到解决。而其“管不了”的态度无疑让人们为其落伍的企业价值观感到“抓狂”，公关不是在引起轩然大波之后再来处理方显水平。消除隐患，防微杜渐，是危机公关的主要原则。

实训导引

1. 实训任务：公共关系的“前世今生”。

2. 实训目标：以公共关系为对象，小组合作以 PPT（可插入自制或下载剪辑的视频）向大家展示公共关系的历史、现状和未来。

3. 实训步骤：

（1）某一个小组（4～8 人）“竞标”取得该实训任务。

（2）小组代表陈述小组确保顺利完成任务的理由，小组集体表决心。

（3）小组代表陈述小组基本分工：统筹策划人（可兼做）、收集资料人、PPT（包括视频）制作人、展示分享人、展示资料修改审定人、小组评分人（可兼做）。

（4）小组就项目任务进行相关咨询和答辩。

（5）进行展示分享。

4. 实训时间和地点：课外完成任务，课内展示分享，展示时间控制在 15～20 分钟，评价反思控制在 10 分钟内。若拍摄视频需要相关实训室或校内相关场地，由任课老师协助申请。

5. 实训评价和反思：

任务单

组名		组员姓名	
工作程序指引及记录内容			完成的打“√”
1. 确定小组长	小组长姓名：		
2. 小组集体查阅资料	/		
3. 明确任务	/		
4. 组员任务分配	/		
5. 设计 PPT 及准备视频	/		
6. 根据小组分工，完成自己的任务	/		

7. 班级交流	展示人：		
8. 小组自我评价及反馈			
9. 个人加分点		/	
写给老师的话			
指导教师评语		签名	

任务评价表

课程名称					
实训任务名称					
三方评价成绩					
评分项目	评分内容	配分	自评	小组 评分	教师 确认
明确任务 获取信息	能有效利用图书馆资源、网络资源、教材等查找有效信息； 能用自己的语言有条理地去解释、表述所学内容； 能将查找到的信息有效运用到工作任务中。	10 分			
感知任务 制订计划	是否熟悉你的任务，认同工作价值； 是否具有执行力； 小组计划制订得是否合理、具有可操作性。	10 分			
实施任务	与教师、组员之间是否相互尊重、理解； 与教师、组员之间是否能够保持多向、丰富、适宜的信息交流。	10 分			
	探究学习、自主学习不流于形式，处理好合作学习和独立思考的关系，做到有效训练； 能提出有意义的问题或能发表个人见解； 能按要求正确操作； 能够倾听、协作、分享。	10 分			
	遵守实训任务要求，实训过程符合目标； 训练过程出勤情况和完成工作任务情况较好； 善于多角度思考问题，能主动发现、提出有价值的问题。	20 分			
展示成果	在展示成果中考核小组工作计划、技能训练是否符合目标与要求； 是否获得了进一步发展的能力和创新能力； 是否有良好的语言表达能力。	10 分			
	在展示成果中发现学习者是否有发现问题、提出问题、分析问题、解决问题、创新问题的能力。	15 分			
评定反馈	按时按质完成实训任务； 较好地掌握专业知识点； 具有较强的信息分析能力和理解能力； 具有较为全面严谨的思维能力并能条理明晰地表述。	15 分			
总分（100 分）					

评语	自我整体评价		学生签名	
	小组整体评价		组长签名	
	教师整体评价		教师签名	

阅读必备

公共关系的含义

公共关系这个名词是由英文 public relations 翻译而来的。自公共关系诞生以来，由于认识角度的不同，对公共关系内涵的理解也各不相同，形成了许许多多的公共关系定义。20 世纪 70 年代中期，美国著名的公共关系学者莱克斯·哈罗（Rex Harlow）博士就收集到 472 个公共关系的定义。公共关系定义的内容很多，形式相当丰富，但这些定义都包含着这样的重要因素：社会组织与公众，它们之间的传播沟通过程，如何建立和维护它们之间的良好关系从而为组织的发展奠定良好的基础。

公共关系是组织和当今一些特殊的自由职业者为维系、改善和加强与社会各方面公众的关系，促进公众对组织和特殊自由职业者的认知、理解和关心、支持，以求树立、维护良好的形象，打造组织品牌或维护个人声誉，进行危机管理，促进组织和特殊自由职业者的发展而开展的活动。

公共关系的功能

主要表现为树立组织的良好形象和协调组织的关系网络。公共关系的首要功能是在其职责范围内，通过深入细致、持之以恒的具体工作，取得社会公众对组织的理解和接受，树立组织的良好形象，进而赢得公众的信任和支持。公共关系的这一功能说明公共关系作为组织管理的一个组成部分，在组织中发挥着形象管理的重要作用。

组织形象

组织形象是公众对社会组织的总体评价，是社会组织的表现与特征在公众心目中的反映。它包括内在的和外在的特征与风格。对形象的评价指标一般是知名度和美誉度，分别表达了形象的量的评价和质的评价，二者不一定成正比，只有都是正增长，才是形象塑造追求的目标。

公共关系的历史、现在和未来

公共关系的历史：远在古中国、古希腊、古罗马时期，就有原始的公共关系思想哲理和实践活动。统治者用舆论宣传手段来管理社会，处理与民众的关系，并用大量的人力、物力建造能彰显自身和家族伟业与功绩的神道器具、宫殿寺庙、陵墓神像，以及举行各种仪式大典，以期美名远扬、万世流芳。例如，古代一些国家为了引导人们从城市迁移到乡村，以减轻城市压力，创作、收集田园诗广泛传播。古代的公共关系一是带有浓厚的功利性，是自发的；二是表现出零星的观念和技巧，没有系统性。现代公共关系形成于 20 世纪初的美国，后传至世界各国。20 世纪 80 年代初，现代公共关系被引进中国，30 多年来发展迅猛、成绩卓著。

公共关系的现在：随着商品经济的高度发展、民主政治制度的出现、现代管理理论的发展、大众传播事业的发达，现代公共关系开始兴盛。从最初的公众被愚弄到单向灌输，再到建立逐步完善的公共关系理论体系及至双向对称沟通。单向灌输的主导思想是组织为自身利益单向性地向社会公众传输信息，明确在传输过程中必须对公众坦诚和公开。双向对称式的公共关系强调“双向沟通、双向平衡、公众参与”。现代公共关系发展一览表见表1-1。

表1-1 现代公共关系发展一览表

类型	时间	代表人	主要思想
“愚弄”公众	现代公共关系发展前期	菲尼斯·泰勒·巴纳姆	凡是宣传皆好事，公众被“愚弄”
单向灌输	现代公共关系开创期	艾维·里	公众需被告知
建立理论体系	现代公共关系从艺术走向科学期	爱德华·伯尼斯	投公众之所好
开放系统	现代公共关系发展高级期	阿伦·森特	组织与公众双向沟通

公共关系的未来：公共关系未来的发展趋势首先是全球化兴盛和模式的多样化。当下各国把发展经济作为头等大事，国际政治关系处理与市场占领以及文化交流复杂而频繁，公共关系在各个国家、各个领域更广泛、更深入地推进，显现出全球战略、全球传播、全球管理的态势。当然，由于各个国家和地区政治、经济、文化背景不同，加之各个民族的观念意识、风俗习惯、宗教信仰、生活环境差异，各自的公共关系模式各具特色。其次，未来的公共关系必然走向更加职业化和专业化。未来的公共关系更加立足国内、面向世界以及高科技和高智能媒介的更新，要求组织和公共关系人员在重大社会关系处理与平衡、组织的形象设计与传播、连锁活动的预防与规范、市场流向的把握与公众心态的体察等方面有更高的素质，运用更现代化的手段和技术，具有更好的智慧谋略和创新的胆识，走更加职业化和专业化的道路。同时，从事公共关系工作的复合型、高智能人才必须具备该学科科学化和系统化的理论底蕴。

阅读链接

1. 荣晓华：《公共关系——理论、实务、案例、实训》，北京，高等教育出版社，2010。

2. 吕蕾莉、廖飒：《公共关系理论与实务》，北京，教育科学出版社，2013。

3. http://www.360kan.com/tv/RbNvbKXbRG8rNH.html，《三国演义》之孔明舌战群儒。

4. http://www.prmagazine.com.cn/，《国际公关》杂志官网。

5. http://tech.sina.com.cn/focus/ggsj/，《公关世界》杂志专栏官网。

任务二　谁来实施公共关系：公共关系主体

公共关系作为一种社会关系，在现代政治、经济、文化、外交、体育、教育、公益等活动中是客观存在的。公共关系的主体就是公共关系的组织者、承担者、实施者和行为人。很多传统观点认为，公共关系是一种组织的活动，社会组织便成了公共关系的主体。但随着社会分工的细化，很多新兴行业应运而生，以个人单位存在的职业作家、职业培训师、职业演讲家、艺人、自由职业者等，他们作为个人理应成为公共关系的主体，他们和社会组织一样很重视利用各种媒体对外宣传、推介自己的品牌和形象，营造与公众之间的良好沟通环境。另外，公共关系的主体还包括专门的公关公司及公关公司的专业工作人员。公众是公共关系的客体，传播是连接主体和客体的手段，环境是指开展公共关系活动的周边社会环境和自然环境。

案例阅读 1

中国演讲与口才协会常务副会长蔡顺华先生作为一名职业演讲家，很注重自己的形象塑造。随着演讲理论的不断发展和实践的不断丰富，他的自我简介也不断更新。现在看到的他的新浪博客简介是这样的：

蔡顺华，笔名东方牧，著名演讲家，演讲教育家，中国演讲与口才协会副会长、春晖演讲团团长兼首席演讲家、春晖行动发展基金会副理事长、多所著名高校客座教授，语文特级教师，《语文教学通讯》封面人物，中国当代演讲事业杰出贡献奖获得者，2014 年 5 月 2 日荣膺“中国六大演讲家”称号。《青年时代》综合刊主编，《演讲与口才》原常务副主编。1984 年 7 月 31 日登上《光明日报》全国优秀知识分子光荣榜。1986 年被评为全国教育系统劳动模范，获国家人民教师奖章。1985 年以来在北京大学、清华大学、浙江大学、上海交通大学、天津大学、华中科技大学、武汉大学、四川大学、重庆大学、中南大学、电子科技大学、中国石油大学、中国海洋大学、大连理工大学、新疆大学、内蒙古工业大学等数百所高校，以及上海市政府新闻发布厅、新疆维吾尔自治区党委报告厅、福建省公务员培训中心、深圳市公安局、深圳市供电局、贵阳孔学堂、万达集团、茅台集团、中铁大桥局、解放军第四十一集团军总部等地演讲 1 700 多场，以“小狗也要大声叫”“公众演说的魅力与修炼”“人生智慧”“口才提升执行力”“有效沟通创造奇迹”“有效沟通营造和谐医患关系”“寸草报春晖 · 共圆中国梦”“国学经典激发正能量”等演讲驰名华夏讲坛。多次担任全国演讲大赛总策划和评委，连续七届担任海峡两岸大学生辩论大赛评委。著有《小狗也要大声叫》《演讲与说话艺术辞典》《又是桂子飘香时》等9部著作。1995年第2期《散文选刊》曾推出“东方牧散文特辑”。多篇散文被《青年文摘》《散文选刊》等转载。曾赴欧洲、新加坡和中国台湾、香港、澳门等地考察演讲教育。

在博客兴盛时代，他用博客宣传、推介自己的演讲成果和构想；在微信刷屏时期，他打造了演讲微信群，利用媒体技术加工、整理、发掘自己的演讲家形象，维持与广大粉丝的密切联系，并通过同学、同乡、同道、听众等不断扩展自己的公众群体，把演讲当做自己的事业和追求，不遗余力地宣传演讲、播报演讲。他还参与和组织专题公益活动，把公益活动与演讲进行对接；两度主编杂志，也都不离演讲；并担任各种演讲、辩论大赛评委，借助传统电视和广播媒体宣传推介自己。

案例点评

随着社会的发展，很多自由职业者在一些领域做得更加精深，不仅有相当的理论建树，而且创造了一定的社会和经济效益，成为各个行业的专家。他们有很强的公共关系主体意识，高效率提高自己的知名度，高技术手段提高自己的美誉度，并且不断扩大自己的公众群体。蔡顺华先生借助公共关系，成为一名知名的职业演讲家。此外，职业演讲家李易真先生在演讲实践活动中，也取得了演讲口才“语商”训练、“口才树”训练等成果，并利用自己的知名度和成果，在全国多个城市建立了“语商”培训机构、“口才宝”网站、“语商”训练营等。他把自己的公众群体主要确定为大、中、小学生，他的演讲事业发展也蒸蒸日上。

案例阅读2

北京申奥公关

2001年7月13日，北京申奥成功，北京申奥的胜利是中国政府公关的胜利。

北京申奥过程是经过精心策划的。公关主体是中国，是北京。时任国务院副总理的李岚清在做申奥报告时说：“在过去20年改革开放的过程中，中国已成为世界上经济发展最快的国家之一。我们将继续保持政治稳定、社会进步和经济繁荣。”强调北京申奥是以强大的祖国和人民为后盾的。北京奥申委确定了“新北京，新奥运”的申办口号，提出了“绿色奥运，科技奥运，人文奥运”的申办理念，提供了一份长达500页、涉及17个主题的申奥报告，并把95%的公众支持率的调查结果也写进其中。由著名导演张艺谋执导的北京申奥宣传片《新北京　新奥运》，成功地在短时间内把北京辉煌的成就、迷人的风采和中国人民对奥运的期盼表现得淋漓尽致。

2001 年 4 月 4 日，是申奥揭晓倒计时 100 天，北京奥申委提出了这一天为全国支持北京申奥统一行动日的倡议。这个倡议得到了全球华人的积极响应。

资料来源：http://wenku. baidu. com/view/ea2e228bcc22bcd126ff0ccd. html.

案例点评

2001 年北京申奥成功也是一次较完美的公关成果，公关的主体是中国、是北京。时任国务院副总理李岚清代表中国做陈述报告。以北京市当时主要领导为主成立了广泛参与的北京申奥组委会。对于公关客体——国内外公众，首先，通过广泛宣传，赢得了国内 95% 民众的支持；其次，为了赢得更多投票国的赞同，中国将公关重点放在亚非拉等第三世界国家，不仅事先给予其一定的援助，而且承诺举办奥运会所得用来支持发展这些国家的体育事业，符合其利益诉求。在传播上，确立了“新北京，新奥运”的申办口号，提出了“绿色奥运，科技奥运，人文奥运”的申办理念，使公关传播主题明确。无论是内部公关还是外部公关，都采用了整合立体传播方式，从各个方面出击，形成了强大的舆论攻势。

案例阅读 3

奥美公关公司

奥美公关公司成立于 1980 年，总部位于纽约，目前已成为世界十大专业公关公司之一。该公司的合作伙伴包括宝马、卡地亚、IBM、诺基亚、登喜路、UPS、辉瑞、英国航空、安联保险、摩根士丹利、中国网通与亚信等。

奥美公关公司分别在 1999 年和 2001 年获得权威专业刊物《公关内情》和《公关周

刊》评选出的"进步最大"和"年度最佳"公关公司的奖项；2002 年，该公司还被《公关周刊》授予"亚洲最佳网络"和"最佳咨询机构"等奖项。

奥美公关公司一直是最佳会议与论坛公关公司和最佳市场推广公关公司。奥美曾以 60%的股份控股北京西岸，号称是"中外公关公司并购第一案"。奥美公关北京分公司董事总经理柯颖德说，我们是很有侵略性的！而中国也确实有很多机会，如果和一家公司合作可以使奥美公关更牢固地扎根中国，我们何乐而不为？

2005 年 4 月 18 日至 22 日，由国务院国有资产监督管理委员会宣传局与国务院新闻办公室干部培训中心主办，奥美公关公司赞助及清华大学国际传播研究中心协办的"全国国资系统、中央企业新闻发言人培训班"继 2004 年成功举办后，再度在京举办。作为培训的赞助单位，奥美公关公司对活动给予了极大的重视和支持，不但提供了赞助，而且安排多位专家演讲。

2005 年 7 月 15 日，中国中央电视台（CCTV）推出其有史以来的第一次大型国际广告投放活动，此次活动是由奥美公关北京分公司策划和实施的。

资料来源：http://baike.so.com/doc/53999445637505.html.

案例点评

公关公司本身也是社会组织之一，它们在帮助其他组织和个人打造品牌形象与进行声誉管理的同时，也在传播宣传自身的文化价值。奥美公关公司作为国外的品牌公关公司，能够在保持国际化的基础上占据中国公关市场，一是因其站在战略的高度上定位自己；二是在战术上不断创新进步，考虑到政府、企业、媒体的多方利益，把工作的高度和深度相结合。

案例阅读 4

"世界第一张丝绸报纸的诞生"与杭州国际公关公司

杭州凯地丝绸股份公司于 1993 年成立，是由国家、企业职工和外商共同持股的综合型丝绸出口集团。如今，凯地丝绸已经成为国际市场的名牌，深受海外客户的欢迎。

成立初期，该公司作为商业大潮中的新生儿，为扩大社会知名度，就需要独具创意的公关宣传和大量的媒介报道，以塑造企业整体形象。

杭州国际公关公司为其提供公关策划创意：以丝绸为材料印制浙江省内独家旅游服务

报《江南游报》，并向中国丝绸博物馆、中国革命历史博物馆赠送世界首创的丝绸报纸。调研显示，以丝绸为材料印刷报纸属新闻界和印刷史上的创举，具有高度的新闻价值。《江南游报》丝绸版共印刷100份。1993年6月15日，杭州国际公关公司在北京为杭州凯地丝绸股份公司举行了向中国革命历史博物馆赠送丝绸报纸仪式。行家评价：阅读和观赏效果极佳，反映了当代先进的真丝印花科技水平。

世界首创丝绸报被国内20余家报纸、电视台集中报道达30余次，海内外受众人数达2 500万人次。丝绸报宣传活动，既证实了中国高超的印丝术，也树立了杭州凯地丝绸股份公司的形象。

资料来源：http://wenwen.sogou.com/z/q515766114.htm.

案例点评

此案例生动展现了专业公共关系公司在公共关系活动中的地位、作用及服务特点。

公共关系公司由职业公共关系专家和各类公关专业人员组成，是专门为社会组织提供公共关系咨询，或受理委托为客户开展公共关系活动的信息型、智力型和传播型的服务性机构。案例中的杭州国际公关公司就是一家专门的公共关系公司。在“世界第一张丝绸报纸的诞生”这一公关活动中，它起着关键作用，整个公关策划和实施过程都是由它完成的。

专业公共关系公司的服务特点是：较为客观公正、技术全面、专业性强、灵活、适应性强。这些特点使其能够更全面、更科学地策划、实施公共关系活动，并能正确处理实施过程中出现的问题。案例中的杭州凯地丝绸股份公司正是利用专业公共关系公司的特点，聘请了杭州国际公关公司为其策划，使这次公共关系活动取得圆满的效果。

杭州国际公关公司充分发挥自身的优势，以世界上第一份丝绸报纸为切入点，成功地策划了这一公关活动，通过印刷《江南游报》并向中国丝绸博物馆、中国革命历史博物馆赠送等活动，被国内20余家报纸、电视台集中报道30余次，海内外受众人数达2 500万人次，也大大提高了杭州凯地丝绸股份公司的知名度和企业形象。

案例阅读5

大通银行企业传播

美国大通银行是一家跨国金融机构，共有员工3万多人，全球分支机构有2 000多家。该银行的企业传播部（即公共关系部）有从业人员200多人，由一位高级副总裁担任该部主管。企业传播部下设若干组，直接负责各自领域的公共关系问题。大通银行企业传播部的组织结构，是大型企业公共关系部门的典型形态。

案例点评

案例中大通银行企业传播部的组织结构，是大型企业公共关系部门的典型形态，公共关系部与组织的二级部门同处一个级别，公共关系工作能受到一定的重视，但由于不是组织最高层直接领导，因此工作的全面开展会受到一定限制。

实训导引

举出你能想到的10个以上的不同类型（特殊个人、各种社会组织、公关公司、公关部门）的公共关系主体公关案例。

1. 小组讨论，看哪个小组最先完成。
2. 完成的小组派代表先和大家分享。
3. 根据实训评价表打分。

实训评价表

<table>
<tr><td>抢先答（10分）</td><td></td><td>内容（80分）</td><td></td><td>表达（10分）</td><td></td><td>总分</td><td></td></tr>
<tr><td rowspan="3">评语</td><td colspan="2">自我评价</td><td colspan="2"></td><td colspan="3">学生签名</td></tr>
<tr><td colspan="2">其他同学评价</td><td colspan="2"></td><td colspan="3">同学签名</td></tr>
<tr><td colspan="2">教师评价</td><td colspan="2"></td><td colspan="3">教师签名</td></tr>
</table>

阅读必备

公共关系主体

公共关系主体是指公共关系活动的组织者、承担者、实施者和行为人，包括社会组织、特殊的自由职业人、公共关系机构。

1. 社会组织

社会组织是指为实现共同的目标，遵循法定程序而活动的较为复杂的社会群体，组织成员按照一定的统属关系结合，成员之间有明确的分工和职责，有工作中的上下级之分，是一种有共同目标、有程序、有领导、有指挥的社会机体。随着社会的发展，社会组织的结构和功能日渐丰富与完善。通常按照是否以营利为目的，把组织分为营利性组织和非营利性组织。营利性组织包括企业、金融机构等以营利为目的，追求经济价值和利润的组织。非营利性组织包括政府机构、公益机构、志愿者协会等以社会利益为目标，追求国家和社会公众的整体利益的组织。无论是营利性组织还是非营利性组织，公共关系工作都是它们发展过程中不可或缺的。公共关系工作通过与媒体沟通为组织营造良好的舆论环境，通过与公众交流为组织培育潜在的市场，通过调查分析为组织的发展提供决策支持，使组织得到社会更广更多的认同。组织也可以细分为以下四种类型：包括工商企业、金融机构等的营利性组织，包括学校、医院、慈善机构、社会公用事业机构等的服务性组织，包括政府、消防队、治安机关等的公共性组织，包括政党、工会、社会团体、宗教团队等的互利性组织。

2. 特殊的自由职业人

职业作家、职业画家、职业培训师、职业演讲家、艺人、自由职业者等属于特殊的公共关系主体。

3. 公共关系机构

公共关系机构是专门执行公关任务、实现公关功能的行为主体，是公共关系工作的专业职能机构。主要包括三种：组织内部的公共关系部门（公关部）；专业性社会公关机构（公关公司）；公共关系行业组织。

阅读链接

1. 吕蕾莉、廖飒：《公共关系理论与实务》，北京，教育科学出版社，2013。
2. http://www.koucaibao.org/，口才宝语商学院官网。

任务三　对谁实施公共关系：公众

与公共关系主体相对的是公共关系客体，即公共关系主体需要展开公关活动的公众，它是一个集合概念，即与主体相互联系、相互影响，与相关主体具有现实或潜在利益关系，并对公关目标有影响力的个人和团体的总和。

案例阅读 1

把企业办成一所大学校

据报道：宝钢集团一钢公司出台《关于鼓励员工学习文化技术和钻研业务的若干规定》，规定中指出：职工通过非全日制普通学校学习并取得证书，岗位专业对口的，根据学历高低，每月将获得100元至500元不等的岗位津贴。据悉，该公司此规定出台后，企业的教育经费大大突破原来的额度，公司已决定将这笔开支列入工资总成本，并成为企业的一项长效措施。宝钢公司的领导表示：资金再紧张，职工的教育经费一定要确保。

无独有偶。另据报道，从2001年6月底开始，江苏阳光集团100多个销售员全部学习MBA工商硕士课程，由复旦大学教授授课。同时，阳光集团举办的文化升级培训、机电一体化培训全面展开，计算机软件设计班也在筹办之中。“三年之内，操作工要达到大专以上水平，管理人员要达到本科以上水平”，这是阳光集团的目标。

案例点评

上述两家企业都很重视企业内部的公共关系，重视搞好内部员工关系。成长的员工必然是成长的企业。

首先，在知识变革时代，任何一名员工的专业知识的使用周期都不再是几十年，而只有几年甚至更短。即使招聘的员工是最好的，入职后如果不持续提高其自身的技能，也会落伍。公司应该把真诚支持员工参加各种形式的学习作为内部公关的必要手段。

其次，市场竞争表面上是产品竞争，实质上是企业人力资源的竞争。作为一个现代企业，就要像松下公司那样，“制造产品之前先要制造人”，不仅要生产出高质量的产品参与市场竞争，而且要培训出高素质的员工支撑企业的发展。这就要求企业家在办企业时，不仅要把企业办成符合市场规律和社会要求的营利性经济组织，而且要把企业办成一所能培训出各种优秀员工、适用人才的大学校。

把企业办成一所大学校，这里包含了两个层面：一方面，对企业来说，要为员工创造提高自身素质的环境条件，要拟定培养目标和培训计划，给员工提供各种学习、进修、充电、提升的机会，并从时间、财力、教员、考核机制、激励机制、淘汰机制等方面加以保证和促进，使员工素质与企业发展同步，与企业的制度创新、技术创新同步；另一方面，对员工来说，要认识自己既是员工，又是学生的实际身份，从进入企业那天起，就要如饥似渴地学，坚持不懈地练，利用企业提供的学习、练习机会，尽可能多地学好专业知识和相关知识，从而使自己成为独当一面、技能过硬的优秀员工。

学历、文凭都不是最重要的，只有通过不断学习获得的能力，才是企业长远发展最需要的，也是人力资源中最具竞争力的部分。在这个飞速发展的知识经济时代，人才是企业可持续发展的动力，为员工求学“买单”是企业对自己未来的投资。

社会发展，人是第一要素，应重视人力资源开发与管理。企业要立足于内部员工，致力于充分挖掘员工潜力，通过各种机制，最大限度地调动员工的积极性。如果少了内部公关，将影响组织内部管理的效应，也将影响公关实务的总体效应。

案例阅读2

西武集团的擦皮鞋仪式

索尼公司总经理盛田昭夫曾经说过：“日本优秀的公司根本不存在什么秘诀。一个企业的成功，靠的是人而不是某种理论、计划或政府政策。”例如，日本西武集团每年在新员工入社时都要举行独特的擦皮鞋仪式：新入社的员工站在高级职员面前，先由高级职员蹲下身子认真地为新职员擦亮皮鞋，再由新职员为前辈擦皮鞋。总社和分社社长都亲自参加这一隆重仪式，并邀请电视台等媒体向全国传播。

案例点评

互擦皮鞋不仅仅是要告诉新职员时刻注意自己的仪容仪表，更重要的是创造一种温暖人心的内部公众氛围，让新、老职员亲如一家，并培养职员热爱自己人、热爱公司的精神。其实，这种内部关心在部队和学校也常常见到：老兵迎接新兵，新兵欢送老兵；高校老生不辞辛劳地义务迎接新生，新生依依不舍地送别老生。

案例阅读3

“金杯”的股东公共关系

金杯汽车股份有限公司自成立起就认识到股东关系在企业生存发展中的重要性。尊重股东、倾听他们对公司发展的意见是公司多年来一直坚持的原则。公司成立两年内，先后召开了三次股东大会和董事会，把股东代表请到公司来，由总经理向他们汇报公司的生产和财务状况。平时，为了让股东及时了解公司的经营状况，定期给每位股东赠送一份《金杯汽车报》。一系列的信息沟通和情感联络工作，赢得了股东对公司的理解和信任。不少股东表示：金杯汽车有干头，有发展，股票买对了，下次我还买。当金杯汽车公司面临市场疲软、销售困难时，很多股东表示愿和金杯同舟共济、共渡难关。

案例点评

股东关系是组织与投资者的关系。股东是组织的财政支持者，他们为组织的发展提供了一定的经济支持。搞好股东关系的目的就是稳定已有的股东队伍，吸引潜在的投资者。金杯汽车股份有限公司重视股东关系，注意做到：（1）尊重股东的主人翁意识；（2）加强与股东的信息沟通；（3）吸引股东关心企业；（4）保证股东的经济权益。所以，股东会在公司发展的低谷期与其同舟共济、共渡难关。

案例阅读4

丑陋玩具风靡全美

美国艾士隆公司董事长布希耐有一次在郊外散步，偶然看到几个儿童爱不释手地在玩一只肮脏并且长相丑陋的昆虫。布希耐突发异想：市面上销售的玩具一般都是形象美好的，假若生产一些丑陋玩具，效果如何？于是，他让自己的公司研制一套“丑陋玩具”并迅速推向市场。结果一炮打响，“丑陋玩具”给艾士隆公司带来了巨大收益，并使同行也受到了启发，各类“丑陋玩具”相继面世。如“疯球”就是一串小球上面印上许多丑陋不堪的面孔。又如橡皮做的“粗鲁陋夫”，长着枯黄的头发，绿色的皮肤和一双鼓胀且带血丝的眼睛，眨眼时发出非常难听的声音。这些丑陋玩具的售价虽然超过正常玩具，却一直畅销不衰，并且在美国掀起了一场行销“丑陋玩具”的热潮。

资料来源：http://www.docin.com/p—343147190.html.

案例点评

公关主体研究公关对象的一个重要内容就是分析公众心理和行为，以使传播沟通工作具有较强的针对性和科学性。此案例就是一个组织利用公众的求新欲望和逆反心理，成功地把自己的产品推向市场的公关活动。

求新欲望是人的一种基本欲望，就是想要从自己周围的环境中寻求新刺激的欲望，以满足自己的好奇心。逆反心理指作用于个体的同类事物超过了个体感官所能接受的限度而产生的一种相反的体验，它使个体有意识地脱离习惯的思维轨道，向相反的思维方向探索。布希耐就是利用公众的这两种心理，产生了“丑陋玩具”的创意，并使艾士隆公司获得巨大的经济利益。“丑陋玩具”之所以风靡全球，关键就在于它迎合了人们的两种心理需求。在公共关系活动中，组织也应该充分利用公众的求新欲望和逆反心理，采用科学的传播方式，选用适当的传播工具，实现组织和公众之间的顺畅沟通，从而使公共关系活动的效果更好。

案例阅读5

“三高”为中国申奥放歌

昔日皇家禁苑中乐声翩翩，弦歌阵阵。世界著名三大男高音歌唱家在紫禁城午门广场联袂演出，在“6.23国际奥林匹克日”掀起北京申奥活动的高潮。国务院副总理李岚清和数万名热情的中外观众一起观赏了这场精彩的演出。当晚三位“歌剧之王”身着黑色燕尾服，神采奕奕地站在了紫禁城古老红墙之间的舞台上，他们演唱了近三十首脍炙人口的歌剧选段或歌曲。从卡雷拉斯的《我知道这个花园》，到多明戈的《星光灿烂》，到帕瓦罗蒂的《今夜无人入睡》，洪亮且有穿透力的歌声赢得了现场三万名观众的热烈掌声。

昔日这里曾经钟鼓齐鸣，如今西方歌剧在这里缭绕；昔日皇帝曾在这里议政，如今三位西方音乐大师在这里纵情高歌。东方建筑的神韵与西方艺术经典在这里得到了完美的交融，古老的紫禁城在这个充满激情的夜晚被唤醒，改革开放的中国以一场东西文化交融的音乐盛会向世界展示她积极走向世界的宽阔胸怀。紫禁城午门广场，“歌剧之王”帕瓦罗蒂、多明戈和卡雷拉斯倾情演绎音乐盛典，取得了空前的成功，音乐会电视直播覆盖全球110 多个国家和地区的 33 亿观众。

资料来源：http://wenda.so.com/q/1363900206065880? src=150，2001-06-23.

案例点评

案例体现了名流公众在公共关系活动中的地位和影响。名流公众指那些对社会舆论和社会生活具有较大的影响力和号召力的有名望人士。组织在策划公共关系活动时，往往借助名流的知名度扩大组织的公众影响力、提升组织的社会形象。

在本案例中，世界三大男高音歌唱家在世界上拥有较高的名声和地位，是典型的名流公众。这类公众对传播的作用很大，影响力很强。通过社会名流去影响公众和舆论，往往有事半功倍的效果。组织利用公众“崇尚英雄”“崇拜明星”的社会心理，与社会名流建立良好的关系，把本组织的名字与社会名流的名望联系在一起，提高了组织在公众心中的地位。世界著名三大男高音歌唱家首聚北京，为中国放歌，这是我国对外文化交流的空前创举，大大提高了中国申奥的影响力。

案例阅读 6

石灰厂因污染被判停办转产

浙江某地一家石灰厂，烟尘污染严重，附近居民的房屋被侵蚀，金属锈迹斑斑，农作物枯死，很多人患上了呼吸道疾病。群众多次反映，厂领导不予理睬。最后大家忍无可忍，挑水浇灭了石灰窑。纠纷上诉到法院，法院审理后判决石灰厂停办转产。

资料来源：http://wenku.baidu.com/view/8c4cb24dcf84b9d528ea7a5f.html.

案例点评

该石灰厂的行为表明其缺乏公众观念，不尊重公众的切身利益，破坏环境，损害公众利益（包括他们的房屋、农作物和他们的身体），又不听取公众的意见，一意孤行，最终导致企业停办转产。

企业在经营中必须树立公共关系观念，特别要有公众观念、形象观念，关心公众的具体问题；要随时和公众保持沟通联系，听取公众的意见，有错必改、有错必纠。

案例阅读7

麦当劳："消毒水"事件

广州的两位消费者到麦当劳用餐，发现所点的红茶有极浓的消毒水味道。麦当劳餐厅解释，可能是由于店员前一天对店里烧开水的大壶进行消毒清洗后，未把残余的消毒水排干所致。两位消费者与麦当劳相关人员就赔偿等问题理论和争执长达两个多小时，之后店长和督导才到达现场。工商局工作人员赶到现场调解近一个小时后，仍无果，消费者愤然报警。

一周后，麦当劳发表简短声明，描述事件过程并一再强调两位消费者是媒体记者，同时声明麦当劳一向严格遵守政府有关部门对食品安全的所有规定和要求，并保证麦当劳提供的每一项产品都是高质量的、安全的、有益健康的。整个声明没有提及自己的任何过失、该如何加强管理或向消费者表示歉意，更没有具体的解决事件的办法。经媒体多方报道，历时半月，麦当劳和两位消费者达成和解，但双方对和解内容保密。

资料来源：http://www.zaixian-fanyi.com/fan_yi_10459285.

案例点评

美国某公关公司副总经理玛丽安娜·拉斯马森提出过一个著名的公式：处理好消费者的投诉＝提高消费者满意程度＝增加消费者认牌购买的倾向＝更高的利润。如果企业能够处理好因自身行为不当所导致的消费者投诉的话，消费者不仅不会远离企业，反而会认为这是一家值得信赖的企业，并有可能刺激消费者“二次购买”。毕竟，谁都有可能犯错误，关键是犯了错误后对待错误的态度。

一旦发生消费者投诉，第一个24小时非常重要。投诉处理若不及时，消费者就会寻找其他途径宣泄不满。“消毒水”事件中，麦当劳在处理与消费者的关系上存在以下几个问题：第一，店长和督导在事件发生两个小时后才赶到现场，说明麦当劳对消费者的漠视，以及在危机处理机制上的欠缺。即使一份以自我为中心的所谓的“声明”，也是在一周之后才拿出来的。第二，麦当劳的员工与两位消费者在两个多小时内多次发生争执。不管消费者对错与否，作为强势群体的企业一方都不应该与消费者发生争执。当着其他消费者的面与自己的客户争执，唯一的结果就是损坏企业和品牌形象。第三，不能满足消费者的合理要求。应该说，从报道的情况来看，消费者要求给个说法的要求是合理的，而麦当劳的处理缺乏中国人最看中的“面子”，完全是想草率应付。如果麦当劳满足消费者的合理要求，给足消费者“面子”，再辅以感情因素，“消毒水”事件自然可以得到圆满解决。

在整个危机公关事件中，麦当劳应该这样处理：真诚的消费者公关——取得谅解；诚恳的公众公关——赢得信誉；开诚布公的媒体公关——赢得口碑。

案例阅读8

商场公关为何失利？

某大型商场开业在即，为使商场开业伊始便有较高的知名度，其策划了一个别出心裁的活动，以期引起当地媒体的关注。开业当天，在商场外搞抛发礼券活动，每张礼券面值500元，共抛发1 000张。活动当天，先后有数万人参加了争抢礼券活动。受活动影响，商场周围交通被迫中断，结果导致部分市民的不满。同时，活动本身秩序失控，导致一些人被挤伤。当地几家媒体对活动所带来的问题进行了报道。尽管活动的开展客观上使商场有了知名度，但也带来了商场不希望看到的结果。

案例点评

案例中的商场所开展的公关活动虽然使其知名度有所提升，但负面影响也不小。根本原因在于没有处理好企业的社区公众关系和政府公众关系，比如活动开展前，和社区及当地相关政府机关沟通，做好场地规划、人员分流和交通管制。

危机发生后，应该对媒体公众、政府公众和社区公众有个明确的公关处理：一是主动积极地与媒体合作，而不能像有些组织那样，一旦发生危机便贿赂媒体，或是将媒体拒之门外；二是与政府进行联系，承认过失，态度诚恳；三是通过媒体向社区公众表达歉意，以获取公众的谅解。

实训导引

写出你所在组织（比如学校、社团、所兼职的企业等）尽可能多的公众关系，并具体说说它们之间存在怎样的公众关系。

1. 小组合作，看哪个小组写得最快、最多、最准确。
2. 小组派代表和大家分享。
3. 根据实训评价表打分。

实训评价表

<table>
<tr><td>抢先答（10分）</td><td></td><td>内容（80分）</td><td></td><td>表达（10分）</td><td></td><td>总分</td><td></td></tr>
<tr><td rowspan="3">评语</td><td colspan="2">自我评价</td><td colspan="2"></td><td colspan="3">学生签名</td></tr>
<tr><td colspan="2">其他同学评价</td><td colspan="2"></td><td colspan="3">同学签名</td></tr>
<tr><td colspan="2">教师评价</td><td colspan="2"></td><td colspan="3">教师签名</td></tr>
</table>

阅读必备

公共关系客体：公众

公共关系的客体是指公关活动的对象，即公众（public）。公众不同于一般意义上的人民、人群、群众、民众等，而是与特定的公共关系主体相互联系和相互影响的个人、群体或组织的总和，是开展公共关系工作的重要对象，对公关主体产生重要影响。

按照公众与组织有无归属关系可以分为内部公众和外部公众；按照公众的组织状况标准可以分为非组织公众（流散性公众、临时性公众、周期性公众、稳定性公众）和有组织公众（社区公众、环境性公众、管理性公众）；按照公众发展的状况标准分为非公众、潜在公众、知晓公众、行动公众；按照公众对组织的重要程度分为首要公众、次要公众、边缘公众；按照公众对组织所持的态度分为顺意公众、逆意公众、独立公众。通常把公众与组织按照目标分为内部员工关系、社区关系、消费者关系、投资者关系、媒体关系和政府关系。

1. 内部员工关系

员工是与组织具有组织归属关系的公众，他们是组织最重要、最密切的公众，同时也是组织生存、发展所依赖的重要对象。组织通过了解不同员工不同层次的需要，有针对性地指导员工的行为，尽可能地调动员工的积极性和创造性，塑造良好的组织形象。如果员工对组织的经营管理方式不满，或者对不合理的物质待遇和生活福利有抵触情绪，就会对外自然流露，甚至进行负面宣传。相反，如果员工对外传播正面信息，再加上优质的产品和优良的服务，社会公众会对组织产生良好的印象。

要与内部公众建立良好的关系，首先，应使组织的目标和员工的利益诉求保持一致，建立关爱员工、为员工谋福利的大家庭式组织，激发员工的向心力和归属感。其次，保障员工的物质利益，包括工资待遇、福利待遇、劳动条件、工作环境等。在不能满足每个员工的情况下，进行必要的协调沟通，比如如实说明组织的经营状况与分配政策、组织的困难等，以得到员工的谅解和配合。再次，满足员工的精神需求，比如尊重、信任、理解、倾听、肯定、表彰、培训、晋升等，同时策划一些有利于和谐团结的内部活动，为员工提供相互交流和展示自我的平台。最后，倡导员工代表大会制度、民主选举制度、合理化建议制度等民主管理，鼓励员工参与经营决策。

2. 社区关系

社区关系也叫区域关系，即一个组织与它所在区域的地方政府、社会团体、其他组织以及当地居民之间的关系。不同规模和行业的组织所处的社区有很大的差别。一个店铺的社区关系可能就是所在的街区，一家银行的社区关系可能是它所处的城镇，而一家跨国公司的社区关系则可能包括世界上许多国家。社区是组织生存和发展的“根基”，公关主体只有搞好社区关系，才能根深叶茂。

组织和社区的关系一般表现在社区往往是组织的重要劳动力来源；有商业销售行为的组织，社区公众往往是其产品经常性的消费者，并且社区为组织提供交通、水电、治安、教育、医疗卫生等服务。组织应当经常性地调查了解社区公众对组织的看法，积极进行信息沟通，树立正面形象；尽可能避免或减少自身活动对社区其他公众正常生活的影响；组织的一切经济、文化、科研活动一般都先立足本社区，让本社区最早分享和受惠；尽可能将组织大众化的文化、福利设施向社区开放；积极承担社区的公共事务或公益活动，支援社区建设，参与社区各种有益的活动。

3. 消费者关系（consumer relations）

没有一个组织能否认消费者的重要性。社会的发展推动了商品数量和种类的急剧增长，加之同类组织之间的激烈竞争，买方市场（消费者）成为组织最为重要的公众，他们的数量和态度往往决定着组织的兴衰存亡。在公共关系中，商家、制造商及供应商不能只应对消费者的问题和抱怨，必须用现代的公共关系技巧了解消费者的需求、征求他们的意见，并对消费者中的特殊利益群体做出反应，从而建立更广泛的、良好的消费者关系。营利性组织要树立“消费者至上”的经营理念，以消费者的利益和需求为导向来制定组织政策，规范员工的行为。任何组织都要建立创新性的交流平台，增进组织与消费者公众的相互了解，避免让消费者麻木或反感的铺天盖地的广告及层出不穷的促销。此外，组织应营造与消费者有信任度和好感的服务与消费环境，随着新一代的消费从物质转向情感、从产品转向服务，营利性组织与消费者公众之间的关系也逐渐具有更加深刻的内涵，从简单的商品和货币交换转变为双方情感、心理和精神上的交流，平等、对话和朋友式的消费者公共关系更能培育消费者的信任和好感。营利性组织还要通过消费者公共关系积极地影响和引导消费者的消费行为，以使其形成健康合理的消费意识。

4. 投资者关系

组织的投资者包括个别投资者、股票投资者、股票经纪人、银行家、投资公司、投资俱乐部、金融分析家等。组织通过充分的信息披露、良性的沟通机制和自身的监督机制等，与投资者公众建立良好的公共关系，使组织树立良好的市场形象并准确传递投资价值，更有效地保障投资者的知情权及其他合法权益。

5. 媒体关系

建立媒体关系的目的是在准确把握组织与媒体互相依存关系的基础上，积极主动地管理和利用媒体，使媒体报道最大限度地服务于组织目标。建立健康的媒体关系，要了解媒体的本质和需要，消除对媒体的陌生感和抵触，尊重媒体工作人员；根据与组织关系的紧密程度，对媒体进行分类管理；为媒体多提供有价值的服务；与媒体工作人员定期联络、适时拜访。

6. 政府关系

组织作为社会的重要组成部分，必须服从政府的宏观领导，并努力协调好与政府主管部门的关系。组织与政府建立良好的公共关系，必须做到：了解政策，熟悉政府机构，如实通报相关信息，遵纪守法，热心公益，邀请视察指导，构建新型“亲”和“清”的政商关系。

阅读链接

1. 吕蕾莉、廖飒：《公共关系理论与实务》，北京，教育科学出版社，2013。

2. 喜子：《告别儒商时代》，北京，中华工商联合出版社，1998。

3. 郑砚农：《中国式公关》，北京，中信出版社，2006。

任务四　实施公共关系的媒介（手段）与环境

公共关系的传播媒介既有大众媒介（广播、电视、报纸、杂志等），又有群体媒介（联谊会、新闻发布会、茶话会等）和人际媒介（具体的个人）；既有符号媒介（掌声、姿态、图画等），又有实体媒介（公共关系礼品、购物袋等）。

公关传播活动是在一定的公共关系环境下进行的。公关环境是指公关主体开展公共关系活动的周边环境，是影响主体公关运作的所有行为者和力量，包括宏观环境和微观环境。其中，宏观环境包括人口环境（人口数量、结构、分布）、经济环境（消费者收入、支出）、政治法律环境、社会文化环境、自然环境、科技环境等；微观环境包括社会组织内的部门、顾客、社会公众等。公关环境也可从内部和外部的角度来进行区分。

案例阅读 1

“制造新闻式”公关

香港一家经营强力胶水的商店位于一条偏僻的街道上，生意很不景气。一天，这家商店的店主在门口贴了一张布告：“明天上午九点，将用本店出售的强力胶水把一枚价值500美元的金币贴在墙上，若有哪位先生、女士用手把它揭下来，这枚金币就送给他（她），本店绝不食言！”这个消息不胫而走。第二天，人们将这家商店围得水泄不通，电视台的录像车也开来了。店主拿出一瓶强力胶水，高声重复布告中的承诺，接着便在那枚从金饰店定做的金币背面涂上一层薄薄的胶水，将金币贴到墙上。人们一个接着一个地上来试运气，结果金币纹丝不动。这一切都被录像机摄入镜头。这家商店的强力胶水从此销量大增。

资料来源：吕蕾莉，廖飒．公共关系理论与实务．北京：教育科学出版社，2013．

案例点评

“制造新闻”是公关主体在充分认识新闻媒介的地位、作用和特点的情况下，为扩大知名度和美誉度，抓住一切可利用的契机，以激起新闻媒介采访、报道的兴趣，从而使新闻媒介自觉不自觉地对组织进行宣传的一种积极主动的、创造性的新闻媒介公关活动。

“制造新闻”是一种比较有效的传播方式，因为新闻媒介所做的新闻报道具有客观性、公正性和可信性，它比直观的商业广告更容易被公众接受，其效果更好。“制造新闻”也是一种比较经济的传播方式。由于“制造”出来的新闻具有报道价值，所以能被各媒介主动报道，对组织来说，这种宣传是免费的。

这家胶水店的高明之处在于：通过“制造新闻”引起公众及媒体的注意，使公众在不知不觉中认同了强力胶水，扩大了强力胶水的销量。

案例阅读2

“非典”疫情危机

在2003年的“非典”疫情危机中，信息传播的失真现象普遍存在。以广州的情况为例：2002年11月广东出现第一例“非典”病人。2003年2月8日，“广州发生致命流感，春节以来在几家医院有数位患者死亡”的消息开始悄悄传播，手机短信和口耳相授是这个消息的主要传播渠道，此时恐惧开始滋生。这个时候，人们期待的官方信息始终没有出现。2月10日上午，有媒体“模糊”地报道：近期广州患“感冒”和“肺炎”的病人增多。10日中午，南方网谨慎地发布了官方信息：广东省部分地区先后发生部分“非典型性肺炎”病例，该病主要表现为“急性起病，以发热为首发症状，偶有畏寒，有明显的呼吸道症状，该病有一定的传染性”。预防措施包括：保持空气流通、醋熏、勤洗手和谨慎接触病人。掩藏的恐惧终于爆发。“买药了吗?”和“买醋了吗?”成了广州人的见面语。板蓝根和抗病毒药物成为人们的哄抢对象。从2月10日起，相同景象几乎同时出现在国内各大中城市，北京、武汉、长沙、海口……板蓝根、抗病毒药物、白醋热销。

2月11日，广州市政府和广东省卫生厅针对“非典”恐慌分别召开新闻发布会。会上主要说明的确有一种病毒引起了“非典型肺炎”，并且公布了患病人数，总共有305例，其中广州226例，医务人员感染发病的有105例。在新闻发布会上，政府官员和传染病专家承认，病源和病因还没有分离出来，病原鉴定工作尚未能做出确切的结论，而且到目前为止，还没有特效药可以治疗，临床上采纳的主要是对症治疗。另外，专家还介绍了一些预防措施和患病的特征、表现等。尽管这些信息并不算是好消息，但是通过这次电视直播的新闻发布会，广州市民对非典型肺炎的认识逐渐清晰起来。

然而，由于传播中诸多因素的失控，新闻发布会并未达到预期的效果。一位广州市民说：“2月11日，广州市政府召开了新闻发布会，电视台现场直播，大伙丢下工作看电视，恐慌的心理开始缓解，但还是有一些人不太相信死亡数据。晚上我回到家，打开电视看新闻，一位医生正在接受本地电视台采访，说我们医院一共收治了十几个病人，治愈率99%，这病不可怕之类的。我琢磨：十几个病人怎么可能算出99%的治愈率？”

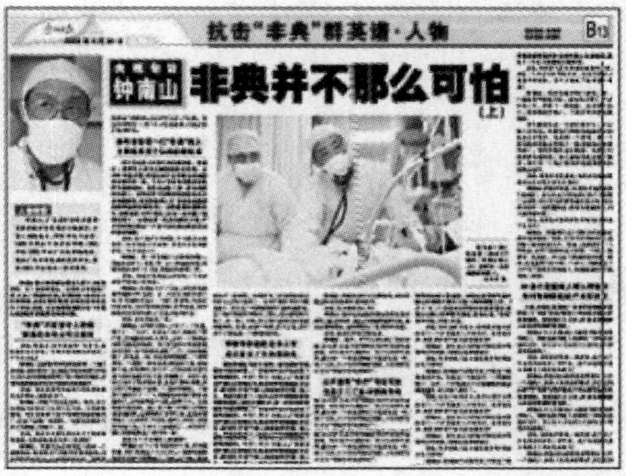
抗击“非典”群英谱·人物

钟南山 非典并不那么可怕（上）

案例点评

在现代民主制度下，人民有对社会生活及政府作为的知情权。政府有义务向人民报告自己的决策和行为，有效的行政管理需要公众的参与和支持。在完成政府职能、稳定社会秩序方面，公共关系的作用十分突出。政府公共关系的特征包括主体的权威性、客体的复杂性和传播的优越性。上述案例展示了典型危机中主流信息缺失的症状：公共媒体信息沟通不畅，导致市民不了解病情，才使得非正常渠道的信息在私下传播、交流，其中难免产生错误的诠释，甚至以讹传讹，造成社会秩序混乱乃至失控。而及时、充分的信息处理，对危机可以起到明显的化解作用。

案例阅读3

《十面埋伏》首映阵势唬人，导演全方位解密

《十面埋伏》全球首映庆典，是导演张艺谋和制片人张伟平在以演唱会为包装和载体的形式下举办的一次超大型晚会，它的核心是电影。在这个大的格局里有四个方面的创新，即形式、内容、包装和规模上的创新。

电视墙牡丹坊

形式上的创新。人们以往见到的电影首映礼，无外乎导演带着主创人员与观众见面，简单地回答一些问题，然后放映电影。而《十面埋伏》首映庆典却采用演唱会的形式包装。从时间上考虑，首映庆典放在7月10日，影片上映日期是7月16日，中间有一周的间隔。首映庆典就是让所有参与者对《十面埋伏》有一个大致的了解，从而引发观众观看

影片的兴趣。其实包括好莱坞在内的电影发行商们都会想出各种各样新奇的方法来为影片的首映造势，如《指环王3》曾在新西兰搞过大型游行活动。《十面埋伏》首映庆典之所以选择演唱会的形式，还因为三位主演金城武、刘德华、章子怡都多才多艺，他们不仅是演员，在其他艺术领域也有很高的造诣，通过首映庆典来展示他们表演之外的艺术才能。相对于演唱会，创新在于它的核心是电影，要围绕《十面埋伏》做文章。在首映庆典上，不但会把演员的服装、影片的道具做一个展示，同时也会把电影中的重要场景“牡丹坊”整个复原到晚会现场，但并非简单地把原景照搬到舞台上，而是根据演出现场的具体条件和演唱会的要求重新设计，总体上达到一种恢弘的气势，比电影中的场景更辉煌。电影中的“牡丹坊”是写实的、平面的，而舞台上的“牡丹坊”要做成立体的，影壁也要改造成“电视墙”，提供给观众 一个可以展示各种信息的平台和变幻的空间。

绝密镜头

内容上的创新。庆典晚会的很多内容都是与《十面埋伏》紧密相连的，可以说是电影中某些场景的再现。创作人员对这些场景（包括武术、舞蹈、音乐）重新进行艺术加工。在庆典晚会上不会播放整部影片，但大家会看到很多电影以外却又跟电影相关的东西，比如许许多多的拍摄花絮，这在其他电影首映礼上是不会看到的，它是电影后面的东西，是一些绝密的内容，还有一些拍坏的镜头，一些拍得很好但被导演忍痛割爱剪掉的画面，只有参加庆典的人才可以看到，这就增加了神秘感。庆典活动不设主持人，而是通过表演嘉宾以及主创人员的对话，带出整个电影的相关内容。晚会最主要的是音乐部分，除了嘉宾歌手演唱自己的歌曲外，电影中的音乐贯穿整场晚会。庆典活动结束以后，观众不仅听到了他们熟悉的歌手演唱的歌曲，同时更会牢牢记住《十面埋伏》的主题音乐。在首映庆典的最后，将播放10分钟《十面埋伏》的精彩片断，而且采用的是24米×12米的超大银幕放映，会给观众带来巨大的视觉冲击。

观众的红地毯

包装上的创新。北京工人体育馆曾经举办过很多的大型演唱会，而每一次观众都是进到场内欣赏。但这次的首映庆典却把整个体育馆从里到外都进行了包装，特别是它的北门（即正门）除了一个巨大的电视墙和巨幅海报外，还通过电脑灯绘制出蝴蝶戏牡丹等精彩画面，体育馆的上空还会打出探照灯编织的奇妙图案，使7月10日的北京工人体育馆成为全北京市、全国乃至全世界影迷瞩目的地方。走进北京工人体育馆内，观众会感觉进入了一个《十面埋伏》的缤纷世界，有很多的道具、很多的海报，营造出浓郁的氛围。尤其是延伸到大门口的红地毯，准备迎接来自四面八方的观众。既然观众是上帝，那么，走在红地毯上的就应该是广大关注和支持中国电影的人们。

视听盛宴

规模上的创新。一般的演唱会观众最多3 000人，而《十面埋伏》首映庆典主会场达到6 000人，加上上海、广州、深圳、杭州、厦门等分会场，观众会超过3万人。这一长达3小时15分钟的首映庆典，还将通过各种媒介（如电视、广播、互联网等）传递到千家万户，规模空前。张艺谋、金城武、刘德华、章子怡、凯瑟琳·巴特尔、李宗盛、童安格、张信哲、阿杜、陈慧琳、S. H. E、朴树、韩红、女子十二乐坊、中国爱乐乐团等，不仅组成了超强的演出阵容，而且也照顾到了各个年龄层的观众。灯光、音响、特效以及整个制作班子都是国际化的，如灯光是北京历届演唱会上数量最多、等级最高的，也是从来没有在国内舞台上使用过的。三套不同的音响，将工人体育馆打造成一个有5.1环绕声场的超大影院，让观众尽情享受这次视觉和听觉上的盛宴。

资料来源：http://ent.qq.com/a/20040608/000028.htm.

案例点评

电影《十面埋伏》借用中国传统的琵琶名曲名称。为了渲染其效果，扩大票房收益，《十面埋伏》首映庆典晚会融合了演唱会和电影元素，展现了中国电影的形象。首映庆典晚会把影片中的“牡丹坊”场景再造于北京工人体育馆，并邀请内地和港澳台及海外顶级的歌手演唱助阵，还在深圳、上海等大城市设立分会场。在“酒香也怕巷子深”的竞争激烈的信息时代，《十面埋伏》这种结合电影、电视、网络等多种电子传播手段进行娱乐宣传的创新手法，值得借鉴。

实训导引

1. 实训任务：寻找近期你所在组织（学校或专业）值得进行广泛宣传和传播的人或事，在所处环境允许的范围内，请就寻找到的人或事做一次公关传播活动，通过传播活动塑造组织新形象，进一步提振组织的士气和凝聚力。

2. 实训目标：引导学生以小组协作的方式运用公关主体、公众、媒体、环境知识和技能进行相应的公共关系活动。

3. 实训步骤：

（1）按照班级当初确定的小组（4～8 人），分组讨论后“竞标”取得该实训任务。

（2）小组代表陈述确保顺利完成的理由并表达决心。

（3）小组代表陈述基本分工：统筹策划人（可兼做）、收集资料人、PPT（包括视频）制作人、展示分享人、展示资料修改审定人、小组评分人（可兼做）。

（4）小组明确需完成的任务：收集筛选出近期最能代表小组所在组织（学校或专业）新形象的人或事；确定相应公众；写一份有创意的宣传稿；选择传播渠道和传播方式（宣传单、海报、校报、校园网、微信公众号、QQ 群等）；确定相关公关环境；制作一份问卷，通过评估了解本次公关活动的传播效果。

（5）小组就项目任务进行相关咨询和答辩。

（6）进行展示分享。

4. 实训时间和地点：课外完成任务，课内展示分享，展示时间控制在 20～30 分钟，任务的评价反思控制在 10 分钟内。若收集资料、拍摄照片或视频材料需要相关实训室或校内相关场地，由任课老师协助申请。

5. 实训成果：PPT、宣传稿、调查表及评估小结。

6. 实训评价和反思：

任务单

组名		组员姓名	
工作程序指引及记录内容			完成的打“√”
1. 确定小组长	小组长姓名：		
2. 小组集体查阅资料	/		
3. 明确任务	/		
4. 组员任务分配	/		
5. 设计 PPT 及准备照片或视频	/		
6. 根据小组分工，完成自己的任务	/		
7. 班级交流	展示人：		
8. 小组自我评价及反馈			
9. 个人加分点			/
写给老师的话			
指导教师评语		签名	

任务评价表

<table>
<tr><td>课程名称</td><td colspan="6"></td></tr>
<tr><td>实训任务名称</td><td colspan="6"></td></tr>
<tr><td colspan="7">三方评价成绩</td></tr>
<tr><td>评分项目</td><td>评分内容</td><td>配分</td><td>自评</td><td>小组评分</td><td>教师确认</td></tr>
<tr><td>明确任务获取信息</td><td>所收集、筛选的人或事比较典型，能代表组织新形象；
能有效利用图书馆资源、网络资源、教材等查找有效信息；
能用自己的语言有条理地去解释、表述所学内容；
能将查找到的信息有效运用到工作任务中。</td><td>10 分</td><td></td><td></td><td></td></tr>
<tr><td>感知任务制订计划</td><td>是否熟悉你的任务，认同工作价值；
是否根据任务恰当分工；
小组计划制订得是否合理、具可操作性。</td><td>10 分</td><td></td><td></td><td></td></tr>
<tr><td rowspan="3">实施任务</td><td>与教师、组员之间是否相互尊重、理解；
与教师、组员之间是否能够保持多向、丰富、适宜的信息交流。</td><td>10 分</td><td></td><td></td><td></td></tr>
<tr><td>探究学习、自主学习不流于形式，处理好合作学习和独立思考的关系，做到有效训练；
能提出有意义的问题或能发表个人见解；
能按要求正确操作；
能够倾听、协作分享。</td><td>10 分</td><td></td><td></td><td></td></tr>
<tr><td>遵守实训任务要求，实训过程符合目标；
训练过程出勤情况和完成工作任务情况较好；
善于多角度思考问题，能主动发现、提出有价值的问题，并最终进行了良好的公关传播。</td><td>10 分</td><td></td><td></td><td></td></tr>
<tr><td rowspan="2">展示成果</td><td>宣传稿质量（内容、语言、格式）</td><td>15 分</td><td></td><td></td><td></td></tr>
<tr><td>调查问卷质量（格式、内容设计），PPT 质量（内容及格式）</td><td>20 分</td><td></td><td></td><td></td></tr>
<tr><td>评定反馈</td><td>传播实施及成效（活动准备及公关目标、媒介选择的合理性、小组合作的质量、相关公众的知晓度、公关的影响力）</td><td>15 分</td><td></td><td></td><td></td></tr>
<tr><td colspan="3">总分（100 分）</td><td></td><td></td><td></td></tr>
<tr><td rowspan="3">评语</td><td>自我整体评价</td><td colspan="2"></td><td>学生签名</td><td></td></tr>
<tr><td>小组整体评价</td><td colspan="2"></td><td>组长签名</td><td></td></tr>
<tr><td>教师整体评价</td><td colspan="2"></td><td>教师签名</td><td></td></tr>
</table>

阅读必备

个体自身的传播

又称“个人的自我交流”，即传递信息的主体和接收信息的客体是同一个体；或者说，信息交流的“双方”不是两个人而是同一个人。

人际传播沟通

又称“个人之间的沟通”，即人与人之间的交流、交往、联络、联系等，这是最常见、最普遍的一种传播方式。

小团体传播

小团体（或称小群体）传播主要指介乎于人际传播和组织传播之间的一种传播形式，即群体内的人际沟通活动。这种小团体沟通不完全等同于人际关系。

组织传播

又称“组织沟通”，主要指作为传播主体的组织与其成员以及环境之间的信息交流、沟通活动。公共关系是一种特殊的组织传播行为。

公众传播

指传播主体向相对集中的较大公众群体进行传播，利用公众广泛参与的某种活动形式对公众实现多媒体的现场沟通。

大众传播

即职业传播者（新闻单位、出版发行单位）通过大众传播媒介（报纸、杂志、广播、电视、书籍、电影等），将大量复制的信息传送给分散的大众。

自媒体

传统的新闻媒体将传播者与受众分得很清，而播客式的自媒体打破了这种格局。新媒体不再有传者和受者的界限，每个人都是传者，每个人都能做新闻，“人人即媒体”。因此，在播客网站上，我们不再提及“受众”一词，而更习惯说“用户”。“用户”又称“公民媒体”或“个人媒体”，是指私人化、平民化、普泛化、自主化的传播者。具体来说，“用户”是对以现代化、电子化的手段，向不特定的大多数或者特定的单个人传递规范性及非规范性信息的新媒体的总称。自媒体平台包括博客、微博、微信、百度官方贴吧、论坛/BBS等网络社区。得益于数字科技的发展，我们都可以经营自己的“媒体”，信息能够迅速传播，时效性大大增强。作品从制作到发表，其速度与效率是传统的电视、报纸媒介所无法企及的。自媒体能够迅速传播信息并实时接受反馈，其强大的交互性是传统媒介望尘莫及的。

公关内部环境

包括构成组织的各个部分、各种要素，如决策层、员工队伍、员工关系、经营状况、管理机制、文化氛围、精神面貌、设备设施、建筑风格、装潢布置等，是由有形的人、财、物与无形的信息、知识、管理、精神、文化等组成的微观环境系统，是组织赖以存在和正常运行的基本条件。

公关外部环境

由自然环境和社会环境两大系统组成。前者指组织所在地区的地形、地理、气候、水、空气质量、天然景观等各种自然因素；后者指组织所面对的社会经济、政治、文化等状况。组织内部环境与外部环境的关系如图 1－1 所示。

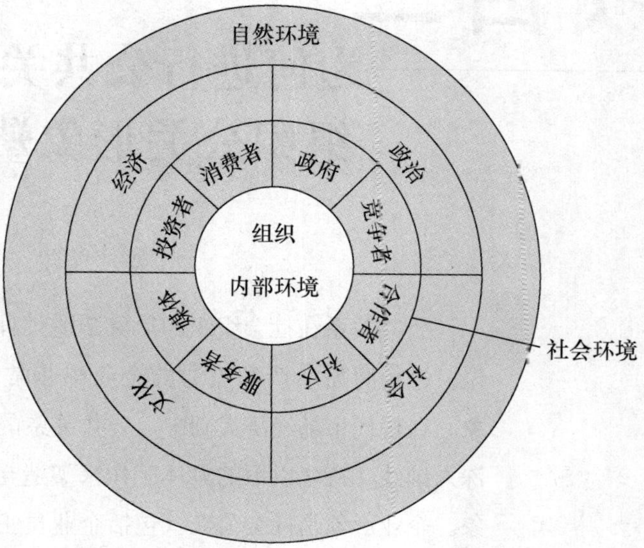

图 1－1　组织内部环境与外部环境

阅读链接

1. http://ent.qq.com/a/20040608/000028.htm。
2. 齐小华、殷娟娟：《公共关系案例研究》，武汉，武汉大学出版社，2011。

项目二 为何进行公共关系：组织公关形象塑造

公共关系在社会组织的形象塑造过程中有举足轻重的地位。进行商品生产和流通的企业都非常关注自己的公众形象。在现代市场经济大潮中，公共关系的根本目的就是通过深入细致、持之以恒的具体工作来塑造与发展企业的良好形象。企业形象是社会公众（包括企业员工）对企业的整体评价，它是公众对企业的发展史、管理人员、团体气氛、行为准则、物质条件、产品、服务等的总体认知，反映了公众对企业的整体特点、总的精神的了解和情感倾向。塑造良好的企业形象，建立良好的企业信誉，不但能够帮助企业为社会公众所理解和接受，进而赢得公众的信任和支持，而且能取得良好的经济效益，有效促进企业目标的实现。

任务一 组织公关形象塑造的标识 CIS

企业形象策划是实现企业形象战略、塑造企业良好公关形象的重要手段。CIS 是 corporate identity system 的简称，译为企业形象识别系统或品牌形象识别系统。CIS 的重要功能是，通过统一的企业理念、行为模式和视觉识别，通过调动每个员工的主观能动性，通过一体化的符号形式来划分每个员工的权利、责任和义务，使企业员工能在适当的鼓励下，依据角色行动，并通过信息化的方式，让社会公众认同和关注企业，建立理想的企业形象，从而为企业带来更好的经营效益。

案例阅读1

IBM奏响CIS序曲

美国国际商业机器公司（International Business Machines Corporation）创建于1924年。开业伊始，公司就实行标准化管理，员工服饰也在统一之列。进入50年代，计算机新技术沉重地打击了公司的老产品，在市场和效益滑坡的危难之际，小托马斯·沃森于1955年接替父亲就任公司总裁。上台不久，小托马斯·沃森就制定和实施了一系列的战略性新决策：第一，集中公司人力、物力、财力，设计开发计算机的硬件系统，特别是软件系统和联网技术。第二，推行全天候、全方位、全球性的限时维修服务，特别是全过程的联网化、系列化、伙伴化的潜在市场外发性服务。第三，把产品识别标志和企业识别标志统一起来，并且系统地应用于产品系列、时空环境、信息流程的方方面面和各个环节，也就是企业生产经营的整个过程之中。

该公司识别标志由几何图形造型的I、B、M三个大写字母并列组合构成，M的体量恰好是I、B两者的体量之和，名称、字体、图形三者合为一体。首先，IBM是公司全称International Business Machines Corporation的缩写，立足于企业。其次，突出M，实际上强调了计算机。最后，I、B、M三个字母并列组合，既象征了计算机产品系列及其联网技术，又使人联想到公司开发计算机的企业发展战略和提供优质服务的企业行为规范。以企业识别标志IBM为中心的企业识别系统，简洁明了、易读易写，一目了然。

小托马斯·沃森实施的三大战略抓到了公司发展的关键：第一条是企业的发展战略，规定了企业的经营性质和发展方向，这是企业生存发展的精神动力和智力支持。第二条是企业行为规划，以高素质的文化服务开发带动高科技的潜在市场开发，这是推行实现企业发展战略的必要途径和根本保证。第三条是企业识别标志，形象地传播和展示了既独特又统一的企业发展战略和企业行为规范。三者相辅相成、相互作用，使IBM公司成为美国公众信任的“蓝色巨人”，并在美国计算机行业占据了非常显赫的霸主地位，而且IBM产品的识别标志也进入了世界十大驰名品牌识别标志的行列。

资料来源：朱健强．企业CI战略．厦门：厦门大学出版社，1999．

IBM标志设计的演变

案例点评

“CIS”是英文 corporate identity system 的缩写，可译为“企业形象识别系统”，主要含义是指企业形象的统一性策划，它包括理念识别系统（mind identity system）、行为识别系统（behavior identity system）、视觉识别系统（visual identity system）。

理念识别系统（MIS）是指企业在长期的经营活动实践中形成的和其他企业不同的价值观、经营思想、经营方式、企业精神、道德准则等，它向人们说明企业是“如何想的”。行为识别系统（BIS）是指企业区别于其他企业的各种具体的生产经营服务活动，如员工行为、公共关系、广告、人员推销、营业推广等，它向人们说明企业是“如何做事的”。视觉识别系统（VIS）是指企业通过视觉传达给社会公众的专有化或个性化形象，包括很多视觉因素，如企业的名称、标志、口号及员工制服、办公用品等，它向人们展示的是企业“是个什么样子”。理念识别系统比较抽象，行为识别系统比较复杂，视觉识别系统比较直观。

理念识别系统、行为识别系统、视觉识别系统是企业形象塑造的三个不同层次，三者相互独立又相互作用，形成一个有机整体，共同构造一个完整统一的特定的企业形象组合体。没有精神理念，视觉传达只是简单的装饰品；没有视觉传达设计，精神理念也无法有效传达。企业行为和视觉识别均要在理念主导下展开。这种企业形象战略的策划和实施，对内产生凝聚力和激励力，对外提高知名度和美誉度，是企业的无形资产。IBM 的 CIS 策划，有明确的企业理念做指导，形成企业独有的、鲜明的经营、管理、公共关系及视觉特色，突出企业个性，达到对内加强凝聚力、对外加强认知和识别的效果。

在 IBM 成功之后，CIS 开始在欧美萌芽，20 世纪 70 年代中晚期传入日本等国家和地区并发展成为一个系统化的工程，20 世纪 90 年代之后成为发达国家及新型工业化国家和地区谋求发展的重要战略。

案例阅读 2

杜邦公司 21 世纪新形象

两百多年的科技飞跃，使杜邦从最初的一种产品——黑色火药及 36 000 美元的资产发展成为如今历史最悠久、业务最多元化的跨国科技企业之一，总营业额达 400 多亿美元。杜邦及其附属机构在全球拥有 92 000 名员工，180 余家子公司，生产设施遍布近 70 个国家和地区，服务于全球市场的食物与营养、健康保健、农业、服装和服饰、家居及建筑、电子和运输等领域。然而，在很长的一个时期，杜邦在人们心中一直是一家以发明原材料、生产传统化学品为主要业务的“化学公司”，从1935年开始使用的企业口号“生产优质产品，开创美好生活”关注的也主要是杜邦的产品。为了更好地反映杜邦公司今后的发展方向，杜邦公司决定对其企业定位进行调整，使其能反映出企业发展策略的转移以及企业形象的改变。

杜邦公司意识到，一个能独特地表述公司精髓的新企业定位，对于加快公司发展进程极为重要。因此，杜邦公司特别邀请了四家代理公司为杜邦的新定位进行设计。新时代，科学日益成为人们日常生活的一部分，而杜邦在科学研究方面有相当长的历史，是为数不多的被公众认为具有科学实力的公司之一。基于此，代理公司在大量的市场调查的基础上，提出了相应的建议。最终，“创造科学奇迹”这一口号脱颖而出。当然，企业的重新定位不仅仅是一个新的企业口号或一个新的广告运动。“创造科学奇迹”这个新定位需要长期的努力，它描述了公司进一步发展的方向，是杜邦进行企业改革的一个重要部分。

资料来源：http://www.docin.com/p-605655405.html.

案例点评

在CIS中，理念识别系统是整个系统的核心，它是得到社会公众普遍认同的、体现企业自身个性特征的、促使企业正常运作以及长期发展而构建的反映企业明确的经营意识的价值体系。没有明确的经营理念，行为识别和视觉识别就成为纯粹的技巧。没有理念指导的技巧，企业形象的塑造很容易被引入歧途。

21世纪杜邦公司的经营领域大大超过了它赖以起家的化学二业，已经在多个领域取得了成功，但人们仍然把它看成是生产原材料的化工公司。这与它20世纪30年代采用的“生产优质产品，开创优质生活”的企业口号不无关系。原有口号关注的是产品，杜邦公司发明的尼龙等产品的确极大地改变了人们的生活，给人们留下的印象实在是太深了。21世纪，科学技术迅猛发展并前所未有地渗入人们生活的各个方面，于是，“创造科学奇迹”就成了杜邦公司新的口号。这个口号体现了杜邦公司在知识经济时代的经营理念，表达了杜邦公司的经营哲学，指出了杜邦公司的经营方向。

案例阅读3

导入行为识别系统的麦当劳公司

麦当劳公司是世界上最大的快餐集团之一，它的成功主要归功于其明确的企业理念“Q. S. C＋V”。

Q代表质量。麦当劳制定了一套严格的质量标准，使食品达到了标准化，做到了无论国内还是国外，所有分店的食品质量都一样。同时，麦当劳还规定了各种操作规程和细节。

S代表服务。麦当劳店铺位置的选择、营业时间的设定都尽力为顾客考虑，如为使美国大批出门的乘客有休息和吃饭的场所，麦当劳在高速公路两旁和郊区开设了许多分店，并在距离店铺不远的地方装上许多通话器，上面醒目地标着食品名称和价格，乘客只需要打开车门向通话器报上所需食品，车子开到店前面的小窗口就能一手交钱一手拿到食品，并可马上驱车赶路。微笑服务也是麦当劳的特色，所有的店员都面带微笑地和顾客交流、做事，让顾客感到亲切。

C代表清洁。麦当劳明文规定：男士必须每天修胡子，修指甲，随时保持口腔清洁，经常洗澡；女士要戴发网。餐厅内不许出售香烟和报纸，器具全部是不锈钢的。顾客一走便要清理桌面，凡是丢落在地上的纸片，要马上捡起来。

V代表价值。有一段时间，麦当劳的企业理念只采用“Q. S. C”三字，后来才加上V。加上V是为了传达麦当劳“提供更有价值的高品质物品给顾客”的经营理念。

在“Q. S. C＋V”企业理念的指导下，麦当劳导入行为识别系统（BIS），使其行动统一性达到了惊人的程度。无论顾客走进哪一家分店，他都能得到大小相同、口味相同的食品，享受到同样的服务。麦当劳公司何以能达到这个程度呢？麦当劳公司请专业人员制定出一本厚达385页的程序手册，把最细致的动作都描述出来。惯例化也用在人事管理方面。管理者、助理管理者、小组长和侍者都有严格规定的职责，都要遵守非常详细的规则。麦当劳甚至在芝加哥郊区办了一所名叫汉堡大学的学校，培训管理人员。麦当劳忠实地推行自己的企业理念，并将之渗透到整个集团内，运用到具体的行动中，这就是促成麦当劳BIS成功的秘诀。

资料来源：http://www.docin.com/p-49189706.html.

案例点评

企业行为识别通过经营管理活动以及社会公益活动等来传播企业的经营理念，使之得到企业内部员工的认可和支持之后，为社会公众所接受，从而进一步强化企业品牌形象，树立一种美誉度极高的企业形象，创造更加有利于企业深化发展的内外部环境。

企业行为识别系统的一切活动必须在理念识别系统的指导之下，以理念识别系统为方向和灵魂，是理念识别系统的具体体现和落实。企业行为识别系统的最终目的是取得企业内外公众对理念识别系统的认同，塑造企业良好的动态形象。

麦当劳有一套准则来保证员工的行为规范，如营业训练手册、岗位检查手册、品质指导手册等，小到洗手消毒有程序，大到管理有手册，以保证“Q. S. C+V”理念的贯彻。除此之外，麦当劳还很重视建立“麦当劳大家庭”的观念，如从经理到员工都互称名字，全体员工注重沟通与团队合作；每月开员工座谈会，邀请家属来餐厅参观和就餐；每年举行岗位明星大赛；每天公布过生日的员工名单，并以一定的形式对其表示祝贺。这一系列的行为活动，塑造了麦当劳良好的形象。

案例阅读 4

中国银行的标志

中国银行由孙中山先生批准，于1912年2月成立。中国银行的标志于1986年经中国银行总行批准正式使用。随着业务的发展和管理的改进，中国银行在20世纪80年代开始引进 CIS。

1980 年，中国银行香港分行推行电脑化联营，委托以靳埭强先生为首的“靳与刘设计顾问有限公司”设计标志。标志的外形是圆形方孔钱，寓意天方地圆、经济为本；铜钱孔与上下对称的竖线表现了中国的“中”字；标志采用了中国红，鲜艳夺目，非常具有中国风，有很强的识别性。这个标志作为中国银行 CIS 的重要组成部分，不仅单独使用，而且经常在银行的宣传单、户外广告等视觉传播物中使用。

资料来源：http://www.mlito.com/other/58903.html.

案例点评

迄今为止，在 CIS 中，国内外企业开发最有成效的部分是视觉识别系统。该系统力图通过企业的名称、标志、品牌、标准字、标准色等来建立企业的凝聚力，形成企业的个性。就企业标志而言，它是通过造型简单、意义明确的统一标准的视觉符号，将经营理念、企业文化、经营内容、企业规模、产品特性等要素传递给社会公众，使之识别和认同企业的图案和文字。

中国银行的标志具备了原创性、识别性、领导性三个基本要求。第一，原创性。标志的设计要做到不抄袭、不模仿。中国银行的标志从题材到形式都令人耳目一新，是十分典型的原创设计，因此成为很多机构学习的对象。第二，识别性。识别性是企业标志的基本功能。企业借助独具个性的标志，以区别于其他企业及其产品。世界各地银行的标志，设计理念与造型类似的很多，但是中国银行的标志与众不同，容易识别，有独特的个性。第三，领导性。中国银行的标志符合特定机构的身份，其造型美观大方，符合国家银行的身份，也体现出具有中国民族特色的企业文化。

在企业视觉传达要素中，企业标志是核心，也是企业进行信息传达的主导力量。标志是企业经营理念和经营活动的集中表现，贯穿和应用于企业的所有相关活动中，其他视觉要素都以标志为中心展开。当然，要塑造一个良好的企业形象，必须有企业理念、行为和视觉形象三方面的配合，三者缺一不可。

案例阅读 5

“金利来”创名牌

“金利来，男人的世界！”动人的广告词，把金利来传播得家喻户晓。然而，金利来如何创出名牌的故事历来鲜为人知。

曾宪梓是和太太以一把尺子、一把剪刀及一台国产蝴蝶牌缝纫机起家的。最早他们一家6口人挤在一间60平方米的屋子里，生活相当窘迫。当时香港人设计的时装都用外国名字，可曾宪梓却将自己生产的领带取了一个中国名字——“金狮牌”。一个新牌子要挤进市场实属不易，虽然曾宪梓做了许多努力，但领带销量仍然不理想。过年时他送了几条领带给一位亲戚，不料那位亲戚不仅没有谢意，反而不高兴地说：“我才不用你的领带呢，金狮金狮——什么都输掉了。”原来粤语的“狮”与“输”读音相近，这位亲戚是马迷，非常忌讳“输”字。因为这件事，曾宪梓决心更换领带的名称。琢磨了大半夜，终于获得灵感，决定将“金狮”的英文单词GOLDLION中的“GOLD”意译为金，“LION”音译为“来”，如果在中间加一个人们都喜欢的“利”字，将是一个非常吉利的名字，世界上有什么人不喜欢“金”“利”来呢？

有了好的产品、好的名称，怎样提高它的知名度呢？1971年，适逢取得世界冠军的中国乒乓球队访问香港，曾宪梓一位在香港无线电台工作的朋友建议他购买电视台转播乒乓球表演赛的赞助权，在比赛中穿插播放金利来领带广告。通过分期付款的方式缴齐广告费后，曾宪梓又开始思索：如何选择朗朗上口又能吸引人的广告词呢？曾宪梓决定自己动手撰写。他精心推敲出一句句精练的广告词：“金利来，男人的世界”“方格——热情慷慨；斜纹——勇敢决断，圆点——爱慕关怀；细花——体贴温馨。”果然，出色的广告，使金利来一炮打响。乒乓球表演赛结束后，金利来的订单像雪片一样飞来，金利来出名了。

对此，曾宪梓深感欣慰。他不相信只有外国商标才能创造名牌，他坚持用中文做商标、创造中国自己的名牌的愿望终于实现了。

资料来源：边一民．公共关系案例评析．杭州：浙江大学出版社，2004.

案例点评

“金利来”创名牌的故事告诉我们，一个企业、一种产品要扬名四海，仅仅靠过硬的质量是不够的，现在“酒香不怕巷子深”的观念已经行不通了。

无论是企业还是企业的产品，都应有一个好的名字。具有高度概括力和强烈吸引力的名称，对大众的视觉和心理等各方面都会产生影响。从“金狮”到“金利来”的过程说明，并非只有外文商标才能创名牌，中文品牌同样能够打响，关键是既要适合目标市场的文化传统、风俗习惯，又要有自己的特色。一般来说，企业及其产品的名称应具备亲和力、简洁性。

从CIS的角度看，广告是实现视觉识别、树立企业形象的重要途径，它通过反复利用各种媒介，将企业或产品的信息向社会公众传达，提升企业的形象。值得注意的是，做广告必须选择时机、抓住机遇，而且做广告必须设计好广告形式。

实训导引

1. 实训任务：为喜欢的企业设计标志。

2. 实训内容：为企业设计标志，小组合作以PPT的形式向大家展示设计的企业标志并加以说明。

3. 实训目标：

（1）了解VIS的历史和发展方向。

（2）了解VIS设计的方法及步骤。

（3）培养学生分析企业形象识别系统符号的能力。

（4）培养团队精神，学会互相合作，共享实训成果。

4. 实训步骤：

（1）按照班级当初确定的小组（4～8人），分组讨论后选定小组完成实训任务。

（2）小组代表陈述小组基本分工：统筹策划人（可兼做）、收集资料人、PPT（包括视频）制作人、展示分享人、展示资料修改审定人、小组评分人（可兼做）。

（3）小组明确需完成的任务并分工进行具体的收集、讨论、撰写、评估。

5. 实训时间和地点：课外完成任务，课内展示分享，展示时间控制在15～20分钟，评价反思控制在10分钟内。若收集资料、拍摄照片或视频材料需要相关实训室或校内相关场地，由任课老师协助申请。

6. 实训成果：PPT。

7. 实训评价和反思：

任务单

<table>
<tr><td>组名</td><td></td><td colspan="2">组员姓名</td><td></td></tr>
<tr><td colspan="4">工作程序指引及记录内容</td><td>完成的打“√”</td></tr>
<tr><td colspan="2">1. 确定小组长</td><td colspan="2">小组长姓名：</td><td></td></tr>
</table>

2. 小组集体查阅资料	/		
3. 明确任务	/		
4. 组员任务分配	/		
5. 设计 PPT 及准备视频	/		
6. 根据小组分工，完成自己的任务	/		
7. 班级交流	展示人：		
8. 小组自我评价及反馈			
9. 个人加分点		/	
写给老师的话			
指导教师评语		签名	

任务评价表

课程名称					
实训任务名称					
三方评价成绩					
评分项目	评分内容	配分	自评	小组评分	教师确认
明确任务 获取信息	能有效利用图书馆资源、网络资源、教材等查找有效信息； 能用自己的语言有条理地去解释、表述所学内容； 能将查找到的信息有效运用到工作任务中。	10 分			
感知任务 制订计划	是否熟悉你的任务，认同工作价值； 运用是否具有执行力； 小组计划制订得是否合理、具可操作性。	10 分			
实施任务	与教师、组员之间是否相互尊重、理解； 与教师、组员之间是否能够保持多向、丰富、适宜的信息交流。	10 分			
	探究学习、自主学习不流于形式，处理好合作学习和独立思考的关系，做到有效训练； 能提出有意义的问题或能发表个人见解； 能按要求正确操作； 能够倾听、协作、分享。	10 分			
	遵守实训任务要求，实训过程符合目标； 训练过程出勤情况和完成工作任务情况较好； 善于多角度思考问题，能主动发现、提出有价值的问题。	20 分			
展示成果	在展示成果中考核小组工作计划、训练技能是否符合目标与要求； 是否获得了进一步发展的能力和创新能力；是否有良好的语言表达能力。	10 分			
	在展示成果中发现学习者是否有发现问题、提出问题、分析问题、解决问题、创新问题的能力。	15 分			

评定反馈	按时按质完成实训任务； 较好地掌握专业知识点； 具有较强的信息分析能力和理解能力； 具有较为全面严谨的思维能力并能条理明晰地表述。	15 分			
总分（100 分）					
评语	自我整体评价		学生签名		
	小组整体评价		组长签名		
	教师整体评价		教师签名		

阅读必备

企业形象

企业形象也叫企业形象识别系统、企业识别系统，由理念识别系统（MIS）、行为识别系统（BIS）、视觉识别系统（VIS）三部分构成。MIS 是核心和灵魂，BIS 是 MIS 的动态表现，VIS 是 MIS 的静态表现。MIS、BIS、VIS 是有机整体，三者必须保持和谐统一。

企业形象策划

企业形象策划是指企业通过创造性思维，巧妙地利用可用资源，设计和传播企业特定的理念、行为和视觉特征，使社会公众对企业产生标准化和个性化的良好形象的决策活动。企业形象策划要满足以下要求：新颖性、系统性地利用可用的资源、同一性、稳定性、有效地进行传播、操作性。

理念识别系统

理念识别系统是能得到社会公众普遍认同的，可体现企业自身个性特征的，为促使并保持企业正常运作以及长期发展而构建的、反映企业明确的经营意识的价值体系。一般来说，一个企业的理念识别系统主要由企业哲学、企业精神、企业道德、企业目标、企业宗旨、企业作风等构成。

企业行为识别系统的构成

企业行为识别系统基本上由两大部分构成：一是企业内部识别系统，具体包括企业管理、员工工作环境、员工教育培训、员工行为规范化等内容；二是企业外部识别系统，具体包括企业市场调查、服务水平、营销活动、广告活动、公关活动和公益性活动等。企业行为识别的意义在于将企业的内部组织机构与员工的行为都理解为一种传播符号，通过这些因素传达企业理念、塑造企业形象。

企业视觉识别设计

企业视觉识别设计根据基础要素和应用要素两大系统，分为基础要素设计和应用要素设计。基础要素设计包括企业标志设计、企业标准字体设计、标准色、企业造型及象征图案要素设计；应用要素设计包括事务用品类、旗帜规划类、员工制服类、广告媒体类、室内外指示类、环境风格类、交通运输类、展示风格类、专卖店风格类等。

阅读链接

1. 王富祥、史本林：《企业形象策划》，武汉，武汉理工大学出版社，2009。

2. 张德、吴剑平：《企业文化与 CI 策划》，北京，清华大学出版社，2013。

3. http://www. e21ci. com，中国企业形象网。

3. http://www. 360doc. com/content/16/0220/17/9785993_535995795. shtml，从松下看日本公司企业文化。

4. http://wenku. baidu. com/link? url＝fUJmi3xxivvDJg5WVV94y98zEMTR_TC-CFzLQpyYdPhKJ2-CVo8ks TYW0lDPP pvX85BdHd VB37 TXK Gr 8C0 yjv BH unqn Xxs 88 LfXrJCDHg5ca，麦当劳 CIS 分析。

任务二　组织公关形象标识的设计和运用

激烈的市场竞争，迫使企业不断寻求克敌制胜的“利器”。提升企业公关形象，刷新企业面貌，积累无形资产，创造整体效益，已经成为企业走向成功的法宝。过去，企业界对企业形象的设计往往是通过推销、广告以及其他宣传方式进行的。CIS 自从被开发和引入后，逐渐成为一种强化企业形象的系统方法。如今，负责、协助企业设计和运用 CIS 成为企业公共关系工作中的一项新内容。

案例阅读 1

太阳神集团公司——中国特色的 CIS 经典

太阳神集团公司的前身是靠 5 万元起家的东莞黄岗保健饮料公司。创业初期，公司试图用“万事达”商标注册，打开全国的市场，但推广失败。之后改用“生物键”作为产品与企业名称，在广东获得了一点点名气。随着经营格局的集团化、多元化，产品开始进入省外。这时，经营者发现“生物键”这个名称内涵浅薄，外延狭窄，传播效应零碎，难以达到最佳效果，于是决定委托广东新境界设计群负责总体策划，全面导入 CIS，对企业进行改造。

1. 启用全新的企业名称。公司决定用“太阳神”命名新成立的集团公司，用企业名称涵盖产品特性，实施企业名称、商标、品牌“三位一体”的CIS战略。起初，公司内部人员担心推广失败，反对这样的做法。总经理怀汉新说服全体员工，要求各方面协调配合全面实施这一战略。他们采用先在上海等省外市场推广，改“生物键”为“太阳神”，成功后再转回广东推广的战略。

2. 在CIS中融入企业文化，成为太阳神的企业理念系统。企业的最高宗旨：振兴民族工业，提高中华民族的健康水准；经营理念：以市场为导向，以科技为依托；管理理念：以人为中心；发展理念：以专业经营为中心，市场专业化，科研专业化；企业精神：真情理解，合作进取。

3. 设计最具特色的企业标志。“太阳神”标志具有强烈的视觉冲击力，强烈地刺激着消费者的视觉神经。该标志以圆形与三角形为基本构成，圆形是太阳的象征，代表着健康、美味的商品功能与企业经营宗旨；三角形是“APOLLO”（古希腊太阳神）首字母A的抽象化，它的人字造型体现出企业团结如一人，代表着向上升腾的意境和以“人”为中心的服务与经营理念；标志采用红、黑、白三色，形成强烈的色彩反差，体现了企业不甘现状、奋斗开拓的精神。以该标志为核心的系列企业形象战略在包装、广告、产品开发上层层展开。导入CIS后，“太阳神”以崭新的形象出现在市场上，迅速获得了消费者的认同，成功开启市场大门。

4. 从企业形象入手的营销策略。太阳神在推销自己的产品时，并不匆忙地销售产品，而是采取了从企业形象入手的三步到位的营销策略。第一步，在市场所在地开展全面的公益活动，如通过赞助教育、文化、体育事业等活动，来加强与消费者的感情联系，把太阳神的企业形象介绍给广大消费者，让消费者从心理和情感上接受“太阳神”。第二步，邀请当地的保健、营养、儿科等方面的专家教授开展咨询服务，把“太阳神”介绍给广大消费者，让消费者认识“太阳神”，培养消费者对“太阳神”的好感。第三步，在太阳神的品牌逐渐深入消费者心中的时候，开始销售产品。

5. 广告不言“太阳神”。“当太阳升起的时候，我们的爱天长地久……”这是著名的“太阳神”广告歌词。伴随着雄壮、悠扬、充满活力的歌声，一轮象征生命、健康、力量的朝阳，被一个艺术化了的“人”字托起。在这一广告口号中，只字未提“太阳神”的产品，而是以“太阳神”标志巨大的视觉冲击力去影响消费者。这种广告高层次地体现出企业独特的经营风格，通过企业、商标、产品形象三位一体的整体形象，起到了其他广告所不能起到的作用。

资料来源：曾坤生. 形象设计绝招. 南宁：广西人民出版社，1995.

案例点评

太阳神集团公司导入CIS的探索，被理论界称赞为“中国特色的CIS经典”。在导入CIS之前，太阳神1988年年产值才520万元。导入CIS之后，1990年年产值增至4 000多万元，1991年竟达到8亿元，1992年达到12亿元。“太阳神”CIS导入的成功，为众多的企业家、行销管理人员、工艺美术设计师、广告人展示了一条具有中国特色的CIS道路，为探索中国全面推广CIS提供了一个成功的范例。

案例阅读2

让美渗透每一空间的“美的”集团

一般企业导入CIS，都有自己的苦衷：要么企业形象不佳，不受消费者欢迎；要么经营策略发生变化，公众不知详情；要么企业经营不善，濒临难关……“美的”其实是不存在这些问题的。美的导入CIS，完全是为了进一步提升企业形象，“让美渗透每一空间”，给社会公众和消费者亲切感和愉悦感。

1. “美的”的MI。众所周知，世界上并没有真正完美的东西。而“美的”人却以“创造完美”作为“美的MI”的核心，作为“美的”的企业精神、经营理念、行为准则。这一理念，表达了“美的”人的思想境界与追求目标。按照这一经营哲学，公司要求每一个“美的”人在自己的岗位上，以高度的责任感和一丝不苟的工作精神，充分发挥聪明才智，团结拼搏，创造出内外兼修的“美的”产品，给消费者带来美的享受。

2. “美的”的BI。一个企业能否成为知名度高的企业，就在于它如何借助各种传播媒体向公众传达企业的各种信息。“美的”把CIS作为企业现代营销的一种策略，在其广告定位和促销活动中，注重塑造高品位、高品质的产品形象和企业形象。例如，他们邀请国际巨星巩俐做广告，因为巩俐的嫣然一笑，“美的”空调风生水起。

3.“美的”的VI。“美的”以蓝、白两色为企业的标准色。通过该标准色，人们会联想到蓝天白云，也会联想到大海，联想到天的无边无际和海的宽广无边。“美的”集团把标准色贯彻到了“美的”的一切应用系统，“美的”工业城的现代化建筑群、写字间、标牌、名片、办公用具、运输工具、包装、餐桌乃至卫生间内的一切（如肥皂盒等），都是一体的蓝白相间的色调，同“美的风扇”“美的空调”产品相协调，给人清凉优雅的感觉。

“美的”CIS渗透到了“美的”的每一空间，贯穿于全员的行动中。最终，“美的风扇”“美的空调”两大拳头产品不仅受到国内消费者的喜爱，而且获得了QC、CSA、GS等国际认证，远销海外。

资料来源：曾坤生．形象设计绝招．南宁：广西人民出版社，1995.

案例点评

企业导入CIS，本身就是为了树立起企业与其他企业形象的差异性，导入CIS的方式与方法理应同样具有某种差异性，这就更能突出本企业与其他企业的形象差异性，更好地树立起自己的企业形象。广东“美的”集团股份有限公司导入CIS就明显地表现出了这一点。一般来说，大部分企业运作CIS时，先有CI手册，然后才开始CI行动，而“美的”则先有CI实践，再有“CI手册”。“美的”运作CI五六年后，直到1994年，“美的”集团的“企业形象手册”才正式印刷出版。这成了我国企业导入CI的一种模式，被称为“美的模式”。“美的模式”表明CI运作应该是表里如一的。

案例阅读3

太湖宝岛花园导入CIS

太湖宝岛花园地处苏州太湖风景区中心的长沙岛上，地理位置绝佳。它由一家五星级酒店和百幢别墅构成。五星级酒店设计的会所，提供客房、餐饮、会议、商务、游泳、网球、美容、健身、健美、保龄球、溜冰、棋牌、游艺、歌舞、台球等服务。绿树掩映中，风格各异的百幢别墅点缀其间。太湖宝岛花园从整体到局部，均出自大家手笔，设计也融合了传统与现代建筑设计理念，荟萃中西建筑文化精华。不过，太湖宝岛花园虽然具有良好的自然生态环境、浓郁的文化气息，但也存在地理位置离苏州较远、人流量较少、对外认知度较差等缺点。因此，在太湖宝岛花园建设过程中，有必要导入 CIS 来传播企业形象信息，扩大认知度，吸引游客。

1. VI 设计。VI 是 CIS 的静态识别符号，是具体化、视觉化的传达方式。它所包含的内容、项目最多，传达层面最广，获得的效果最直接，是在企业经营理念的确定和战略范围、经营目标的制定基础上，运用视觉传达设计的方法。根据传播媒体的个性要求，开发视觉符号的设计系统来传达企业的精神理念，目的是刻画企业个性，突出企业精神，凸显企业特征，使得企业内部、社会各界和消费者对企业产生一致的认同感。苏州太湖宝岛花园依山傍水，绿化率超过 45%，一年四季好景相伴，而且物产丰富，银鱼、虾蟹堪称一绝，珍珠中外驰名，碧螺春茶享誉世界。通过反复总结提炼太湖宝岛花园的个性特征，将标志采用绿、蓝两种主色，在椭圆形的空间展示出绿水蓝天相连，一弯明月悬于水面，将人们带到了诗情画意的境地，给人们强烈的视觉冲击力和广阔的想象空间。

太湖宝岛花园的企业标志

2. BI 设计。BI 设计是企业具体可感的动态识别形式。它以理念识别为基础和原动力，直接规范着企业内部的管理、教育以及企业对社会的一切活动，是塑造企业形象的重要支柱之一，在企业形象塑造中具有其他识别系统无可比拟的巨大功能。太湖宝岛花园的 BI 系统分为内部系统和外部系统两个方面。结合酒店和高档住宅小区的特色，内部系统围绕干部教育、员工教育、敬业精神、礼仪规范、企业环境、职业道德、企业文化、环保对策等八个方面展开。外部系统围绕市场调查、公共关系、广告宣传、促销活动、公益活动、项目开发等六个方面进行。以基本规则和规章制度来规范员工的行为，进而塑造太湖宝岛花园良好的动态形象。

3. MI设计。MI是CIS的核心和最高层面。重视MI，精心提炼，是很重要的。在整体形象设计中，太湖宝岛花园的决策者将MI视为企业的内在灵魂和生存、发展、强盛的活力源泉与精神支柱，着重围绕企业经营理念、经营哲学、企业精神、发展战略目标、企业形象定位进行了精心设计。

(1) 提出了“营造诗意的居住意境，倡导全新的生活理性”的经营理念。这一经营理念，向各界公众昭示：高品质的生活环境是人们梦寐以求的；科学的消费方式是时代发展的要求；使人获得全身心的发展，是社会进步的目的。

(2) 总结出了“以诚创造价值，以美装点生活”的经营哲学。这一经营哲学对外展示：太湖宝岛花园的旗帜上始终铭刻着两个闪光的大字“诚”与“美”。诚实守信是中华民族代代相传的祖训，也是现代企业必须信守的基本职业道德准则。崇尚美和追求美是人们参与社会实践活动的强烈精神需求。

(3) 提出“刚柔相济，百折不挠。柔似太湖水，刚如太湖石”的“水石精神”。这一企业精神表明：对公众和社会，太湖宝岛花园有博大的胸怀和满腔柔情；对事业，太湖宝岛花园有顽强而执着的追求精神。

(4) 发展战略目标。近期目标即通过3年努力，成为独具风格的现代高品质魅力生活园区，富有魅力的国内外旅游基地，以及国内一流的康复保健中心、培训教育中心、度假商贸会务中心、吴文化展示中心。

太湖宝岛花园导入CIS后不到半年，百幢别墅便销售一空，酒店尚未开张营业便有人预订。慕名而去的人络绎不绝，他们在观赏太湖美景时，又把这一美丽的生活园区作为一个景点加以观赏。

资料来源：边一民. 公共关系案例评析. 杭州：浙江大学出版社，2004.

案例点评

太湖宝岛花园全面导入CIS，取得了很大的成功。首先，CIS导入的前提条件是要对企业自身和市场实际进行深入调查，因为企业形象要得到公众的认可，符合经济发展的大势，就必须在公众面前和市场中界定自身的坐标。只有认真周详地进行市场调查，充分掌握企业自身的情况和市场发展的前景，才能认定企业的市场定位和产品方向，做出切实可行的、符合企业发展状况的客观规划，确定企业的独特个性。只有这样设计企业形象，企业形象塑造才有坚实的根基。基于这样的认识，苏州太湖宝岛花园导入CIS之前，反复进行市场和企业调查，并在此基础上制定了CIS的整体方案。其次，从VI上看，水天一色之间一弯明月的企业标志，通过太湖宝岛花园的用品设计、广告媒体设计、交通运输工具设计、制服设计、包装设计等，全面表达了企业的基本精神和独特的个性，有巨大的传播力和感染力。再次，太湖宝岛花园的BI使企业理念从抽象和间接的层面转化为具体的直接员工行为，又通过员工行为反映企业形象。BI在企业实施后，对企业员工的行为起了十分强烈的规范作用。最后，MI是一整套理念体系，可以在企业具体的活动过程中起到整体统一的指导作用，使员工在思想情感和言行举止等多方面与企业保持协调，做到与企业同呼吸、共命运。

当然，一个优秀的CIS策划案，不但能帮助一个社会组织达成形象目标，而且可以给人以回味无穷的感受。本案例就具有这样的特点。

第一，明确的策划主题。通常，策划主题需要考虑两个方面的要素：策划目标和信息个性。策划目标指某一策划方案实施后能给组织带来什么样的结果，解决什么样的问题，它与一个组织的宗旨、行动方式、社会角色设定等因素有关。策划主题只有服从和服务于策划目标，才能使策划做到有的放矢。信息个性是指一个组织区别于其他组织、一种产品区别于其他产品的个性特点。只有根据企业的独特个性设计出来的企业形象才是有效形象。太湖宝岛花园把企业形象定位于“创造高品质的生活文化环境”，这实际上已经成为整个策划的总主题。而这一主导信息是与企业的发展战略目标相吻合并为之服务的。同时，极具个性化的视觉符号设计、行为识别系统设计和理念设计，三者环环相扣，进一步展现这一主题，对公众产生强烈的心理震撼力。

第二，独特的创意。在本案例中，策划者凭借丰富的想象力、敏锐的洞察力和深厚的文化功底，将一些看似不相关联的事物经过有序的思维碰撞形成独特的创意。例如，由时代的发展、社会的进步联想到人们需要高品质的生活环境和身心的健康发展，从而为人们创造一个远离都市喧嚣、回归大自然怀抱、诗意般地栖居的美好生活意境，并提炼出“营造诗意的居住意境，倡导全新的生活理性”的经营理念。由太湖山水桥岛的自然美、独特风格的建筑美、企业文化的内在美、企业形象的整体美，联想到要充当美的使者，进而提炼出“以诚创造价值，以美装点生活”的经营哲学。由太湖的水、太湖的石联想到吴文化、儒家文化和民族文化，进而提炼出太湖宝岛花园的“水石精神”。

实训导引

1. 实训任务：选择下列企业中的一个，设计一套企业理念识别系统，并以 PPT 的形式向大家展示。

（1）一家全国性著名电信公司，最近经过重组，准备大力发展 5G 业务，并重新设计全新的企业形象。

（2）一家广州本地的礼品生产企业，主要经营圣诞礼品，年出口圣诞礼品量约占广州市场出口圣诞礼品总量的 1/5，近期准备进军俄罗斯、北欧市场。

（3）一家在珠海新成立的网络公司，由美国投资公司所投资，旨在打造中国市场领先的网络企业。公司产品主要为网络商务平台。

（4）一家浙江本地的保健品生产企业，生产包括铁皮石斛等浙江特产的保健品。

2. 实训目标：掌握企业理念形成的主要途径和设计范畴。

3. 实训步骤：

（1）按照班级当初确定的小组（4～8 人），分组讨论后选定一个小组完成实训任务。

（2）小组代表陈述小组基本分工：统筹策划人（可兼做）、收集资料人、PPT（包括视频）制作人、展示分享人、展示资料修改审定人、小组评分人（可兼做）。

（3）小组成员分工合作，开展收集资料、讨论及相关文案的撰写。

（4）小组成员确定本组文案，并制作 PPT。

（5）课堂上展示分享。

（6）教师现场点评。

4. 实训时间和地点：课外完成任务，课内展示分享，展示时间控制在15～20 分钟，评价反思控制在 10 分钟内。若收集资料、拍摄照片或视频材料需要相关实训室或校内相关场地，由任课老师协助申请。

5. 实训成果：PPT。

6. 实训评价和反思：

任务单

组名		组员姓名	
工作程序指引及记录内容			完成的打“√”
1. 确定小组长	小组长姓名：		
2. 小组集体查阅资料	/		
3. 明确任务	/		
4. 组员任务分配	/		
5. 设计 PPT 及准备视频	/		
6. 根据小组分工，完成自己的任务	/		
7. 班级交流	展示人：		
8. 小组自我评价及反馈			
9. 个人加分点			/
写给老师的话			
指导教师评语		签名	

任务评价表

课程名称					
实训任务名称					
三方评价成绩					
评分项目	评分内容	配分	自评	小组评分	教师确认
明确任务 获取信息	能有效利用图书馆资源、网络资源、教材等查找有效信息； 能用自己的语言有条理地去解释、表述所学内容； 能将查找到的信息有效运用到工作任务中。	10分			
感知任务 制订计划	是否熟悉你的任务，认同工作价值； 是否具有执行力； 小组计划制订得是否合理、具可操作性。	10分			
实施任务	与教师、组员之间是否相互尊重、理解； 与教师、组员之间是否能够保持多向、丰富、适宜的信息交流。	10分			
	探究学习、自主学习不流于形式，处理好合作学习和独立思考的关系，做到有效训练； 能提出有意义的问题或能发表个人见解； 能按要求正确操作； 能够倾听、协作、分享。	10分			
	遵守实训任务要求，实训过程符合目标； 训练过程出勤情况和完成工作任务情况较好； 善于多角度思考问题，能主动发现、提出有价值的问题。	20分			
展示成果	在展示成果中考核小组工作计划、技能训练是否符合目标与要求； 是否获得了进一步发展的能力和创新能力； 是否有良好的语言表达能力。	10分			
	在展示成果中发现学习者是否有发现问题、提出问题、分析问题、解决问题、创新问题的能力。	15分			

评定反馈	按时按质完成实训任务； 较好地掌握专业知识点； 具有较强的信息分析能力和理解能力； 具有较为全面严谨的思维能力并能条理明晰地表述。	15 分			
总分（100 分）					
评语	自我整体评价		学生签名		
	小组整体评价		组长签名		
	教师整体评价		教师签名		

阅读必备

企业理念形成的主要途径

（1）吸取民族传统文化的精华。“古为今用”是吸取民族传统文化精华的重要原则，如中华民族五千年的历史里诞生了孔子、孟子、庄子、墨子等无数伟大的思想家，他们的很多思想在今天仍然很有价值。除此之外，还要结合时代精神赋予企业理念新的内涵，丰富其内容。

（2）借鉴国外先进的企业理念。“洋为中用”是借鉴国外先进文化和先进企业理念的一个重要原则。在全球经济一体化发展的今天，一个国家的优秀企业的先进管理思想和经验，常常被其他国家的企业学习和借鉴。

（3）继承本企业的优良传统。企业的优良传统是经过企业实践所积累的宝贵经验，在设计企业理念识别系统时，应发扬光大，并形成本企业更为完善的企业理念。

（4）体现企业独特的个性。每个企业都有自己独特的个性，主要体现在企业员工的群体价值观、经营管理方针、思考和处理问题的方式方法、团体风气等方面。

企业行为识别系统建立的原则

企业行为识别系统包含的内容非常庞杂，涉及市场营销学、广告学、公关学、传播学、管理学等，但企业行为系统并不是对这些内容的全盘照搬。建立企业行为系统应在总体目标的要求下，综合运用相关学科的思想与技巧，加以整体策划。企业行为识别系统的规划、设计与建立是一项系统工程，应遵循以下原则：

（1）立足长远。要有目的、有步骤、有组织地开展各种有利于树立企业形象的活动，并持之以恒。

（2）以诚取信。企业开展的任何活动都要讲诚信，不能哗众取宠、夸大其词、弄虚作假。

（3）内外兼顾。企业开展的活动，既要考虑内部员工的需要，又要估计社会公众对企业的总体印象和评价。

（4）广泛传播。企业举办的活动要取得良好的效果，除了精心设计以外，重要的是把活动信息广泛地传播给大众，取得大众传播媒体的配合。

（5）防微杜渐。防止企业形象发生危机是树立、保证和维护企业形象的重要原则之一。一旦活动中出现形象危机，就应该采取有效对策，重新赢得公众的理解和支持。

企业视觉识别系统设计的原则

（1）个性化原则。这包括行业个性化、企业个性化、竞争者个性化。

（2）民族化原则。企业视觉识别系统的设计必须充分考虑民族情趣和民族心理。

（3）社会化原则。企业视觉识别系统的建立目的是得到社会大众的认可。

（4）标准化原则。即在标志、标准字、标准色等视觉形象基本要素的设计和传达上要保持一致性。

（5）可实施性原则。企业视觉识别系统不是设计人员的异想天开，而要具有可实施性、可操作性。

（6）严格管理原则。企业视觉识别系统在实施过程中，要充分注意各实施部门或人员的执行情况。

阅读链接

1. 王富祥、史本林：《企业形象策划》，武汉，武汉理工大学出版社，2009。
2. 张德、吴剑平：《企业文化与CI策划》，北京，清华大学出版社，2013。
3. http://www.chinacehua.com，中国策划学院网。
4. http://www.gongjin.com，CIS网创意作品站。

项目三
公共关系工作程序

现代社会很多领域逐渐趋向“联手”和“跨界”。公共关系越来越重要，并且无处不在。公共关系教学训练和实际工作从树立公关意识开始，到“公共关系工作程序”就进入到具体实操环节，整个工作程序需要严谨的态度、专业的技术、完善的流程、不懈的努力和团结合作的精神。公共关系工作程序包括调查、策划、实施、评估四阶段，调查是前提和基础，要求全面准确；策划是核心和重点，要求有效独特；实施是主体和难点，要求到位高效；评估是保障和升华，要求及时和简洁。

任务一　公关调查

在现代社会，人们要有效地开展公共关系工作，就必须准确地把握社会组织的公共关系状态，把握与企业活动和政策相关的认知观点、态度和行为，掌握与之相关的公共关系信息，这些需要通过公关调查来实现。公共关系调查是公关工作程序的第一步，包括调查什么、怎么调查、调查的程序，即公关调查的内容、方法和过程。

案例阅读1

“先搞清这些问题”

有一家宾馆新设了一个公共关系部。创办伊始，公共关系部就配备了豪华的办公室、现代化的通信设备……但该部部长却发现无事可做。后来，这个部长请来了一位公共关系顾问，向他请教“怎么办”。于是，这位顾问一连问了以下几个问题：

“本地共有多少宾馆？总铺位有多少？”

“旅游旺季时，本地的外国游客每月有多少，港澳游客有多少？国内的外地游客有多少？”

“贵宾馆的‘知名度’如何？在过去三年中，花在宣传上的经费共多少？”

“贵宾馆最大的竞争对手是谁？贵宾馆潜在的竞争对手是谁？”

“去年一年中因服务不周引起房客不满的事件有多少起？服务不周的症结何在？”

对这些看似普通却又极为重要的问题，这位公共关系部部长竟张口结舌，无以应答。于是，那位被请来的公共关系顾问这样说道：“先搞清这些问题，然后开始你们的公共关系工作。”

案例点评

对于公共关系工作者来讲，开展公关工作并不只是传统意义上的先打造一个光鲜亮丽的公关工作环境，而是要展开科学合理的公关调查。只有基于科学的数据，借助大量的走访调研和实事求是的工作态度，才能将公关工作做好。

案例阅读2

本田的眼光

在现代社会，影响企业发展的因素越来越多，能否及时发现和识别与企业发展相关的公众对象，意义十分重大。按照传统观念，美国的环保运动与日本的工业是没有什么关系的。因此，1975 年，当几个美国环保主义者到日本去谈论汽车废气问题时，就受到了日产、丰田这些大汽车公司的冷落。但是，1963 年才开始生产第一批汽车的本田公司，其总裁却独具慧眼，他从这些人的活动中发现了有用的信息。本田公司派人把这些人请到公司，热情款待，奉为上宾，并请他们给设计人员讲解环保主义者的要求及美国国会 1970 年通过的《净化空气法案》的内容。在这一基础上，本田公司开始了新型汽车的设计，确定的设计目标是突出“减少排废”和“节省汽油”两个优势。本田的新产品汽车面世一个月后，就遇上了第一次石油危机。本田汽车凭借排废少、省汽油的优势，一举打进美国市场。

HONDA

案例点评

本田公司深知环保主义者的要求及美国国会 1970 年通过的《净化空气法案》的内容的重要性，并抓住机会进行全面深入的调查。这种坚持以市场调研作为公司项目开发依据的做法，显然是取得成功的主要原因。这一成功的案例说明，只有依托市场，企业才有发展前景。而对于市场的了解和分析则离不开对市场的调研、对数据的收集、对信息的处理，这些也是公共关系工作程序的基石。

案例阅读3

艾伦·路易斯综合医院的定位调研

概况：艾伦·路易斯综合医院（以下简称艾伦医院）位于美国缅因州班戈地区，经营者为史文·雷普克恩，医院规模偏小。

公关调研过程：第一步，史文与本院的医生和病人进行交谈，收集他们对于医院看法的资料。第二步，史文开始对医疗行业的重要特性进行测试，通过调查问卷，要求被调查者对 8 个选项以重要性为序进行排列，同时对每个选项进行评分。这 8 个选项分别为：（1）外科护理；（2）医疗设备；（3）心脏护理；（4）急诊服务；（5）医疗服务的种类；(6) 友善的护士；(7) 适中的费用；(8) 地理位置。第三步，把结果统计列表。

调研结论：首先，艾伦医院在地方医院中仍然是排位第一的；其次，根据艾伦医院老病人的看法，艾伦医院在很多特性上的确是排在首位或者接近首位的；最后，艾伦医院的病人对医院的评价，和当地居民对医院的评价存在巨大的反差。

资料来源：http://wenku.baidu.com/link?url=37tTq7qFtTINEOWItUzk_jcN9knDiOzTu-2rLA0 naRkhRlOSXdiH2DAfceK-nCiUv6HgnfxR01XIe3ULau0RqCoLp83YOndFdLEWick-0YO.

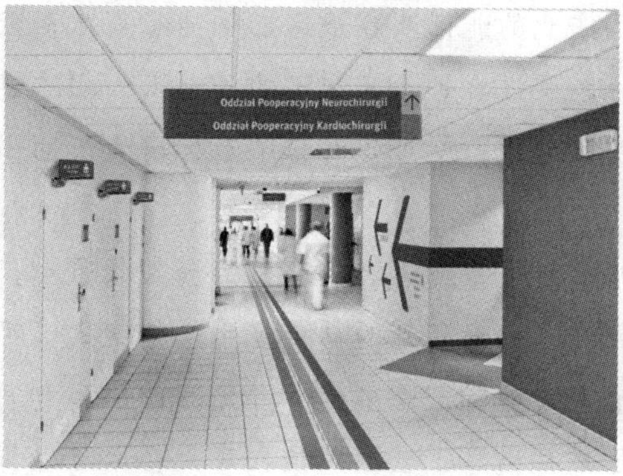

案例点评

这个案例有两个值得关注的要点：一是坚持调研作为公关工作的基石，是一切公关活动的基础和前提。公关活动不是靠臆想，不是凭经验，也不是靠对书本模式的死搬硬套，而是要根据实际情况灵活应对，根据当时当地的各项调研数据做出合理科学的分析，然后有针对性地开展活动。二是调研内容翔实，步骤完整，数据真实有效。在这个工作环节中，公关调研者要克服诸多困难，坚持实事求是的原则，讲求精益求精的作风，这样才能得出精准的结论，对下一步工作起到积极的引导作用。

案例阅读4

一张照片背后的巨额利润

1964年，《中国画报》的封面刊出这样一张照片：大庆油田的“铁人”王进喜头戴大狗皮帽，身穿厚棉袄，顶着鹅毛大雪，手握钻机刹把，眺望远方，在他身后错落地矗立着高大的井架。几乎同时，《人民中国》杂志撰文报道说，以王进喜为代表的中国工人阶级，为粉碎国外反动势力对我国的经济封锁和石油禁运，在极端困难的条件下，发扬“一不怕苦，二不怕死”的精神，抢时间，争速度，不等马拉车拖，硬是用肩膀将几百吨采油设备扛到了工地。不久，《人民日报》报道了第三届全国人大开幕的消息，其中提到王进喜光荣地出席了大会。

当时，由于各种原因，大庆油田的具体情况是保密的。然而，上述由权威媒体对外公开播发的极其普通的旨在宣传中国工人阶级伟大精神的照片和新闻，在日本三菱重工财团信息专家的手里变成了极为重要的经济信息，揭开了大庆油田的秘密：

（1）根据对照片和新闻报道的分析，可以断定大庆油田的大致位置在中国东北的北部，且离铁路线不远。其依据是：唯有中国东北的北部寒冷地区，采油工人才需戴这种大狗皮帽和穿厚棉袄；唯有油田离铁路线不远，王进喜等大庆油田的采油工人们才能用肩膀将百吨设备运到油田。因此，只需找一张中国地图，就可轻而易举地标出大庆油田的大致方位。

（2）根据对照片和有关新闻报道的分析，可以推断出大庆油田的大致储量和产量，并可确定是否已开始出油。其依据是：从照片中王进喜所站的钻台上手柄的架式，可推算出油井的直径是多少；从王进喜所站的钻台油井与他背后隐露的油井之间的距离和密度，又可基本推算出油田的大致储量和产量；从王进喜出席了全国人民代表大会，可以肯定大庆油田出油了，不然王进喜是不会当代表的。

（3）根据中国当时的技术水准和能力及中国对石油的需求，中国必定要大量引进采油设备。

于是，日本三菱重工财团迅即集中有关专家和人员，在对所获信息进行剖析和处理之后，设计出了适合中国大庆油田的采油设备，做好充分的夺标准备。不久，中国政府在世界市场寻求石油开采设备。三菱重工财团以最快的速度和最符合中国要求的设计、设备获得中国巨额订单，赚了一笔巨额利润。

资料来源：http://www.doc88.com/p-143571008751.html.

案例点评

在市场经济中，信息已成为一项宝贵的资源，是提高竞争力和创造经济价值的关键性因素，是企业无形的财富，这已成为当今社会的共识。

日本三菱重工财团的成功之处在于：第一，注重市场信息。公共关系的职能之一，就是守望和监视环境。从这个意义上说，公共关系扮演着“耳目”与“哨兵”的角色，对于信息具有职业的敏感性。可以说，三菱重工财团正是把握了信息，才把握了市场，进而把握了竞争的主动权。第二，信息处理迅速。信息的显著特点之一是时效性，即信息的功能效用、效益与时间成反比，在此时信息可能价值千金，在彼时信息可能一钱不值。三菱重工财团以最快的速度对所获信息进行分析和处理后，迅速集中有关专家和人员设计出适合中国的采油设备，并做好充分的夺标准备，最后一举获得了巨额订单。迅速将信息转化为生产能力，是三菱重工财团的高明之举，更是其成功利用信息的关键所在。

案例阅读5

美国亨氏集团的母亲座谈会

美国亨氏集团与我国合资在广州建立婴幼儿食品厂。但是，生产什么样的食品来开拓广阔的中国市场呢？在筹建食品厂的初期，亨氏集团做了大量调查工作，多次召开“母亲座谈会”，充分听取公众的意见，广泛了解消费者的需求，摸清各类食品在婴儿哺养中的利弊。之后进行综合比较、分析研究，根据母亲们提出的意见，试制了样品，免费提供给一些托幼单位试用；收集征求社会各界对产品的意见、要求，相应地调整原料配比。此外，还针对中国儿童食物缺少微量元素导致儿童营养不平衡及影响身体发育的现状，在食品中加进一定量的微量元素，如锌、钙和铁等，食品配方更趋合理，使产品具有极大的吸引力，受到中国母亲的青睐。于是，亨氏婴儿营养米粉等系列产品迅速走进千千万万中国家庭。

资料来源：http://wenku. baidu. com/link? url＝mS-2v5eEWp3i8jN_idejOMos IK3W0 7zdSCr ay-hU0fa GGYRqoAD5OwAp8NK26L_Vt-PEaCAkgWUM7h_q8D-g5RsMYj5pj2MyM1OE-pZUBE3S.

案例点评

此案例说明了企业公共关系中产品定位的问题。产品定位就是在潜在消费者的心目中为自己的产品设置一个特定的位置，这个位置只为自己的产品独占而其他同类产品则不能拥有。产品定位的客观依据有：关于产品的调查研究；竞争对手的调查研究；传播媒体的调查研究；流通领域情况的调查研究。

本案例侧重的是对消费者的调查研究，通过对消费者的调查去发现消费者和潜在的消费者群。亨氏集团多次召开“母亲座谈会”，充分听取公众的意见，广泛了解消费者的需求，征求公众对婴儿产品的建议，摸清了各类食品对婴儿哺养的利弊，获得产品定位的相关信息，从而一举成功。

实训导引

从公共关系角度开展一项专业满意度的调查。

1. 完成方式：选定一个小组，小组分工合作。
2. 调查对象：本专业所有在校生。
3. 调查方式：自选。
4. 调查过程：方案制定；调查方案的选定和运用；调查报告；调查评估。
5. 调查成果：形成调查报告并制作 PPT 展示分享。
6. 完成时间：两周。

小组评分表

项目 组别	调查方案（10 分）	调查问卷（10 分）	访谈提纲（10 分）	调查资料（10 分）	调查报告（20 分）	实训总结（20 分）	总体印象（20 分）	总分（100 分）

评委签名：　　　　　　　　　　　　　　　　评定时间：

组长评分表

<table>
<tr><td>组别</td><td colspan="3"></td></tr>
<tr><td rowspan="10">要求：
1. 满分为 10 分。
2. 根据小组成员的实训态度、任务完成情况以及与其他成员的配合程度客观公正地打分。</td><td>身份</td><td>姓名</td><td>得分</td></tr>
<tr><td>组长</td><td></td><td></td></tr>
<tr><td>组员 1</td><td></td><td></td></tr>
<tr><td>组员 2</td><td></td><td></td></tr>
<tr><td>组员 3</td><td></td><td></td></tr>
<tr><td>组员 4</td><td></td><td></td></tr>
<tr><td>组员 5</td><td></td><td></td></tr>
<tr><td>组员 6</td><td></td><td></td></tr>
<tr><td>组员 7</td><td></td><td></td></tr>
<tr><td>组员 8</td><td></td><td></td></tr>
</table>

组长签名： 评定时间：

阅读必备

公关调研

即公共关系部门就社会公众对与组织形象有关的某议题的认知、态度、行为等相关因素进行统计分析，用数据、文字或者其他形式（如图表）来显示被调查者的整体意向，以及就某项具体的公共关系活动条件进行实际考察的过程。

调研原则：客观性、科学性、系统性。

调研内容：

（1）组织形象的调研。

a. 组织自我期望形象调研：领导层的公关目标和要求、员工的要求和评价、组织的实际状态和基本条件。

b. 组织实际形象调研：公众网络分析、形象地位测量、形象要素分析。

c. 形象差距的比较分析。

知名度的计算公式如下：

知名度＝知晓人数×100％÷调查人数

美誉度的计算公式如下：

美誉度＝赞美人数×100％÷知晓人数

根据知名度和美誉度在现实状况中的不同构成，可以将组织的实际形象区分为四种状态，如图 3－1 所示。

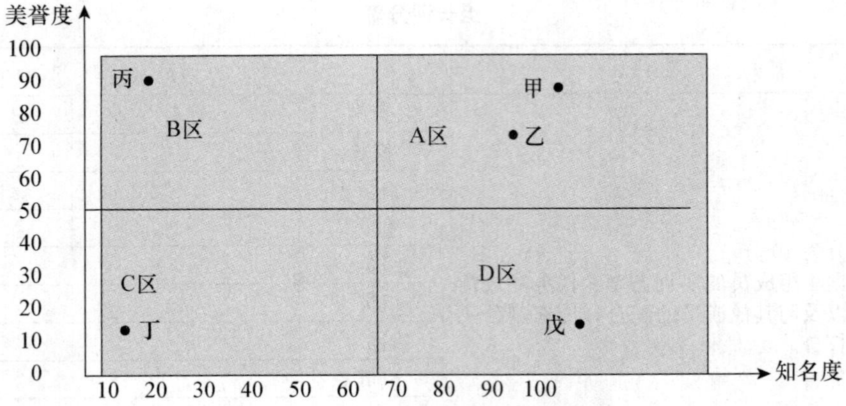

图 3-1　组织实际形象的四种状态

A 区高知名度/高美誉度，处于这种形象地位，属最佳的公共关系状态。但同时要注意，知名度越高，美誉度的压力就越大。因为在公众高度注目的情况下，公众对美誉度的要求会变得更加严格和苛刻，即使出现微小的失误，都有可能造成较大的片面影响。因此，应该特别细心、谨慎地维护组织的信誉。如果知名度超过了美誉度，就更应该警觉，以防美誉度跟不上而造成知名度方面的负面压力。

B 区高美誉度/低知名度，处于这个形象地位，属于较为稳定、安全的一种公共关系状态。由于美誉度是形象的客观基础，因此这种状态具有良好的形象推广基础，其缺陷是知名度偏低。公关工作的重点是在扩大美誉度的基础上提高知名度。

C 区低知名度/低美誉度，处于这种形象地位，公共关系处于不良状态，既没有名气，公众评价也不好。但因为知名度低，公众不良印象和评价的影响面也比较窄，负面作用相对比较小。在这种情况下，公关传播工作应保持低姿态，甚至从“零”开始，首先努力完善自己的素质，提高信誉，争取改善美誉度，然后再考虑提高知名度。

D 区低美誉度/高知名度，处于这种形象地位，公共关系处于“臭名远扬”的恶劣状态：不仅信誉差，而且知之者众多。应设法降低负面知名度，努力挽救信誉，为重塑形象打基础。或者在特殊的情况下，利用已有的“公众知名度”，大刀阔斧地改善信誉，将坏名声变为好名声，直接向 A 区跳跃。

组织形象要素调查表见表 3-1。

表 3-1　组织形象要素调查表

评价 / 调研项目	非常	相当	稍微	中	稍微	相当	非常	评价 / 调研项目
经营方针恰当								经营方针不恰当
办事效率高								办事效率低
服务态度诚恳								服务态度恶劣
业务水平有创新								业务水平缺乏创新
管理顾问有名气								管理顾问没有名气
公司的规模大								公司的规模小

组织形象要素差距图（见图 3－2）可以帮助我们较为直观地显示组织的自我期望形象和实际形象之间的现实差距。

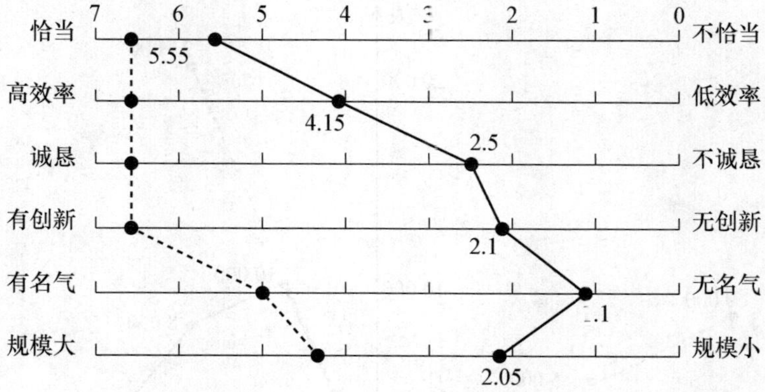

图 3－2　组织形象要素差距图

（2）组织的公众舆论调查。

即对公众的态度倾向进行统计、测算，用数据显示公众的整体意见。

舆论标志：表明各种公众意见在一定时间和空间所达到的规模和发展趋势，它揭示各类舆论的综合对比关系，是对舆论总体趋向的一种描述，分为主导舆论、分支舆论、次舆论和微舆论四个等级。

量度指标不能反映出持肯定意见与持否定意见的比例，所以，用 k 表示持肯定意见的人数，用 f 表示持否定意见的人数，用 Lk 表示肯定意见的量度指标，用 Lf 表示否定意见的量度指标，用 Ls 表示持两种意见公众人数之和。

例如，某个组织就某项制度对内部公众进行舆论调查，选择 500 人，其中 350 人持肯定意见，100 人持否定意见，50 人未表态，则得出：

$$Lk=k/Ls\times 100\%=k/(k+f)\times 100\%=350/(350+100)\times 100\%$$
$$=77.78\%\text{（主导舆论，处支配地位）}$$
$$Lf=f/Ls\times 100\%=f/(k+f)\times 100\%=100/(350+100)\times 100\%$$
$$=22.22\%\text{（次舆论，处从属地位）}$$

舆论强度指标 Q，用来测量公众意见和态度的强烈程度，可以更为确切地说明公众所持肯定意见、态度和否定意见、态度的层次差别。如：

50	100	150	100	300	200	100
－D	－C	－B	A	B	C	D
极不赞成	不赞成	不够赞成	无所谓	比较赞成	赞成	十分赞成

$$Qk\cdot D=D/Ls\times 100\%=100/(600+300)\times 100\%=11.11\%;$$
$$Qf\cdot -D=-D/Ls\times 100\%=50/(600+300)\times 100\%=5.56\%$$

舆论测量模型能清晰地反映舆论现有状态和趋势，公关人员可通过指标测定、编制坐标和描绘曲线三个步骤，将调查统计得到的数据绘制成一张舆论模型图，如图 3－3 所示。

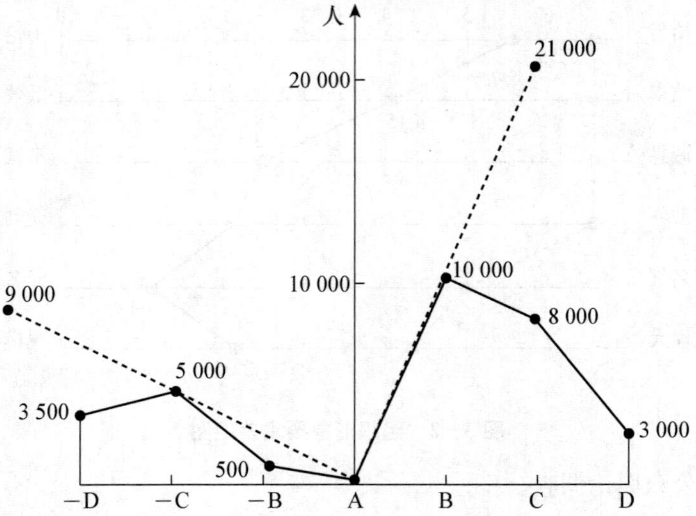

图 3－3　舆论模型图

（3）开展公关活动条件的调研。

公关活动主体情况调研：人力和财力。

公关活动客观环境调研：宏观环境和微观环境。

调研方法：访谈法、问卷法、抽样法、引证分析法。

调查过程：确定任务；制定方案；收集资料；处理结果。

阅读链接

1. 纪华强：《公共关系原理与实务》，北京，高等教育出版社，2006。
2. 中国国际公共关系协会：《最佳公共关系案例》，北京，中国市场出版社，2015。
3. http://www.chinapr.com.cn/，中国公关网。

任务二　公关策划的内容和步骤

案例阅读 1

亚都“收烟”的风波

每年的 5 月 30 日是世界禁烟日，颇具声势和规模的戒烟活动在全国各地接连举行。

上海外滩，由上海市吸烟与健康协会主办的万人戒烟签名活动如期举行。政府官员、专家学者和闻讯而至的市民云集陈毅广场。北京亚都科技股份有限公司上海办事处斥资30万元，也介入了这次活动。

在活动的前一天，亚都公司在上海有影响的两家报纸上，以“亚都启事”为题打出广告：“请市民转告烟民——亚都义举，全价收烟。”具体内容是，亚都公司按市价收集参加此次活动的烟民的已购香烟，并在公众的监督下集中销毁。为使活动顺利圆满，亚都的工作人员兑换了用于收烟的5万元零币，购置了“销烟”用的大瓷缸、生石灰，并按当地商场的零售价格核准了烟价，可谓万事俱备。

上午10时，活动开始后，人群向亚都戒烟台前聚集并排起了长队。队列中既有老者，也有时髦女郎，还有小孩，这与亚都人设想中的烟民形象相去甚远。更引人注目的是，排队中的许多人拎着成条的香烟，少者一两条，多者达20条，绝大多数还是当时价格不菲的“中华”“红塔山”“万宝路”等高档香烟。但从外包装上一眼就能看出是假烟。这下让亚都的工作人员乱了阵脚。收烟台前，为了鉴别烟的真假，争吵之声时有所闻。情急之下，亚都公司临时决定，每人只限换一条，香烟是真是假也不再计较。

下午2时，亚都公司的5万元现金已经用光，宣布活动结束。尚在排队的数百人不干了，他们把收烟台和10余名工作人员团团围住，纷纷指责亚都公司“说话不算数”、活动内容和广告不符，并对工作人员有撕扯、推搡的动作。双方僵持了约半个小时，仍没有缓和的迹象。为平息事态，尽早脱身，工作人员只得拿出200件文化衫免费发送。之后，在闻讯赶来的保安、巡警的协助下，工作人员才得以离开。

案例点评

公共关系不是一种盲目的、随意性的活动，而是有意识、有计划的行为。案例中的亚都公司在此次活动中存在以下疏漏：

第一，在调查阶段，亚都公司没有做好项目调查，不了解吸烟人群的种类，导致活动开始时，亚都才发现老者、时髦女郎甚至小孩也来参加这个活动，这使得部分来参加活动的人并不是亚都公司的目标人群，缺乏针对性。

亚都开展“收烟”活动之前，应做好充分的调查工作，了解目标人群，并提高目标人群对此活动的关注度。

第二，在策划阶段，此次活动虽然有明确的活动主题，但在开展活动前亚都公司没有做好活动的预算方案，导致活动的资金不足。此外，由于“收烟”是整个活动的重要环节，要做好“收烟”活动的方案策划，多方面考虑问题，并且要策划出多个方案，在选择可行方案的同时要准备备用方案，以便在活动过程中遇到问题时及时对方案进行调整。

第三，在实施阶段，活动现场没有主持人调节现场气氛，同时现场维持秩序的工作人员人数不足且分配不合理。在活动实施时，要及时根据现实情况对方案进行调整。当看到现场换烟的都是老人和妇女，并且有假烟的情况时，公关人员就要及时针对这些问题对活动方案进行调整。

案例阅读2

“富亚涂料”，喝出来的知名度

2000年10月8日，富亚公司在《北京晚报》上打出一则通栏广告：10月10日上午，在北京市建筑展览馆门前开展“真猫真狗喝涂料”活动，以证明该公司生产的涂料无毒无害。由于这一活动的新奇性，加上近年来“动物保护”意识已深入人心，因此广告一刊出，即在社会上引起轩然大波。

10月10日上午，北京建筑展览馆门前挂起了“真猫真狗喝涂料　富亚涂料安全大检验”的横幅，一猫三狗准备就绪，富亚公司请来的崇文区公证处公证员也已到位。而展台前则挤满了观众，其中几位愤怒的动物保护协会成员发誓要阻挠此事，另外还有不少跑来“抢新闻”的媒体记者。

上午9时，富亚公司总经理蒋和平开始向围观者宣传：1998年，中国预防医学科学院就用小白鼠为富亚牌涂料做过无毒实验，结论是：“实际无毒级”。开展这次活动，是请大家亲眼见证一下，毕竟“耳听为虚，眼见为实”。他的解释没能说服特意赶到现场来制止这一事件的动物保护主义者。北京市海淀区环保协会动物救助分会会长吴天玉向在场的观众和媒体发表了自己的看法：“我认为这种做法是错误的，伤害了人类的朋友——动物。”她认为，涂料一定会损伤动物的肠胃功能。

北京市保护小动物协会副秘书长赵羽和国际爱护动物基金会的吴晓京也是反应激烈，他们与同伴一起在现场举起标语：“请不要虐待动物，孩子们看了怎样想?”要求立即停止动物喝涂料的实验，并几次强行要把正准备喝涂料的小动物带走。

现场秩序很乱，围观者越聚越多，眼见“真猫真狗喝涂料”活动就要泡汤，蒋和平宣布：考虑到群众情绪，决定不让猫狗喝，改为人喝涂料，他亲自喝。

话音刚落，场内顿时鸦雀无声。在两名公证员的监督下，蒋和平打开一桶涂料，倒了半杯，又兑了点矿泉水，举在眼前顿了顿。在四周观众的注视下，蒋和平咕咚咕咚喝下手中一大杯。喝完后一擦嘴，还面带笑容。

蒋和平这一“悲壮”的行为赢得了极大的新闻效应。当时，新华社播发了一篇700字的通稿《为做无毒广告，经理竟喝涂料》，此后媒体纷纷跟进。“老板喝涂料”的离奇新闻开始像野火一样蔓延。不仅北京市的各大媒体竞相报道，全国各地的媒体也纷纷转载。有个细节可说明这一事件的影响力：北京电视台评选的10月份十大经济新闻，“老板喝涂料”赫然跻身其中，与“悉尼奥运会”等同列。

有人事后做过一个统计，全国有200多家媒体报道或转载了这则消息。就在这样高密度的报道过程中，富亚的知名度越来越高。

资料来源：http://blog.sina.com.cn/s/blog_4ed1fb7d0101h8y9.html.

案例点评

这真的是一个突发的经济新闻吗？非也，这是一次精心策划的公关活动。事后，蒋和平在接受媒体采访时表示，在激烈的涂料市场上要想与国外大品牌抗衡，就必须打响自己的品牌，但他们根本没有打广告的钱，于是在北京一个著名策划人的帮助下，想出了“老板喝涂料”这一怪招。用人喝的方式来“鉴定”涂料的环保与无毒，确实是一个大胆而富有创造力的策划，其成功之处在于：新闻“制造”得不留痕迹，因为事件本身的离奇性已经足够构成一个新闻题材。

案例阅读3

“续集”：请猫狗作证

2001年4月24日，《中国青年报》《北京晨报》等众多媒体不约而同地报道了一则消息：因“老板喝涂料”而名声大振的富亚公司，将请猫狗做该企业形象大使。下面请看当时《北京晨报》的报道：

去年老总喝涂料　今年请猫狗做广告

为了推广环保涂料，曾因为“老总替猫狗喝涂料”出名的富亚公司昨天和“冤家”——北京保护小动物协会握手言欢：双方共同发出倡议全社会使用绿色环保涂料。“一喝成名”的总经理蒋和平还当众宣布准备请猫狗做该企业形象大使。

去年10月10日，富亚公司在广告中称，他们准备用让猫狗喝涂料的方法检验该公司所产涂料的环保性能，结果招来了动物保护组织的强烈抵制。这起策划最终以“总经理无奈喝涂料”的“闹剧”收场。尽管对这种宣传形式众多媒体褒贬不一，但该公司的知名度和销量却迅速攀升。

公司效益越来越好了，为洗脱“虐待猫狗”的嫌疑，总经理蒋和平决定与动物保护部门合作推广环保涂料。在昨天的发布会上，富亚公司接受北京市小动物保护协会的建议——征集健康、活泼的猫狗各一只作为富亚涂料的形象大使。富亚公司还将向正在建设中的小动物救助基地捐赠一批涂料，用于该基地的外墙和动物窝舍的美化。

资料来源：http://blog.sina.com.cn/s/blog_4ed1fb7d0101h8y9.html.

案例点评

这当然又是一次公关策划，而且是上次“喝涂料”策划的续集。

在上一次公关策划中，“老总喝涂料”虽然为企业赢得了不小的知名度，却也留下了一个“不爱护动物”的恶名。不过对于优秀的公关策划人来说，这并不是一件坏事——因为好的电影剧本，总会留下一个悬念，让你有机会再拍续集。

富亚公司这次的设想是：通过“寻找形象代言猫、形象代言狗”的活动，力争与动物保护组织尽释前嫌，以树立一个“亲近动物、充满温情”的良好的企业形象。因为富亚公司生产的是环保涂料，而爱护动物也是环保的一个方面，这两者之间有着很强的结合点。而且在国内众多厂商趋之若鹜地邀请明星作形象代言人的时候，独辟蹊径地为产品首次寻找“动物形象代言”，也是不错的创意。“人来代言不是新闻，猫狗来代言才是新闻。”况且，请猫狗来代言，费用方面要比请明星省多了。

富亚公司先是与北京市保护小动物协会协调好关系，然后在北京当地知名媒体上打广告，把这一事件好好地进行了一番预热，最后达成协议：由北京市保护小动物协会及其爱猫分会、北美洲工作犬会驯犬师、中国农业大学兽医专家组成评判团，根据市民推荐的宠物健康状况、步态、技能和热心参与者的投票进行综合评定，最后选出富亚涂料形象代言猫、形象代言狗。当然，作为富亚公司的形象代表，选出来的猫狗还将为企业做广告。

半年前，北京市保护小动物协会副秘书长赵羽专门赶去制止富亚公司让动物喝涂料的行为，而此次她则忙不迭地称赞富亚公司“此举可以唤醒其他涂料生产企业的环保意识”。由此可以看出，富亚公司这次公关策划的目的又基本达到了。

案例阅读4

一个“情”字了得——芜湖“傻子瓜子”公关策划纪实

20世纪90年代初，芜湖傻子瓜子厂为了提高知名度和美誉度，做了一起成功的公关案例。此公关策划方案以“瓜子寄深情”为主题，以淡化公关色彩为宣传原则，从长远着眼，不求一时的轰动，只求本身具有的潜在的新闻价值。实施过程是在1992年年底给邓小平同志寄去了一个装着几斤“傻子瓜子”的包裹和一封信。在信中他们首先感谢邓小平同志在南方谈话中对他们的鼓励，进而介绍了傻子瓜子厂的经营状况以及对国家和社会的贡献，最后表示要把“傻子瓜子”打到国际市场上去，为国家多做贡献。此事一经传出，一百多家新闻机构纷纷报道，连香港的《文汇报》也进行了采访报道。新闻媒介有效地传播了傻子瓜子厂的经营规模和经营计划等消息，使之树立了良好的企业形象，业务也得到了很大的发展。某著名公关专家评估测算，其效果相当于80万元到100万元广告费所产生的影响。

资料来源：http://www.niubb.net/a/2015/11-20/995029.html.

案例点评

傻子瓜子厂的这起成功的公关策划突出了“感情”主题，寄送本厂产品很自然地体现了主题。同时借邓小平同志南方谈话起笔，进而向邓小平同志做工作汇报并表达感激之情，其内容合情合理，使整个公关过程呈现出一种高格调的色彩。这一公关活动既照应了邓小平同志的讲话，又抓住了新春佳节的大好机会！策划者有效地利用了大众传媒，收到了事半功倍的效果！此公关案例最大的成功之处是大胆创新，审时度势，伸缩自如。

实训导引

1. 实训内容：

（1）策划创意“热身”：利用下列两个三角形、两个圆形和两条直线进行有意义的组合，看每一组能够组合多少个有意义的图案。

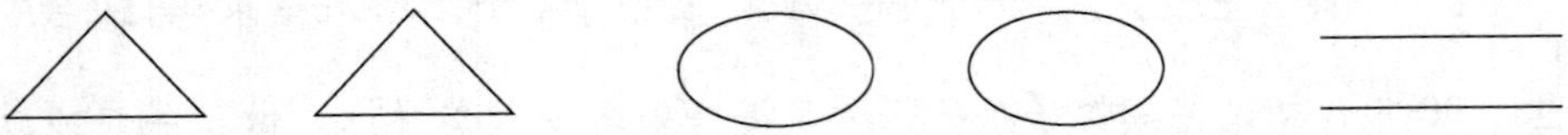

（2）某一小组调研本专业学生中贫困生的情况，并做一个资助活动的策划。组成3～5人的答辩小组，对实训小组的陈述展示打分。

（3）某一小组选择一家小企业，如小餐馆、小书店、理发店、小超市、小旅店等，为其（或其某一种产品）设计一个公关策划方案并制作PPT予以陈述展示。组成3～5人的答辩小组，对实训小组的陈述展示打分。

2. 陈述展示：

（1）方案内容：公关环境分析全面；目标选择准确；公关调查结论可靠；活动方案具有可操作性；公关传播活动对公关促进作用明显；公关费用预算合理，投入产出比较高；公关实施过程控制考虑周全。

（2）创意水平：策划主题、活动形式、活动内容、文案表达新颖；策划思路连贯，各项活动巧妙组合并相互促进。

（3）推广价值：方案嵌入性较好，与所述企业的品牌良好结合，能够形成企业和产品的独特竞争优势。

3. 回答提问：

（1）正确理解评委提问：对评委问题的要点有准确的理解，回答具有针对性而不是泛泛而谈。

（2）及时流畅做出回答：能在评委提问结束后迅速做出回答，回答内容连贯、条理清楚。

（3）回答内容准确可信：回答内容建立在准确的事实和可信的逻辑推理上。

（4）特定方面阐述充分：对评委特别指出的方面能做出充分的说明和解释。

4. 整体表现

（1）整体答辩的逻辑性及清晰程度：陈述和回答提问的内容具有整体一致性，语言清晰明了。

（2）团队成员协作配合：团队成员在陈述时有较好的配合，能协调合作，彼此互补，对相关领域的问题能阐述清楚。

（3）在规定时间内有效回答：在规定时间内回答评委提问，无拖延时间的行为。

注：公开答辩分为正式陈述和回答提问两个部分，每个小组用时不得超过20分钟。

答辩评审细则

评分等级：极差＝0　很差＝1　较差＝2　一般＝3　较好＝4　出色＝5

正式陈述打分表

A. 问题分析全面透彻，目标市场选择准确	0　1　2　3　4　5
B. 市场调查结论可靠，活动方案有可操作性	0　1　2　3　4　5
C. 公关费用预算合理，投入产出比较高	0　1　2　3　4　5
D. 过程控制考虑周全	0　1　2　3　4　5
E. 策划主题、活动形式与内容新颖	0　1　2　3　4　5
F. 策划思路连贯，各项活动巧妙组合并相互促进	0　1　2　3　4　5
G. 方案嵌入性较好，与企业品牌良好结合	0　1　2　3　4　5
H. 策划团队整体实力较强，能胜任推广需要	0　1　2　3　4　5

答辩打分表

A. 正确理解评委提问	0　1　2　3　4　5
B. 及时流畅作出回答	0　1　2　3　4　5
C. 回答内容准确可信	0　1　2　3　4　5
D. 对评委感兴趣的方面能作充分阐述	0　1　2　3　4　5

团队整体表现打分表

A. 整体答辩的逻辑性及清晰程度	0　1　2　3　4　5
B. 团队成员协作配合	0　1　2　3　4　5
C. 在规定时间内完成	0　1　2　3　4　5

阅读必备

公共关系策划

公共关系策划是指以分析预测为基础，根据组织形象的现状和目标要求，确定公共关系活动的战略与策略，并制定出最佳行动方案的过程。

公共关系策划三阶段

1. 收集与分析信息、确定目标的准备阶段

（1）收集与分析信息。

从公共关系的角度看信息是否具备价值性、有效性、经济性。信息收集的范围包括内部信息和外部信息。

内部信息主要包括组织的基本情况、员工的基本情况和干部情况。组织的基本情况包括：组织的历史、重要人物、重大历史事件以及重大人物、事件对组织的影响；组织目标是否恰当，做过哪些调整，原因和后果如何；组织的政策和措施；组织的运营情况，子系统之间的协调情况；等等。员工基本情况主要包括：员工的构成、来源、年龄、文化程度、性别；员工的需求和态度；等等。干部情况主要包括：干部基本素质和干部管理能力；团队工作角色、职业价值观；等等。

外部信息主要包括外部公众信息、环境背景信息和主要竞争对手信息等。其中外部公众信息主要包括公众的构成、需求、态度，企业在他们心目中的知名度、美誉度。环境背景信息包括政治、经济、文化和自然等社会环境信息，还包括行业现状、发展情况等行业环境信息。主要竞争对手信息包括对手的历史、现状、竞争能力等。

（2）确定目标。

目标是指在一定的环境和条件下，通过公共关系方案策划及方案的实施所希望达到的理想结果，即明确要做什么、达到什么程度或什么状态。公共关系实务工作的过程，实际上也是公关目标管理的过程。目标一旦确立，决策问题就解决了一半。公关策划目标可分为最基本的传播信息目标、联络感情目标、改变态度目标和引起行为目标等。此外，还可从时间上分为短期目标、中期目标和长期目标；从过程上分为有效目标、备用目标和追踪目标。目标设计要具体、明确，具有可行性和可控性。

2. 分析公众、设计主题、制定策略与技术、选择时机与地点、确定进度、进行预算、预设评估标准、审定方案的策划阶段

（1）分析公众。

就是要界定他们是谁（顾客市场定位），他们有多少（市场潜力研究与策划），他们在哪儿（顾客分布研究与策划），他们想什么（顾客消费心理与行为），他们要什么（需求分析），以及他们的态度是怎样的。

（2）设计主题。

指围绕实现公关目标，针对特定公众对象，对整个公关活动的策划和操作起指导、规范作用的中心思想。公关主题具有高境界、责任感、形象性、社会性、人情性、思想性、哲学性、文化性、冲击性、导向性等特征。设计主题一般要经过从主题描述到主题提炼的过程。

（3）制定策略与技术。

公关策略是公关策划者在公关活动过程中，为实现组织的公关目标所采取的对策、应用的方式方法以及特殊手段，它可以是一种形式、一种创意、一个点子、一种思路、一种模

式。策略策划是公关策划过程中最具难度、最需智慧、最费时间、最具挑战性和专业性的一个环节，整个策划的质量和价值主要取决于这一步。策略策划要求符合需要、针对性强、集思广益、具有可操作性。同时，要有备选策略。公关技术策划是对公关策略实施与操作的设计，是对公关策略的具体落实，包括媒体的选择、实现的手段和方法的选择、程序的设计。公关技术要针对性强、影响大、成本低、易操作，这样有利于增加实现公关策略的可能性。

（4）选择时机与地点。

公关时机策划是指对何时实施公关策略才能取得最佳效果的决策，包括开始时机和结束时机的决策，即公关工作的时间表。公关时机策划有两种情况：一是抓住某种时机进行公关策划和操作，这是先有时机后有策略及实施活动；二是先谋划了一种策略，然后寻找一个实施的时机，先有策略后寻时机。公关地点策划就是将每次活动的地点安排好。考虑的问题包括：什么样的场地、多大的空间（这是由目标公众的活动空间来决定的）；室内进行还是室外进行（这是由项目内容决定的）；活动范围、场地的档次（这是由经济条件决定的）。

（5）确定进度

公关进度策划是指在确定公关时机后，对活动实施全过程的时间进度所进行的安排，即把策略、技术、时机的策划落实到每天、每时，保证在最佳开始时机和结束时机完成各种策略执行和技术操作工作。安排时间进度的方法一般有两种：时间进度网络图（见图 3－4）和时间进度表（见图 3－5）。

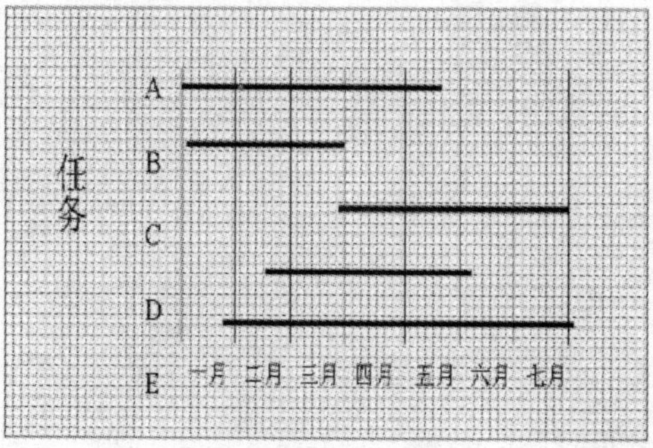

图 3－4　时间进度网络图

施工子项	任务量（万元）	进度计划（月）									
		1	2	3	4	5	6	7	8	9	10
厂房土建	500	50	60	100	110	110	70				
厂房建筑设备	200				30	50	70	50			
办公楼	150						30	60	60		
仓　库	100							20	40	40	
零　星	50									20	20
合　计	1 000	50	60	100	140	160	170	130	100	60	30
累　计	1 000	50	110	210	350	510	680	810	910	970	1 000
百分比（%）	—	5	11	21	35	51	68	81	91	97	100

图 3－5　时间进度表

（6）进行预算。

公共关系经费预算是为保证公关策略和技术的顺利实施，对所需的人、财、物的估算与安排。包括：人力计划：需要什么样的人，多少人，何时需要，谁来负责；财力计划：需要多少钱，何时需要；物力计划：需要什么物质条件（如摄像机、汽车、照相机等），何时需要。

（7）预设评估标准。

预设评估标准是指在公关活动策划环节对活动效果进行预先估计，并根据活动目标设定评估标准。主要包括：预计参加人数；媒介有关活动报道的预计篇（次）数；活动信息可能的覆盖率；活动现场执行者是否会出现明显失误；活动经费使用情况，能否严格控制在预算之内；对活动后公司知名度提高率和活动后公司美誉度提升率的预估。

（8）审定方案。

审定方案是对公关方案（策划要素）进行可行性分析，包括对方案的操作性、风险性、经济性、社会性、科学性和合法性进行综合分析和论证，从而确定方案的过程。审定的方法包括实验法、专家法、答辩法和调查法等。

3. 撰写策划书的完成阶段

策划书通常由 5W2H1E 共八个要素构成。What（什么）指策划的目的、内容；Who（谁）指策划相关人员；Where（何处）指策划实施场所；When（何时）指策划与实施的时间；Why（为什么）指策划的原因、背景；How（如何）指策划的策略和操作实施；How much（多少）指策划预算；Effect（效果）指预测策划实施的效果。

策划书写作的几个注意事项：深刻解读题意，根据预算设计；策划前要完成市场调研，不能仅凭经验和想象设计；方案的目标要清晰且精准；方案结构要完整，操作性的细节要考虑周全；方案要有创意，同时要具有可操作性。

策划书构成要素如图 3-6 所示。

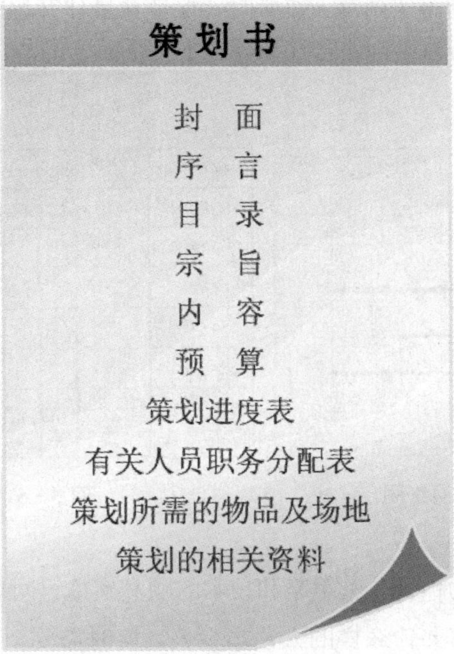

图 3-6　策划书构成要素

阅读链接

1. 廖灿：《中国经典策划案例——商务策划实战教程》，北京，中国经济出版社，2006。

2. 卞权：《公关策划艺术》，上海，同济大学出版社，2005。

3. 周培玉：《商务策划管理教程》，北京，中国经济出版社，2006。

4. 陈放、林力源：《超级策划——中国十大策划风云人物全集》，北京，金城出版社，2003。

5. 杨念、鲁建敏：《公共关系与企业文宣策划》，北京，中国经济出版社，2003。

6. 蒋三庚：《旅游策划》，北京，首都经济贸易大学出版社，2003。

7. 李宝山：《企业策划学》，北京，企业管理出版社，2003。

8. 徐哲一、武一川：《策划管理10堂课》，广州，广东经济出版社，2004。

9. 方园：《大型公众活动策划》，广州，中山大学出版社，1998。

10. http://www.cnyxch.com/index.html，中国营销策划网。

11. http://www.cbsaclub.com，中国策划师俱乐部。

任务三　公关实施的原则、过程和障碍

案例阅读1

科龙、容声冰箱促销活动实施方案

2000年，面对竞争日益激烈的全国家电市场，科龙、容声冰箱生产制造总公司设计了以“科技精品大放送　龙喜连环奖不停”为主题的一次全国的大型公关促销活动，制定了容声冰箱在确保6万台零售量的同时争取销售连同放送达到8万台、科龙冰箱销售放送共达到2万台的活动目标。各分公司积极行动，统一思想，全力以赴，最终超额完成任务。这个活动能圆满成功，与整个活动实施过程中策划书的统一制定和实施过程中良好的控制有直接的关系。具体可以从《科龙、容声冰箱促销活动实施方案》中的几个表格来体现：

容声冰箱		科龙冰箱
第一重：皆大欢喜龙喜价	针对容声新品，包括精锐、精明、精美、精灵、宁静五大系列产品。 新品同时标明原价和龙喜价，龙喜价由商家让利2%～3%体现，让利由商家承担。	所有科龙冰箱产品。 同时标明原价和龙喜价，龙喜价由商家让利2%～3%体现，让利由商家承担。

第二重：喜乐洋洋揭金标	凡购买容声冰箱（经典一族除外）的消费者都可以获得刮奖卡一张，中奖率100%： ● **一等奖**：刮中金色“容声冰箱”标志的可获得现金奖1 000元（中奖率2%）。 ● **二等奖**：刮中金色“科龙电器”标志的可获得电风扇一台（中奖率30%）。 ● **三等奖**：刮中红色“科龙电器”标志的可获得容声T恤衫一件（中奖率68%）。	凡购买科龙冰箱的消费者都可以获得刮奖卡一张，中奖率100%： ● **生态奖**：刮中金色“科龙冰箱”标志，获得现金奖888元（中奖率1%）。 ● **科技奖**：刮中金色“科龙电器”标志，获得价值228元智能CD盒一台（中奖率39%）。 ● **精品奖**：刮中红色“科龙电器”标志，获得价值128元自动翻转万年历一部（中奖率60%）。
第三重：喜临门大抽奖	所有购买容声冰箱获得刮奖卡的消费者，填写刮奖卡后面的个人资料后即可参加喜临门大抽奖。抽奖分两次进行，奖品为科龙空调窗机一台（全国共345台）： 第一次抽奖：6月11日全国范围内举行第一次抽奖，其中21个城市进行户外抽奖活动（深圳、宁波、青岛和大连只进行本城市抽奖，其他城市在分公司集中抽奖），中奖名单通过6月15日报纸、广告公布，并且专函通知获奖者。 第二次抽奖：7月8日全国范围内举行第二次抽奖，在分公司集中进行，中奖名单以手绘海报公布，并且专函通知获奖者。	所有购买科龙冰箱获得刮奖卡的消费者，填写刮奖卡后面的个人资料即可参加喜临门大抽奖。抽奖分两次进行，奖品为科龙空调一台（全国共105台）： 第一次抽奖：6月11日（仅在9个重点城市进行本城市的抽奖），通过现场抽奖活动进行。中奖名单通过6月16日报纸、广告公布，并且专函通知获奖者。 第二次抽奖：7月8日全国范围内举行第二次抽奖，在分公司集中进行，中奖名单以手绘海报公布，并且专函通知获奖者。
户外活动及幸运热线颁奖	同时在21个城市举行户外活动，其中济南、长沙、重庆、天津、石家庄、南昌、宁波、郑州、沈阳、福州、大连、青岛这12个城市的活动费用由容声冰箱承担。	同时在21个城市举行户外活动，其中广州、深圳、杭州、成都、北京、南京、武汉、哈尔滨、昆明这9个城市的活动费用由科龙冰箱承担，并在9个重点城市活动中颁发6月11日抽出的幸运奖项。
幸运热线及抽奖活动		通过电话热线和商场填答问卷两种形式，吸引消费者参加幸运抽奖，每周抽出一名幸运者，免费送科龙数字生态冰箱一台。

活动操作细则

品牌	媒体名称	刊播时间	刊播频次	备注
容声	电视	5月20日—6月30日	13次（详见电视排期）	在原有电视广告上加滚动字幕，分公司负责刊播 由当地二级代理公司执行购买
	报纸	5月26日、6月2日、6月15日	3次	总部提供菲林，分公司负责刊播，由当地二级代理公司执行购买
科龙	报纸	5月26日、6月1日、6月9日、6月16日	4次(9个重点城市)	总部提供菲林，分公司负责刊播，由当地二级代理公司执行购买
		5月26日、6月9日	2次（其他城市）	

媒介支持

步骤	项目	程序	责任方	完成时间	备注
1	方案传达	活动方案报批、审核	品牌科龙	5月10日	
		活动方案下发各分公司	品牌科龙	5月11日	
		上报细化执行方案	推广专员	5月11日前	
2	人员培训	市场推广员集中培训	集团营销中心	5月11日	
		导购员、临时促销员、礼仪小姐、业务员培训	分公司	5月15—18日	根据培训手册
3	物料支持	集团统一制作的物料 ➢ 龙喜价牌 ➢ 海报 ➢ 活动标志贴 ➢ 绶带 ➢ 刮奖卡 ➢ 活动奖品	分公司 负责人	5月15日前保证各地收到	各种物料由于制作时间不同，因此发放的时间也不同，请注意查收。
		分公司负责制作的物料 ➢ 横幅 ➢ 巨幔	分公司	5月15日前制作完毕	
		物料分配到各商场，产品陈列、促销物料摆放到位	分公司 二级代理	5月19日前	见VI手册
4	媒介支持	电视：样带提供 样带收到 投放	广告公司 分公司 二级代理	5月12日 5月17日 5月20日—6月30日	投放排期见附件
		报纸：设计 菲林输出 菲林收到 投放	广告公司 广告公司 分公司 二级代理	5月13日 5月15日 5月22日 5月26日开始	投放排期见附件
5	活动执行	在空白海报上填写奖项设置和兑奖方法	业务经理 促销小姐	5月19日	
		促销小姐： (1) 指引消费者观看现场海报，向消费者介绍活动内容。 (2) 介绍产品，进行导购。 (3) 指导消费者参加“科技精品大放送 龙喜连环奖不停”活动。 (4) 中奖的消费者填写好个人资料后，凭发票和刮奖卡领取奖品。 (5) 指导消费者填写金标卡并回收。 (6) 回答有关活动的问题。	业务经理 促销小姐	5月20日—6月30日	刮奖监控办法见附件
		当日总结： 汇总新用户资料，建立台账，统计、核对现场活动当天销售数量和金标卡发放数量，并向分公司报当日销量。	促销小姐	5月20日—6月30日	

续前表

步骤	项目	程序	责任方	完成时间	备注
		活动见证材料收集（动态新闻稿、活动现场照片、摄像）	分公司	5 月 20 日—6 月 30 日	
		第三重抽奖活动	分公司 二级代理	6 月 11 日 7 月 8 日	6 月 11 日科龙冰箱只在 9 个重点城市有抽奖
		分公司对前一天购冰箱者进行电话回访，并在活动结束后将回访结果的研究分析传给容声及科龙品牌科促销主管	分公司	7 月 5 日	100 份以上 一级城市 50 份 二级城市 50 份
6	活动总结	每隔 10 天填报目标销量分解及总结表并传到传播执行科	分公司	5 月 20 日—6 月 30 日	见附件
		各分公司在活动结束后将活动总结汇总传到传播执行科	分公司	7 月 10 日	

资料来源：http://www.docin.com/p-546961096.html.

KELON 科龙

案例点评

科龙、容声冰箱促销活动的策划、实施主要有以下几个优点：(1) 设计周密，实施便捷。整个实施方案内容详细、步骤完整、细节到位、目标明确，有利于实施团队有依据、有条理、有标准地去完成。(2) 行动统一，思想一致。大型活动因为牵涉的人员多、时间长、地域广，所以一开始就要解决大家的思想问题，提前宣传，统一培训，让所有的活动参与者在思想上重视、行为上积极，这样就能提升整个活动的效果。(3) 过程调整，效果监控。活动实施过程中，由于时间不同、地点不同、对象不同，活动效果也就会不一样，需要及时跟踪活动进展，不断规范活动进程，监控活动效果，并及时纠错。

案例阅读 2

赞助活动怨言多

某高校开学在即，某家纺品牌经销商主动联络到高校学生处，说愿意无偿给大一新生捐赠被褥数十条，学校欣然接纳。为了达到宣传效果，学校在活动中心举行了一个大型的公益赞助仪式，并邀请了当地记者。按照当初的预想，学校方面想要提升自己的美誉度，宣传学校的文化育人方针，而赞助商也想通过这个赞助活动提升品牌知名度，树立企业的社会责任意识。然而活动却没有收到理想的效果。究其原因，主要有以下几个：

（1）活动的实施者主要是学生处兼职的学生，由于经验不足，在联络方面做得不是很到位，该请的嘉宾没请到，该联络的记者也没有落实到位，导致部分记者错过活动现场，没有拿到第一手资料，在后期的新闻报道方面出现新闻报道滞后的现象。

（2）分工不明确，思想不统一。赞助商要求学校帮他们准备发言稿、宣传 PPT 和视频，以及派车去接送赞助商的工作人员和赞助商品。因为双方沟通的问题，学校没有将赞助商的这一要求落实下去，导致活动当天，PPT 的内容并没有太多赞助商品和企业的介绍，而且视频不够清晰，效果也不好。大家的活动热情也由于效果不佳而减弱。

（3）缺乏专业的公关活动策划，活动实施步骤混乱，实施人员不够主动，责任心不强，各方沟通也不是很顺畅。

案例点评

公共关系实施的目的是引起公众的关注，因此，在活动实施前必须认真地制订对公众的行动沟通计划，包括新闻媒体的选择及活动信息载体的制作。在选择新闻媒体时，应该选择公众对象所惯常使用的传播媒介或渠道来传递信息。在实施公共关系活动方案前，必须对实施人员进行一定的培训。培训的主要内容有方案的具体操作方法及工作制度。在公共关系活动实施阶段，实施人员按照方案严格控制工作进度，落实各项措施。实施人员应该特别注意外部因素的干扰。案例中的赞助活动如果能够在沟通、计划和培训几个环节做到位，活动效果会大不一样。

案例阅读3

蒙牛“酸酸乳”宣传活动

来自内蒙古的蒙牛乳业，2005年准备主攻新产品“酸酸乳”的销售。蒙牛的销售总监买来目前市场上畅销的乳制品进行研究，分析对手和相关企业情况，最后得出结论：最强劲的对手是伊利，商品销售的对象应是青少年族群。然后，他开始策划，找寻最佳的切入点。经过再三比较，他注意到湖南卫视“超级女声”节目，以1 400万元的价格买下了独家赞助权。接着用“四个一”来贯穿节目：一个粉红系色调、一首招牌主打歌《酸酸甜甜就是我》、一句广告词“酸酸甜甜就是我”、一位代言人张含韵，借此来固定蒙牛“酸酸乳”品牌的宣传基础，使其与节目紧密地结合。在具体实施过程中，整体包装湖南卫视“超级女声”节目赛事信息，花费近亿元资金配合宣传。结果，几场赛事后，湖南卫视“超级女声”收视率在有些地方高达90%，全国近4亿人收看节目。最终，湖南卫视“超级女声”节目成为热门节目，而“蒙牛酸酸乳”2005年的销售额也从2004年的7亿元上升到25亿元！

蒙牛乳业与湖南卫视“超级女声”节目的公关合作取得了巨大的成功：其一，它大大提升了蒙牛的知名度，新闻媒介几乎是连篇累牍介绍宣传；其二，它让“蒙牛酸酸乳”的销售额近乎翻了四番，实现了几乎不可能实现的目标；其三，它的公关运作费用极低，1 400万元买下“超级女声”节目独家赞助权，结果电视台一年直播整整59个小时，再加上几百个小时的回放，直接效果至少是数十亿元的进账；其四，蒙牛乳业和湖南卫视获得了双赢，湖南卫视一举跨入全国重量级电视台行列，“超级女声”决赛时的广告价甚至超过了央视一套的黄金时段价格，而蒙牛乳业也坐上了国内乳制品市场的龙头宝座。

资料来源：http://www.docin.com/p-1593037941.html.

案例点评

蒙牛销售总监运用公共关系学四步工作法，最终提高了蒙牛的品牌知名度以及美誉度，使蒙牛坐上了国内乳制品市场的龙头宝座。第一，在调查阶段，蒙牛分析对手和相关企业的情况，根据得出的结论明确自己的方向，找准产品的市场定位。第二，在策划阶段，蒙牛通过比较之后，最终决定与湖南卫视合作，策划出“四个一”方案，借此来固定蒙牛“酸酸乳”品牌的宣传基础，使其与节目紧密地结合，显示了高明的公关思维和策划头脑。第三，在实施阶段，蒙牛采用多种媒体传播方式进行宣传，使公关宣传延伸到几乎每个商场、店面。第四，在评估阶段，蒙牛总结了这次活动的成功与不足，为开展后续公共关系工作提供了依据。

实训导引

1. 课堂讨论：假设你是某面包公司的业务员，现在公司派你去偏远地区销毁一卡车的过期面包（不会致命，无损于身体健康）。车子在行进的途中，刚好遇到一群饥饿的贫民堵住了去路，因为他们坚信你所坐的卡车里有能吃的东西。这时报道贫民动向的记者也刚好赶来。对于贫民来说，他们肯定要解决饥饿问题；对于记者来说，他是要报道事实的；对于你来说，你是要销毁面包的。现在要求你既要解决贫民的饥饿问题，让他们吃这些过期的面包，以便“解决”这些面包，又要不让记者报道过期面包被吃掉这一事实。请问你将如何处理？（说明：面包不会致命；不能贿赂记者；不能损害公司形象。）

2. 以小组为单位，寻找一个身边的由于公关实施环节不当而导致活动失败的事件，加以分析并提出解决措施。做成 PPT 进行汇报展示，集体评价并打分。

阅读必备

公共关系实施的原则

目标确定的原则；控制进度的原则；整体协调的原则；反馈调整的原则。

公共关系实施的过程

1. 公共关系策划实施的准备阶段

公共关系策划实施的准备阶段实际上是形成公共关系实施方案的过程，在这个过程中需要对公共关系策划方案中涉及的公共关系活动项目等进行细化，使之更为具体和系统。

（1）实施内容：一个公共关系策划方案，往往由许多种项目组成。这些项目属于一级工作项目，它又可分解为若干个二级工作项目（即更小的工作项目），二级工作项目同样可分解为若干个三级工作项目，直到不能再分解为止。不能再分解的最后一级工作项目称为工作内容。

（2）实施时间和进度的安排：公共关系实施内容分解完毕后，就要对公共关系实施时间（或时机）、工作进度等进行策划和设计。公共关系实施时机，一般是指公共关系活动能够获得最佳效果的开始和结束时间。“最佳时间”或长或短，应该视实际情况而定。比如促销性的公共关系活动，安排在商品销售旺季到来之前比较妥当；而利用新闻媒介传播企业新闻时，就要避免在发生重大的全国性或国际性事件时发稿，因为发去了也可能被重大的新闻挤掉。应根据外部环境的变化（重要节日、危机事件、国家重大政策的实施）选择合适的时机。

（3）实施工作要求和方法：公共关系实施工作要求指各项公共关系实施工作内容的操作目标、原则、注意事项和各项工作的控制，它对具体工作方法设计和实际工作过程具有重要指导作用。这里的工作方法特指工作内容的操作方法，而非工作项目的操作方法。对工作项目只存在分解方法，不存在操作方法。

（4）制订对公众的行动沟通计划：公共关系实施目的是引起公众的关注，因此，在活动实施前必须认真地制订对公众的行动沟通计划，包括新闻媒体的选择及活动信息载体的制作。

（5）实施工作预算分配：在实施阶段应该将总体预算分配到每个工作内容上，以保证各项工作的花费。在进行预算分配时，注意不要把一级项目的经费分配完，也应该留有一定的余地，因为在公共关系活动实施过程中可能需要进行必要的计划调整，一般每个一级项目要留下至少5%的预算经费来备用。

（6）实施机构的设置：以领导机构为核心，以智囊部门、控制部门和执行部门为辅助的各级各类机构。

（7）培训实施人员：在公共关系活动实施前，要对活动人员进行专业的培训，帮助他们掌握活动的宗旨、各项内容的要点及执行的评估标准等重要内容。

2．公共关系计划的实施阶段

这个阶段需要不断沟通，排除外界干扰，对进度及时跟进和收集反馈意见，做好随时改进计划的准备。应灵活运用实施的规划方法，如甘特图实施法、线性排列法、多线性排列法。应充分运用实施的管理方法，如目标管理法、系统管理法、“攻心”管理法、行政管理法等。

3．公共关系计划实施的监督检查及校正

每一项公共关系活动实施结束，都要将实施执行的情况进行总结。比如，执行过程中的一些突发事件、经费预算过少、新闻媒体宣传时出现问题等，将这些情况汇总成报告形式，如期、如实上报，为下一步的效果评估做好相应准备。

公共关系计划实施的障碍

1．目标障碍

目标障碍指在公共关系计划实施中由于所确定的公关目标不正确、不明确或不具体而给实施带来的障碍。应该从以下五个方面检查：

（1）检查计划目标是否切合实际并可以达到；

（2）检查计划目标是否可以进行比较和衡量；

（3）检查计划目标是否指出了所期望的结果；

（4）检查计划目标是否是计划实施者在职权范围内所能完成的；

（5）检查计划目标是否规定了完成期限。

2．沟通障碍

包括语言障碍、习俗障碍、观念障碍、心理障碍和组织障碍等。其中，心理障碍指人的认识、情感、态度等心理因素对沟通造成的障碍。如：由于人们的认识程度不同，在说服受教育程度较低的公众时，只提供所述论点的有利方面比利弊俱陈更为有效；而对受教育程度较高的公众同时晓以利害才更为有利。

3．突发事件的干扰

对公共关系计划实施干扰最大的莫过于突发事件。这里所说的突发事件包括两大类：一类是人为的纠纷危机，如公众投诉、新闻媒介的批评、不利舆论的冲击等；另一类是不以人的意志为转移的灾变危机，如地震、水灾、火灾、空难等。这些重大的突发事件对公共关系计划的实施干扰极大。

突发事件一般具有以下特征：发生突然，常常令人始料不及；来势迅猛，常常令人措手不及；后果严重，危害极大；影响范围大，易给整个社会带来恐慌和混乱。

阅读链接

1. 崔钟雷：《说话办事的艺术》，哈尔滨，黑龙江美术出版社，2013。
2. [美] 伯格：《人格心理学》，北京，中国轻工业出版社，2014。

任务四　公关效果评价的内容和过程

公共关系评估就是根据特定的标准，对公关计划、实施及效果进行检查、评价，从中发现问题，判断优劣，及时修订计划，进一步调整和完善组织形象的过程。公共关系检测评估是公共关系工作程序的最后一步，在整个公关计划实施过程中具有重要作用。

案例阅读1

赠送明星别墅事件

1995年，南京某房屋开发公司赠送给某著名演员价值20万美元的别墅，以期形成名人效应和轰动效应，不料招来了“公司向谁献爱心”的争论。媒体对受赠方反应冷淡，却对赠送方紧追不放，质问到底是应锦上添花还是应雪中送炭。后来，那个演员竟然打破沉默，称别墅犹如一件衬衫，朋友之间，“一个要送，一个就接受了”，其口气之轻松，使赠送方无地自容。

资料来源：http://www.docin.com/p-1690910184.html.

案例点评

如果从公关评估的角度看，案例中某房产公司赠送别墅的行为有如下几点问题：

(1) 礼仪的实质是通过人与人交往的程序来反映人们之间的互相尊重。因此，公关礼仪最根本的原则就是尊重公众。把赠送这种应该私密操作的事情变成公开事件本来就需要慎重，在大多数城乡居民的住房距离“满意”还有相当大的差距的时候，送出价值如此之高的别墅给并不缺少住房的名演员，反映了该公司对一般消费者的蔑视，是社会责任感缺失的典型表现。

(2) 以房地产开发为业的公司为形成名人效应和轰动效应居然送出如此大礼，很容易使消费者对该公司的基本形象做出负面判断，“羊毛出在羊身上”，怎么吸引消费者购买？

(3) 即使仅仅从礼仪角度考虑，这次赠送行为也违反了公关礼仪中的尊重、公平、从简、适中原则，完全达不到礼仪的目的。

(4) 受赠者的回答更是缺乏尊重的表现。把价值 20 万美元的别墅比作“一件衬衫”，反映了“先富起来的人”对钱财的不屑，而且把“朋友”的赠送看成是无足轻重的小事。这次赠送的结果是“双输”。

案例阅读2

高露洁的口腔保健宣教活动

由于中国国内口腔护理产品市场日趋激烈的竞争，高露洁公司在中国市场上面临越来越多的挑战。2001 年，恰逢高露洁公司成功进入中国市场 10 周年。为了进一步巩固和开发中国市场，该公司决定利用庆祝 10 周年庆典的机会，在中国市场实施一项形象宣传计划。在确定宣传计划之前，高露洁公司通过专业调查公司对中国国内的口腔护理市场以及此次宣传活动进行了前期调查和论证。

前期调查围绕以下主题展开：

(1) 中国宏观的经济形势。中国即将加入世界贸易组织，中国政府将为众多的国外及在华的合资企业提供良好的外部环境。同时，进入 21 世纪，中国的经济将持续健康地发展，广大城市及偏远地区的居民生活水平不断提高，居民的自我保护意识日益增强，这就为高露洁公司进一步拓展中国市场提供了良好的市场机遇。

(2) 中国政府及行业主管部门的方针政策。中国政府和医药、卫生主管部门制定的方针是“预防为主，大力宣传，提高人民的自我保健意识”。

(3) 中国口腔保健的现状。中国在口腔卫生及保健方面虽然做了大量切实有效的工作，但从全国范围看，还普遍存在口腔疾病患病率高、范围广、治疗资源相当缺乏的问题，而社会大众的口腔自我保护意识及预防措施也普遍薄弱，知识普遍缺乏。目前，中国口腔保健工作的现状不容乐观。调查资料显示：中国成人恒牙患龋率为 49.88%，儿童乳牙患龋率为 76.55%，65～74 岁老人的平均失牙数更高达 11 颗，其中西部农村情况更为严重，有的省份 5 岁儿童乳牙患龋率为 80.25%。另有资料报道，中国城市约有 90%的人不会有效刷牙，农村约有 57%的人还没有养成刷牙的习惯，其中由于经济原因的仅占 2%。

高露洁将此次形象宣传定位为“口腔保健宣教活动”，宣传的主题口号为“口腔保健微笑工程——2001 年西部行”。基于对前期调查资料的分析，高露洁将此次宣教活动的范围确定在中国西部及西南部的甘肃、云南、陕西、四川、贵州5省的25个偏远市县。与此相应，宣教活动针对了西部地区广大现有的和潜在的消费者。

通过宣教活动，高露洁希望在中国市场上确立这样的公司形象：高露洁是全球知名的口腔护理专家，坚持不懈地帮助中国政府提高公众的健康意识和水平；高露洁是口腔保健事业的先行者和推动者，与中国携手共同发展西部。

为了保证宣教活动的有效开展，高露洁公司必须获得政府及权威机构的支持。因此，高露洁公司将此次宣教活动的优先公众确定为：中央及西部地区有关省市卫生组织；卫生部及西部相关省的卫生厅。

高露洁公司的公关策略是借势造势，也就是以重大事项或重大活动作为切入点，抓住时机，集中宣传，大造声势，为宣教活动的开展营造一个气势磅礴的局面。借势造势策略之一是借中国政府提出的西部开发、卫生部及行业主管部门举办“口腔保健微笑工程——2001年西部行”之势，深入推广高露洁口腔护理专家和行业先行者的企业形象。借势造势策略之二是借中国西部老少边穷地区继续提高口腔保护意识、急需优质全效口腔护理产品之势，培养、开发高露洁潜在的群体。借势造势策略之三是借中国媒体对西部重点报道之势，减少商业宣传，对高露洁公司形象进行合理、全面、深入的报道。

在活动的实施中，高露洁与中华预防医学会、全国牙防组、中华口腔医学会等全国三大权威专业组织沟通，由三大专业协会将此次口腔保健宣教活动的设想联合上报卫生部，最终卫生部决定由疾病控制司作为重点支持单位协调西部各省卫生厅帮助这一活动顺利实施。高露洁与三大权威专业组织共同组建了一支宣教队，于2001年5—9月远赴上述西部地区开展口腔健康的宣传教育活动。高露洁公司设计、印刷了本次活动专用的宣传海报、礼品包装、新闻夹、新闻纸、信封、请柬等宣传印刷品，在北京和各省的启动仪式、宣教场所张贴和分发，保证了活动的统一性，尽可能地扩大宣传范围。

高露洁还策划实施了一系列大型的公关活动，包括：

(1) 在北京卫生部礼堂举办“口腔保健微笑工程——2001年西部行”北京启动仪式，仪式邀请了包括卫生部副部长、高露洁公司中国地区副总裁兼总经理、三家专业协会会长、西部五省卫生厅厅长、国内著名口腔专家、学者等在内的各方重要人士参加。在京的40家媒体出席了启动仪式的新闻发布会，新闻发布会以后分别安排了重量级媒体单位对卫生部副部长、高露洁中国地区副总裁兼总经理以及专业协会副会长进行专访。

(2)“口腔保健微笑工程——2001年西部行”各省启动仪式。各省启动仪式场地分别选在具有特殊意义或极具城市代表性的广场，各地卫生部门的领导和高露洁公司的地区总经理等领导出席。高露洁公司还为各省的活动创作了宣传口腔保健知识的文艺节目。在启动仪式之后安排了大规模的义诊、专家咨询、宣传品发放活动。

(3) 在卫生部礼堂举办“口腔保健微笑工程——2001年西部行”北京凯旋庆典仪式。

高露洁公司为凯旋庆典仪式特别设计制作了包括西部五省宣传结果、高露洁公司在中国10周年成果等7块展板，向公众展示活动的成果和公司的形象。在庆典仪式的新闻发布会上，高露洁公司还向近40家媒体单位介绍了由国际著名调查公司提供的本次“西部行”活动的调查数据。

“西部行”全程活动共组织30多次、累计6 000余名听众的口腔保健讲座，300多名牙医进行咨询义诊，30万受众直接受益。专业调研公司在活动前后进行的抽样调查及比照分析显示：“西部行”所经地区人们对于口腔保健的认识，正确率显著上升，错误率则显著下降，对刷牙的好处以及日常口腔护理用品的认识也有明显的改进。据高露洁公司的不完全统计，“口腔保健微笑工程——2001年”共收到各类剪报200余份，通过新华社、中央电视台和各地重要媒体等近100家新闻单位的广泛宣传报道，覆盖面达上亿受众。有效的新闻运作、富有创意的公关活动使“口腔护理专家——高露洁公司”的形象逐步树立起来。这次活动为高露洁公司进入中国市场10年来持续不断推动健康事业的努力树立了一个重要的里程碑，从而塑造了高露洁致力于中国口腔保健事业的优秀公司形象。

资料来源：http://www.doc88.com/p-7068910337252.html.

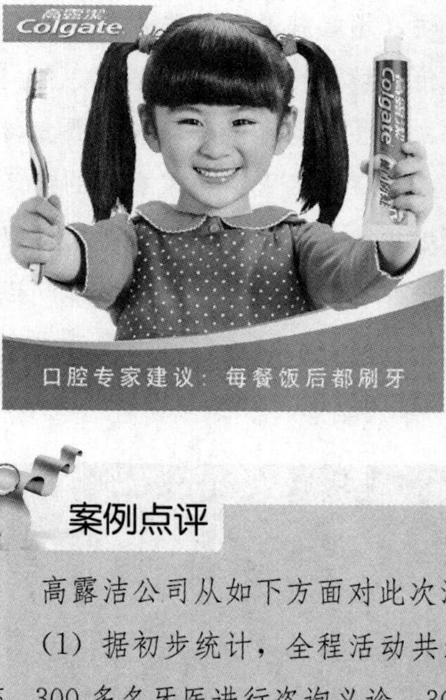

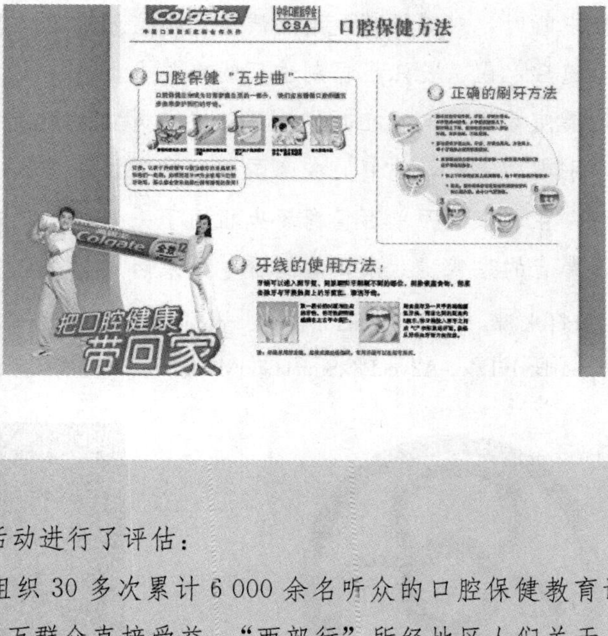

案例点评

高露洁公司从如下方面对此次活动进行了评估：

（1）据初步统计，全程活动共组织30多次累计6 000余名听众的口腔保健教育讲座，300多名牙医进行咨询义诊，30万群众直接受益。“西部行”所经地区人们关于口腔保健的认识，正确率显著上升，对日常口腔护理用品的认识也有明显改进。

（2）本次活动通过新华社、中央电视台和地方重要媒体等近100家新闻单位的广泛宣传报道，覆盖面达上亿群众。高露洁公司“口腔护理专家”的形象逐步树立起来，塑造了高露洁推动中国口腔保健事业发展的优秀公司形象。

案例阅读3

蝙蝠牌电扇受青睐，“小字辈”扬名有新招

20世纪80年代初，南京长江机器制造厂新开发出一种蝙蝠牌电扇。当时，在我国的电风扇市场上，已有3 000多生产厂家在激烈竞争。蝙蝠牌电扇较之于其他名牌产品来说，还是一个“小字辈”。它还没有参加全国性的质量评比活动，消费者对它也很陌生。在这种情况下，如何使蝙蝠牌电扇迅速打开市场，在消费者中建立起自己的形象呢？该厂有关人员经过认真分析与研究，认为如果采取常规的手段，比如在媒介上大做广告或派推销人员直接去全国各地进行推销，恐怕即使花上很多的宣传费用也很难奏效。于是，他们打破常规，别出心裁地租用了南京一家比较大的商场的橱窗，让蝙蝠牌电扇在橱窗里昼夜不停地运转，并在橱窗内醒目地写着：“自1981年4月10日起连续不停地运转，请您计算一下，现在已经运转了多少小时。”这种旨在“转给你看”的传播方式，立刻吸引了许多消费者的注意。当他们发现，这台电扇确实昼夜不停地运转而没有中断时，对蝙蝠牌电扇的质量就确信无疑了。很快，蝙蝠牌电扇首先占领了南京市场。随后，南京长江机器制造厂的有关人员对这次宣传活动进行了认真的总结。他们认为，要使蝙蝠牌电扇在其他地区与城市树立形象，建立信誉，也可以采取同样的宣传攻势与手段。于是，他们又在全国其他城市如法炮制，如在广州租用了一家有名的商场的橱窗，在北京的西单百货商场也租用了一个橱窗，让蝙蝠牌电扇夜以继日地转动，以引起消费者的注意。后来，蝙蝠牌电扇果然成为家喻户晓并备受消费者青睐的名牌产品。

资料来源：http://wenku. baidu. com/link? url = 1upj1ZPQuyhrYvMbhByn3Rns5IENG2H_19QRZodphga4rlxvIv1kxxeA2yccP8xSmjruG6qM6jQ7r8J_38-eDh8xjTHfC8S5Q_7ai6OO2pW.

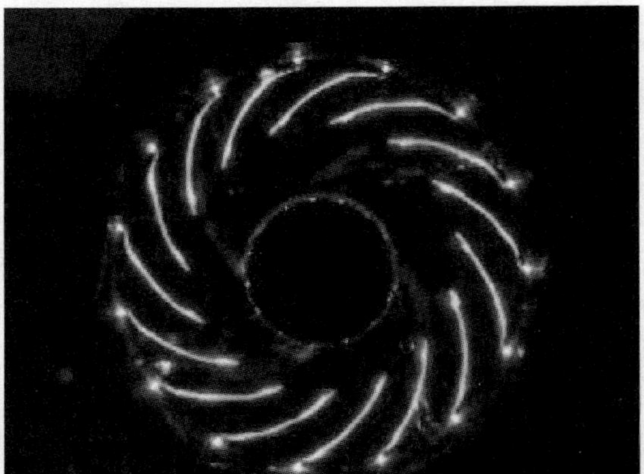

案例点评

公共关系活动无论其规模是大是小，都需经过认真的筹划并创造性地加以实施。在竞争激烈的市场上，如果采用多种媒介进行“轰炸”式宣传，蝙蝠牌电扇也可能在市场上占有一席之地。但南京长江机器制造厂的公关人员并没有这样做，他们“独辟蹊径”，采用了“转给你看”的策略。他们之所以这样做，并不一定是因为缺少必要的宣传经费，最重要的是，他们能够深刻地揣摸出顾客的心理，这就是，再好的电扇也不能做摆设，必须要转，而且要转得好。正是基于此，他们选择了最直接、具有最终说服力的传播方式——实物展示，取得了最快捷的沟通效果，赢得了公众，并在公众中树立起蝙蝠牌电扇的良好形象。

“转给你看”这种实物展示式的传播方式，虽然不如大众传播媒介的影响面大，但是在全国各大城市流动型公众较集中的商业区，均用同一种方式展示蝙蝠牌电扇的优良性能，可通过流动型公众的人际交往进行二次传播，形成有口皆碑的传播效果，这是大众传播媒介无法做到的。

所以，在公共关系工作中，采用“出奇制胜”的实施手段，往往会取得意想不到的好效果。当然，这要求公共关系人员要有较强的创新意识，还要对组织的现状与环境有精准的认识和分析。

实训导引

从公关的视角评估学校举办的某次文艺晚会，填写下列表格，小组讨论完成后分析展示。

文艺晚会评估表

评估标准 等次	制作成果评估	传播媒介评估	信息传播评估	参与情况评估	其他方面评估
好的方面					
不好的方面					

阅读必备

公共关系效果评估的内容

1. 方案设计阶段的评估内容

(1) 目标是否正确；

(2) 计划是否可行、合理；

(3) 构思是否科学；

(4) 目标公众是否正确完整；

(5) 媒介是否选择得当；

(6) 预算是否合理。

2. 计划实施准备阶段的评估内容

(1) 背景材料是否充分；

(2) 信息内容是否正确充实；

(3) 信息的表现形式是否恰当。

3. 计划实施过程中的评估内容

(1) 检查发送信息的数量；

(2) 检查信息被传播媒介采用的数量；

(3) 检查接收到信息的目标公众的数量；

(4) 检查注意到该信息的公众的数量。

4. 计划实施效果的评估内容

(1) 了解信息内容的公众数量；

(2) 改变观点的公众数量；

(3) 改变态度的公众数量；

(4) 发生期望行为的公众数量；

(5) 发生重复期望行为的公众数量；

(6) 达到的目标与解决的问题；

(7) 对社会经济与文化发展产生的影响。

公共关系效果评价的过程

设立统一的评估标准；选择评估方法；搜集评估资料；实施评估。

公关评估的八大关键词

1. 覆盖率（Gross Impression）

比如一家企业的市场遍布全国，通过中央媒体的宣传是不是就能达到覆盖率100%呢？当然不是。前提是企业在那个区域有市场。可以用一个公式来表示覆盖率：

覆盖率＝传播受众/市场所属区域的受众

传播受众就是通过媒体直接和间接影响到的受众。市场所属区域的受众很好理解，如果企业只在北京有市场，就不要在其他省市去做宣传，或者用中央媒体在全国范围内做宣传。

2. 有效率（effective reach）

宣传虽然覆盖了一定区域的受众，但有可能重复覆盖，或者覆盖不一定是有效的。关于无效覆盖，比如，在北京市场做宣传，选择发行量 20 万的《娱乐信报》，首先，这 20 万人并不是全部有效的，这 20 万人中什么人都有．我们需要的只是其中一部分，比如只有 5 万人是有效的。其次，这 5 万人是不是全部都会看到宣传的信息？这和版面有一定关系。

综合覆盖率及有效率，即可得出有效受众，它可以直接用来表述宣传效果。

3. 千人成本（CPM-per thousand）

即媒体载体每接触 1 000 人所需支付的金额，在计算上是以媒体单价除以接触人口，再乘以 1 000。它的计算方式有两种：

千人成本＝总成本/总受众

千人成本＝总成本/有效受众

显然，第一个计算方式是被公关公司普遍采用的，因为它通过分母的基数降低了千人成本，但这个不能反映问题。真正能反映问题的是第二个计算方式，“钱要花在刀刃上”说的就是这个，只有考虑了有效率的千人成本才是有意义的。

再做得细一点，可以结合千人购买率、千人利润率来计算以某个成本进行传播值得不值得。比如通过宣传，每千人中预计会有 10 人购买产品（即 1%的购买率），每件产品的利润是 10 元，那么千人利润总额就是 100 元，宣传推广的成本当然不能大于这个数。

以千人成本还能计算出企业推广需要的总费用，以企业的总目标受众除以千人成本，就是宣传总费用。企业在做年度宣传预算的时候，可以此为依据进行推算，费用要求达不到时可选择重点市场进行宣传。

4. 准确性（correctness）

信息被有效覆盖，不等于被有效传递，准确性包含的主要内容有传播定位的准确性、媒体策略的准确性、发布内容的准确性、传播方法的准确性等。

传播定位的准确性：一件产品没有找好卖点，一个企业没有在产业中找到自己的位置，传播的主基调不正确，这些都会造成效果不佳。媒体策略的准确性：主要是指发布时间、发布周期，比如促销信息的发布、新品的上市，特别是一些策略性发布，对于媒体策略的要求是十分严格的。如果媒体策略不准确，效果必然要大打折扣。发布内容的准确性：即该说的问题要说清楚，该突出的重点要突出。传播方法的准确性：若上来就打官司，上来就喷口水……确实吸引了眼球，但是效果如何就需要反思一下了。

5. 传播力度（power）

业内也有人称之为爆破力，或者说引爆。爆破力只能说明在某段时间内的爆破，但传播力度还包括长时间的影响。

就爆破力而言，主要是指在某段时间内让企业的信息迅速充满媒体，并持续一段时间，这也是公关常用的一种方法，事件营销就属于此类。通过对信息的“占领”，可以一下子引起关注，并加强人们的记忆或者好感，从而达到公关的目标。可以选取一段时间，以媒体发布的数量、转载的数量、媒体跟进报道的数量对爆破力进行分析统计，其中，媒体跟进报道的数量能集中体现传播力度。

除了一段时间内的传播量，还有一些能有效“量化”传播力度的标志，如网站的首页、平面媒体头版或者头条等。

另外，关注度也是传播力度的一个表现。比如在一段时间内，行业内共发生了几个值得一提的新闻，给这些新闻排个名，再结合自己企业在市场的排名，就知道传播的力度够不够。对于企业来说，制订了年度计划，亦可回顾一下有没有哪个新闻值得一提，如果没有，说明没有传播力度。

6. 传阅率（pass along rate）

搜索引擎的兴起，使得网络上文章的二次、三次阅读量远大于当日发布时的阅读量。特别是一些选购、评测、体验类文章，对消费者购买决定的影响作用十分明显。人们在购买汽车、IT 产品时，通常要上网查一查相关信息，这时候传阅率就显得比覆盖率更为重要。因此，在效果评估时，以搜索引擎的搜索结果作为评估标准也已经成为重要的手段。

另外，我们发完一个消息以后，有时候会引起媒体的广泛报道，这事实上也叫传阅率。可见，传阅率既可以以人们对同一张报纸的多次阅读来做统计，也可以以搜索引擎上被搜索到的多次阅读来做统计，还可以以后续媒体自发跟进的报道来做统计。

7. 公关指数提升（improve of PR）

公关绝不仅仅是传播，公众关系维护、项目游说、危机处理等也都属于公关的范畴。对于这些内容的效果评估，显然需要特殊的方法，公关指数是一个较好的评估方法。

比如，很多企业都需要建立和维护媒体关系，企业通过与公关公司的合作，会在媒体关系层面获得一定的提升。再如危机公关，在处理完危机之后，看看企业与消费者的关系、企业与媒体的关系、企业与渠道的关系有没有发生变化，如果这些关系下降了，说明危机并没有处理好；如果关系得到提升了，说明危机处理得非常好。

8. 销售提升（improve of sale）

有些企业完全将销售的增长寄希望于公关，这是不可取的。公关在某些时候可以对销售有刺激性的帮助，比如北京富亚涂料的老板喝完涂料后，消费者指名要买能喝的那种涂料。但是，我们不能指望所有的公关都能产生这样的效果。

当然，即便不能直接统计公关对销售增长的帮助，亦可以通过间接的方法——用总增长减去广告、促销等手段对销售增长的刺激作用，就可以了解公关对销售增长的刺激作用。

阅读链接

1. 徐在余、陶应虎：《统计学原理与实务》，北京，清华大学出版社，2009。

2. 中国国际公共关系协会：《最佳公共关系案例》，北京，中国市场出版社，2015。

项目四 公共关系的主要活动

公共关系的主要活动是社会组织为了实现公共关系目标，围绕一定的主题而开展的特殊公共关系活动。每一次活动中展现在公众面前并与公众重点沟通的，通常是组织公关工作的一个方面。只有通过无数活动的多方面展示的积累，公共关系的巨大效果才能显现出来。常见的公共关系活动包括公关赞助和公益活动、公关展览和促销、公关新闻发布会、公关庆典活动、公关参观活动等。

任务一 公关赞助和公益活动

公关赞助和公益活动都属于公共关系活动。公关赞助是社会组织无偿提供资金或物质支持某一社会事业或社会活动，以获得一定形象传播效益的公共关系活动。公益活动则是社会组织出人、出物或出钱赞助和支持某项社会公益事业的公共关系活动。无论是公关赞助还是公益活动，都是扩大组织知名度、提升组织美誉度的重要手段。服装公司为体育代表团赞助服装，饮料厂为体育代表团赞助比赛期间的饮料，社会组织或个人赞助教育事业，便属于此类活动。

案例阅读 1

可口可乐公司资助学生重返校园

1998 年 10 月底，可口可乐公司出资 78 万元支持 7 800 名湖北灾区小学生重返学堂。中国发生洪水后，可口可乐公司已经多次捐款捐物。当你听到那些孩子对记者说是解放军叔叔和可口可乐帮助他们时，当你看到孩子们第一次喝可口可乐的那种兴奋劲儿时，当你得知中国内地除新疆、宁夏外都有可口可乐捐建的希望小学时，你认为，可口可乐想的到底是什么？

时任可口可乐公司董事长的艾华士在 1998 年访华时宣布，可口可乐公司在向“希望工程”捐款 1 000 万元之后，再捐款 500 万元，资助至少 3 万名洪水灾区孩子和 4 000 名其他地区失学儿童重返校园。对于中国人来说，可口可乐雪中送炭的形象大概会长久地驻留在心中。当时，据美国盖洛普公司的调查结果，可口可乐品牌在中国消费者心目中的认知程度已经达到 81%。曾任可口可乐中国公司副总裁的卢炳松曾对记者说，1993 年他们开始资助中国的“希望工程”时，美国总部有很多人不理解，后来，可口可乐人终于明白，今天的中国农村，将是明天具有巨大消费潜力的市场；今天得到他们资助得以受到教育的农村孩子，将是明天改变中国农村面貌的主流。需要一罐一罐被喝掉的可口可乐当然清楚，其消费者是需要一个一个地培养的。可口可乐的老对手——百事可乐希望以“追星族”为年龄起点的“新一代”选择百事，但这些人未必会真的排斥伴随他们长大的可口可乐。如今，资助贫困地区、灾区儿童的方式，已经得到可口可乐总部认可，并且推广到非洲等地。对于可口可乐来说，1998 年中国不幸发生的洪水，无疑又为其提供了一次树立商誉的机会。当时，美国的《财富》杂志公布了全球最受称赞的 25 家企业，可口可乐公司居通用公司之后，列第二位。

资料来源：http://blog.renren.com/share/347762943/7203113515.

案例点评

可口可乐公司向灾区捐款、助力学生重返校园的事件，对其企业形象的塑造有重大意义，这是一种长远的公关策略。1998 年的这次捐款活动安排在中国农村受灾难最需要关心和关怀的时刻，人在危难的关头，如果有组织“雪中送炭”，将会永远被铭记。不仅如此，资助也有助于产品的销售，今天的中国农村将是明天具有巨大消费潜力的市场，今天受到可口可乐资助得以受到教育的农村孩子将是明天改变中国农村面貌的主流。通过资助活动能够提高企业的美誉度和影响力，加深企业与公众之间的感情，给消费者留下深刻印象，从而大大有利于推销组织的产品或服务，这种影响力是其他任何广告形式无法相比的。所以，尽管中国市场有庞大的消费群，但是可口可乐品牌在中国消费者心目中的知名度可以达到 81%。

案例阅读 2

赞助使健力宝插上了腾飞的翅膀

被称为“中国魔水”的健力宝饮料，在中国家喻户晓。它不仅名气大，经济效益更令人吃惊。1991 年上缴利税达 5 亿元人民币。健力宝取得如此经济效益，与其采取的恰当的公共关系赞助活动密不可分。事实上，健力宝三次大规模的赞助活动，直接促成了其经济效益的飞跃。1984 年洛杉矶奥运会，健力宝集团抓住时机开展攻势，以实物赞助的形式，使其成为中国体育代表团的首选运动饮料。十五枚金牌的巨大成功，使健力宝随中国体育走向世界，并确立了其“中国魔水”的地位和美誉。原本只有几百万产值的饮料厂，一举成名，即刻产品供不应求。以此为契机，扩大生产后的健力宝，迅速跃入了现代化大企业的行列。1987 年的广州第六届全运会，健力宝集团再次以雄厚的经济实力，赞助 250 万元人民币，换取了全运会运动饮料专用权。集团当年的销售额猛增到 3 亿元人民币，产品出口到 9 个国家和地区。1990 年北京亚运会，健力宝以 600 万元的赞助，又一次获得指定运动饮料专用权，同时以 260 万元赞助亚运会火炬接力活动。中国首次举办大型国际体育盛会的空前成功，使健力宝再一次腾飞。

巨大的社会效益，直接带动企业经济效益的增长。三次大型体育盛会的成功，使人们认识到健力宝的贡献：健力宝是中国体育事业的支持者，健力宝促进了中国体育的发展。健力宝认为，赞助活动使其获得了社会效益和经济效益的双丰收。赞助活动集公共关系、广告、推销于一体，不仅提高了企业的知名度和美誉度，而且确立了企业的市场地位。健力宝从赞助体育事业中获得了巨大的经济效益。健力宝选择中国体育事业为赞助对象，迎合了国人“增强人民体质，振兴中华体育”的美好愿望。这不仅赢得了公众的好感、信任，增强了健力宝对公众施加影响的广度和深度，并且最终得到了社会的支持与合作，也使消费者的“选票”（货币）投向了健力宝。

资料来源：http://www.docin.com/p-605031441.html.

案例点评

首先，从企业的角度分析，赞助活动的主要目的是提高企业的知名度和美誉度，体现企业的社会责任感，证明企业的经济实力，为企业的进一步发展创造良好的社会环境。从这些目的考虑，选择恰当的赞助对象是赞助达到预期目标的前提。作为饮料，健力宝需要尽量争取大多数人的关注，而体育活动一向是最吸引受众的活动之一。

其次，洛杉矶奥运会是中国重返奥运大家庭的第一次亮相，其意义远远超过一般的体育活动，不但引起几乎全体中国人的关注，也同时吸引了世界人民的“眼球”。选择参加奥运会的中国体育代表团为赞助对象，可谓高屋建瓴、事半功倍，健力宝从此走向世界。后来对全运会和亚运会的连续赞助，一次又一次使健力宝集团成为被瞩目的中心。

最后，健力宝采用实物赞助的形式，把产品形象不落痕迹地融入活动之中，消解了商业目的，塑造了企业形象。之后的两次赞助采用的是取得商品专用权的方式，不但提高了自身的知名度和美誉度，还制约了竞争者的行为。

案例阅读3

“爱心助飞梦想”慈善晚宴

2004年8月7日晚，由北京青年报社、北京市慈善协会、北京青少年发展基金会、凤凰卫视、北京电视台、北京广播电台联合主办的“爱心助飞梦想”大型慈善晚宴，在北京饭店举办，工商、演艺、外交、科技等各界名流500多人出席了晚宴。赢虎网站是这次活动的策划者，并因此一举成名。

本次赞助的对象是艾滋病患者及贫困高中生。围绕“爱心助飞梦想”的主题，赢虎设计了“爱心见证”“梦想树”“爱心浇灌”“爱心采摘”等活动环节。每一个环节首尾呼应，前后相连。比如“梦想树”寓意此次慈善活动，“爱心浇灌”环节后，“梦想树”的彩灯亮起，一张张梦想卡垂挂在树上。接下来的“爱心采摘”由到场嘉宾摘取梦想卡，并捐助梦想的实现。正因为在环节设计和流程控制上，赢虎下足了工夫，所以当晚现场活动进行流畅，高潮迭起。此次晚会主持人濮存昕、陈鲁豫、李莉和李咏是著名演员或著名主持人，在时间紧张的前提下配合默契，除主持人的经验外，赢虎还特地为他们提供贴身服务，比如一对一地对台词。

在赢虎的网站上，赢虎的服务内容被分为两大类：第一类是常规服务；第二类是特色产品，包括赞助营销、校园推广、适宜技术推广、青年金融精英俱乐部以及中国公益论坛等。在本土公关公司服务同质化越来越严重时，赢虎推出了自己的特色产品，强调了自己的品牌个性，既有利于自身品牌的树立，也开辟了一个全新的、细分的公关市场。

资料来源：http://3y.uu456.com/bp_2yfeg20czo7b3ef98ne6_1.html.

案例点评

这是一次典型的以赞助为手段的社会型公关活动。通过赞助艾滋病患者及贫困高中生，企业可以为社会的和谐发展尽一份力量，从而为企业自身的发展创建良好的环境。同时，通过赞助活动，企业树立了良好的组织形象，拉近了与公众的距离，扩大了企业信息的传播。在本次赞助活动中，为了提高传播质量，扩大社会影响，采用了以下传播策略或技巧：

（1）联合强势媒体。此次活动主办方是大众主流媒体和北京强势媒体，而且联合主办活动的还有多家电视媒体和广播电台，所以此次活动公关传播没有太大难度，产生了很大的社会影响。

（2）借助社会名流。此次晚会主持人濮存昕、陈鲁豫、李莉和李咏，都是著名演员或著名主持人。利用明星名流提升企业美誉度和扩大企业的知名度，这是企业进行慈善公关的要诀。

（3）挖掘新鲜创意。说到慈善和公益，基本上都是一个套路，比如为自然灾害捐钱捐物、响应号召去植树等，企业形象不能得到有力的彰显和有效的传播。反观此次慈善晚宴，捐助对象选择了大众和舆论很少关注的弱势群体——艾滋病感染者和贫困高中生。晚会上“爱心见证”“梦想树”“爱心浇灌”“爱心采摘”等活动环节紧扣“爱心助飞梦想”这一主题，生动感人，给公众留下了深刻的印象。

案例阅读4

大水无情，顶新有爱

《中国经营报》1998年9月1日第5版报道：1998年8月中旬，顶新国际集团抗洪救灾慰问团代表来到湖北省武汉防汛指挥总部，向华中三省受灾地区的民众和抢险官兵送来50多卡车的康师傅方便面和纯净水。这5万箱的物资总价值人民币120万元，连同前些日子集团旗下的武汉、杭州、重庆等各公司的捐赠物资，捐赠金额已累积200多万元。顶新集团公关部侯金雯经理率领慰问团亲自把物资送到了防汛大堤上。

一直以来，顶新国际集团遵循“取之于民，用之于民，回馈社会，永续经营”的经营之道，历年来投入助学、抗洪、抗震、扶贫、支持体育活动等社会公益事业的费用已达6亿元人民币。2010年11月30日，顶新获准正式成立“顶新公益基金会”。顶新表示愿意也有能力承担更多的社会责任，通过顶新人的爱心为社会奉献更多。“顶新公益基金会”承诺将汇聚集团的力量，持续在教育事业、促进两岸文化教育交流以及扶贫赈灾等三个方面尽好顶新的社会责任。

资料来源：http://blog.sina.com.cn/s/blog_bc9e611a0101coqi.html.

顶新国际集团
TING HSIN INTERNATIONAL GROUP

案例点评

社会公益资助是一种复合式大众传播活动，组织主动参与社会公益资助能充分体现出互利的原则，使社会效益和经济效益有机结合起来。与此同时，如果加上各类新闻媒体对事件的宣传，将会大大提高组织的知名度和美誉度，增强公众对组织的好感。不仅如此，主动参与资助灾区的公益活动，是组织和政府搞好关系的重要途径，也是组织向社会表明其承担社会义务和责任的重要手段。社会组织可以通过社会公益资助来树立关心社会的良好形象，培养同各个公益组织及灾区公众的良好感情。顶新国际集团的捐助活动，同新闻媒介和社会公众关心的热点紧密联系，这无疑会使人们将组织的名字和社会功绩永远铭记在心里。

案例阅读5

云南马帮入京“进贡”普洱茶

在交通运输工具高度发达的今天，一队古老原始的马帮浩浩荡荡走进城市，进入现代人的视野。马铃叮当，马蹄声声，再加上独特的少数民族服饰，其吸引力之大可想而知。

历史上，云南大叶种茶在马帮外运途中，沐风栉雨，自然发酵成了功效独特的普洱茶。普洱茶成为皇室贡茶后，也是在马帮运送途中自然发酵而最后形成的。“我们组织这次马帮驮茶进京活动，就是想再现当年的一段历史，让世人认识到真正的、原生态的、自然发酵的普洱茶。”云南省茶叶协会会长邹家驹这样说。

2005年5月1日，由40多位赶马人和100多匹骡马组成的马帮从云南的普洱市启程赴京，至10月抵京。赶马人年长者53岁，年少者19岁，来自云南省的11个民族。马帮驮载着5吨多普洱茶，穿越六个省市，行程4 000多千米，成为一种独特的文化形态，吸引着人们的视线。马帮在沿途云南、四川、陕西、山西、河北、北京分别举行了茶叶义卖活动，为希望工程捐款，均受到了收藏家的关注。截至10月15日，共为希望工程义拍、义卖筹资360余万元。10月18日上午10点左右，希望工程云南普洱茶拍卖会在老舍茶馆举行，人们的爱心使此次拍卖掀起了一个又一个高潮。拍卖所得款项均捐给中国青少年基金会。赞助希望小学的形式，使这次马帮进京活动摆脱了单纯商业活动的影子，获得了社会各界人士的广泛好评。时任马帮进京组委会副主席的云南茶叶协会会长邹家驹说：“马帮的成功进京，拉近了普洱茶与主流消费市场的距离。”邹家驹甚至乐观地预测，北方历来是绿茶和花茶的天下，由于云南马帮千里进京，云南普洱茶在北方市场进行了一次成功的渗透，北京将掀起一股云南普洱茶的热潮。

一种古老的运输方式，一次市场化的运作，马帮就能转化为云南民族文化的新“名片”。由云南茶叶协会主办、云南六大茶山茶业有限公司赞助的“云南马帮驮茶进京”活动掀起的热潮给人们许多启示。

资料来源：http://3y.uu456.com/bp_8mg9m48mte4g4gh0l157_6.html.

案例点评

普洱茶在云南非常有名，但是全国其他地区的公众并不了解它。这次进京义卖活动，引发了全国媒介的广泛报道，在全国范围内出现了普洱茶热。

在交通十分发达的今天，仍然用马帮来运输云南茶叶，有很强的戏剧性，容易吸引公众的眼球。由于活动形式新颖，因而引发了媒体的大力宣传。此次活动以企业赞助的形式出现，运到北京的茶叶全部“义卖”，所得款项全部用于援建“希望小学”，淡化了活动的商业色彩。

本次活动提高了活动的组织者——云南茶叶协会，以及活动的赞助者——云南六大茶山茶业有限公司的知名度和美誉度。更为重要的是提高了普洱茶的知名度，使全国人民认识了普洱茶，对于今后扩大普洱茶的销售具有不可低估的意义。

实训导引

1. 实训任务：撰写赞助计划书。

2. 实训内容：假设你是某汽车公司公关部的经理，请拟定一份赞助一位车手无后援自驾车30日环游中国的计划书（要点：项目的缘起、赞助的意义、赞助的内容、车手的义务、相关公关宣传报道计划等）。

3．实训目标：

（1）培养学生策划赞助的能力。

（2）学会撰写赞助计划书。

（3）培养团队精神，学会互相合作，共享实训成果。

4．实训步骤：

（1）按照班级当初确定的小组（4～8人），以小组为单位开展调查。

（2）小组成员分工合作，撰写相关文案。

（3）小组成员讨论并确立本组策划方案。

（4）各小组进行课堂交流。

（5）教师现场点评。

5．实训时间和地点：课外完成任务，课内展示分享。展示时间控制在15～20分钟，评价反思控制在10分钟内。若收集资料、拍摄照片或视频需要相关实训室或校内相关场地，由任课老师协助申请。

6．实训评价和反思：

任务单

组名		组员姓名	
工作程序指引及记录内容			完成的打“√”
1. 确定小组长	小组长姓名：		
2. 小组集体查阅资料	/		
3. 明确任务	/		
4. 组员任务分配	/		
5. 设计PPT及准备视频	/		
6. 根据小组分工，完成自己的任务	/		
7. 班级交流	展示人：		
8. 小组自我评价及反馈			
9. 个人加分点			/
写给老师的话			
指导教师评语		签名	

任务评价表

课程名称	
实训任务名称	

三方评价成绩					
评分项目	评分内容	配分	自评	小组评分	教师确认
明确任务 获取信息	能有效利用图书馆资源、网络资源、教材等查找有效信息； 能用自己的语言有条理地去解释、表述所学内容； 能将查找到的信息有效运用到工作任务中。	10分			
感知任务 制订计划	是否熟悉你的任务，认同工作价值； 是否具有执行力； 小组计划制订得是否合理、具可操作性。	10分			
实施任务	与教师、组员之间是否相互尊重、理解； 与教师、组员之间是否能够保持多向、丰富、适宜的信息交流。	10分			
	探究学习、自主学习不流于形式，处理好合作学习和独立思考的关系，做到有效训练； 能提出有意义的问题或能发表个人见解； 能按要求正确操作； 能够倾听、协作、分享。	10分			
	遵守实训任务要求，实训过程符合目标； 训练过程出勤情况和完成工作任务情况较好； 善于多角度思考问题，能主动发现、提出有价值的问题。	20分			
展示成果	在展示成果中考核小组工作计划、技能训练是否符合目标与要求； 是否获得了进一步发展的能力和创新能力； 是否有良好的语言表达能力。	10分			
	在展示成果中发现学习者是否有发现问题、提出问题、分析问题、解决问题、创新问题的能力。	15分			
评定反馈	按时按质完成实训任务； 较好地掌握专业知识点； 具有较强的信息分析能力和理解能力； 具有较为全面严谨的思维能力，并能条理明晰地表述。	15分			
总分（100分）					
评语	自我整体评价			学生签名	
	小组整体评价			组长签名	
	教师整体评价			教师签名	

阅读必备

公关赞助的目的

（1）扩大组织的知名度和社会影响力。

（2）帮助组织树立良好的形象。

（3）提高组织的美誉度。

（4）体现组织的社会责任感，履行组织对社会的义务和责任，博取公众好感与信任，营造良好的“人和”环境。

（5）提高经济效益。

公关赞助的主要类型

1. 赞助体育活动

由于体育活动是广大公众非常感兴趣的群体活动，因此赞助体育活动是最为常见的赞助。从世界范围看，体育活动获得赞助经费是最多的。组织通过对体育活动的赞助，往往较易于增强对公众所施加影响的深度和广度。

2. 赞助文化活动

组织对文化活动进行赞助，不仅可以培养与公众的良好感情，而且可以大大提高组织的知名度，创造良好的社会效益。常见的赞助文化活动方式有：赞助广播电视节目的制作、播映；赞助电影的拍摄；赞助文艺表演活动；赞助报刊开辟新专栏等。

3. 赞助教育事业

赞助教育事业不仅可以在公众面前树立良好的形象，还能和教育界建立良好的关系，为组织的人才招聘和培训创造条件。赞助方式可以是赞助学校建图书馆、实验楼，设置奖学金、助学金和其他有关教育方面的奖金或奖励。对组织而言，这既是一项智力投资，又是一项公关投资，应当给予充分重视。

4. 赞助社会慈善和福利事业

这是密切组织和政府、社区、公众关系的重要途径，是组织对整个社会承担义务和责任的重要手段。如捐赠或资助慈善机构，在一些地区或单位遭受灾难时提供资助等。

5. 赞助学术理论研究活动

这是一种高层次的赞助活动。组织可以自己设立机构，也可以长期支持某些学术研究机构的研究活动。在我国，这种赞助活动还不太普遍，有待于组织重视和开拓这一领域。

公关赞助的步骤

1. 前期研究

一方面，了解赞助对象的基本情况，包括项目可能对公众产生的影响以及公众对项目的心理反应，在此基础上确定组织赞助的方向和政策，分析赞助的成本和可能获得的综合效益，选择更适宜的赞助对象和赞助方式等；另一方面，调查、了解本组织的公关目标和经济状况，以此作为制定赞助政策、选择赞助对象、决定赞助金额的基础，以防止各种偏离组织整体目标的现象出现。

2. 制订赞助计划

制订具体的赞助计划是确保赞助活动取得预期效果的必然条件。赞助计划一般包括赞助的目的、赞助对象的范围、为达到最佳效果而选择的赞助主题和传播方式、赞助费用的预算、赞助形式、赞助实施的具体步骤和时机等内容。一份好的赞助计划可以给实施者提供具体的参考，可以控制赞助范围，防止赞助规模超过组织的承受能力。

3. 赞助活动的实施

整个活动程序是：报请领导批准→提请有关方面认可→成立专门活动小组进行操作→确定分配方案并予以实施→进行新闻传播→获得好评。

4. 赞助效果的检测

效果检测主要是了解各方面公众及受赞助的组织或个人对提供赞助的组织的看法。具体内容包括：调查是否达到了预期的效果，实现了哪些预定的目标，总结完成或未完成的原因。应将各方面的情况写成总结报告，为以后赞助研究提供参考。

阅读链接

1. 张玲莉、刘建华：《公共关系原理与实务》，北京，高等教育出版社，2015。

2. http://finance. sina. com. cn/stock/hkstock/ggscyd/20120529/013212165354. shtml，安踏6亿赞助中国代表团奥运冠军领奖服。

3. http://finance. ifeng. com/roll/20121012/7140973. shtml，借势中国好声音，加多宝品牌完美转身。

任务二　公关展览和促销

公关展览和促销都是综合运用各种媒介、手段推广产品，宣传组织形象和建立良好公共关系的公关活动。在展览会和促销会上，不仅可以安排实物、模型，也可以放映影视资料，还可以通过文字、图片展示并加以解说，使展览会和促销会具有一定的知识性和趣味性，使公众更直观、更全面地了解组织及其产品，从而留下深刻的印象，提高组织及其产品在公众心目中的可信度。

案例阅读1

潘婷：爱上你的秀发——中国美发百年回顾展

1999年宝洁旗下的知名洗发水品牌潘婷在上海及浙江市场全面推出了它最新的护发

产品——潘婷润发精华素。为配合该产品的发布，需要策划及开展一系列既新颖又有力度的公关活动。

在策划活动之前，公司进行了详尽的论证。由于潘婷润发精华素产品是美发领域的一项新突破，且其上市的时间 1999 年正是新旧世纪交替的特殊时间段，再加上 1999 年 10 月 1 日又是新中国成立 50 周年的大日子，考虑到这一特殊阶段正是对文化、历史等领域进行回顾展望的好时机，而此类活动又比较容易引起媒介及公众的兴趣，公司决定举办一个名为“潘婷：爱上你的秀发——中国美发百年回顾展”的专题活动。该活动将是中国首次举办的有关美发技术及美发历史的回顾展，在吸引公众关注的同时，也能形成潘婷品牌在美发界的先驱地位。公司确立了此次活动的具体目标，即在媒体中提高潘婷润发精华素的知名度，并通过举办中国美发百年回顾展树立潘婷业界护发先驱的形象。

在宣传重点上，公司侧重于争取各领域权威人士的支持并为产品发布活动作好铺垫工作，将潘婷润发精华素产品礼盒及使用反馈表发给媒体及美发界、演艺界等领域的社会知名人士，首先争取他们对产品的认同和支持。在公众对产品有了一定认识的基础上再邀请各主要媒体召开研讨会。整个活动的重点是展览会的组织，其中展览会开幕式又是重头戏，内容包括潘婷润发精华素产品上市记者招待会、纪录片播映、不同时代发型表演及有奖问答等。为了提高宣传的覆盖面及影响力，并直接影响产品的目标消费群（18～35 岁女性），公司特别选择与在华东地区热销的生活类杂志——《上海时装报》及拥有一大批年轻听众的上海东方广播电台合作，进行了一系列宣传活动。

回顾展于 8 月 25 日在上海图书馆一楼展厅举行。展览会的开幕式暨“潘婷润发精华素上市会”非常隆重，在展厅外悬挂了巨幅的宣传横幅以提高影响力及吸引力。出席开幕式的包括上海地区的各大主流媒体以及商业/消费类媒体、生活/美容、美发等不同类型的媒体，此外还有江浙两省的主要媒体，盛况空前。展览会内容相当丰富，重头戏是向参观者展示了从明末清初到现代社会的发型变化及美发技术变迁的纪录片，该片是我国首部全面展示中国近代美发史的纪录片，具有极高的观赏性和教育性。为了增强展览会的生动感，在展览会现场还布置了三四十年代的旧上海美发厅场景，吸引了成千上万的观众驻足观赏。为期 3 天的展览会共吸引了近 3 万人次的观众到场参观。

据统计，在活动期间，全国范围内共发表了相关报道 64 篇，其中包括 4 家电台及 8 家电视台。中央电视台 2 套的生活栏目还特别选用了展览会的素材，在庆祝新中国成立 50 周年的一系列回顾报道节目中，特别制作了一档长达 15 分钟的有关美发、护发的专题节目。所有这些报道折合广告价格高达 230 多万元。在活动结束后不到三个月，“潘婷润发精华素”荣登上海最大的连锁店——华联集团的护发产品销售额榜首。

资料来源：http://www.docin.com/p-882694365.html.

案例点评

公关展览是一种树立组织形象、推广产品的好形式。宝洁公司成功地策划并实施了“潘婷：爱上你的秀发——中国美发百年回顾展”的公关展览活动，在形成一定社会影响的同时也提升了产品的销售额，提高了潘婷的知名度。从这个案例中，我们可以发现，在展览会的组织和实施过程中应该注意以下几点：

（1）确定展览会的时间。展览会的时间选择可以借助重要的节假日、重大的社会活动，以扩大展览会的影响和知名度。宝洁公司旗下的潘婷润发精华素产品上市的时间刚好是新旧世纪交替的特殊时间段，而且恰逢新中国成立50周年，这就是实施公关展览的良机。

（2）确定展览会的地点。展览会的地点选择要根据展览会的内容和规模而定，要考虑如下因素：其一，方便参观者，安排在交通便利、有标志性建筑的地方；其二，展览会举办地周围的环境与展览会主题应相得益彰；其三，要考虑是否容易配备和安置辅助设施。

（3）确定展览会的主题和目的。公共展览活动应该明确主题、主张及宗旨，并以此决定展览会中使用的沟通方法、展览的形式和接待安排等，这是决定展览的内容、形式和对象的前提条件。宝洁公司在开展活动之前，经过论证将活动的内容确定为帮助消费者更好地了解不同时代的美发、护发产品及技术，并与消费者一起展望21世纪美发、护发的最新潮流及产品，从而树立了潘婷业界护发先驱的形象。

（4）邀请重点嘉宾。展览会组织者应重点邀请与展览主题相关的各级各类组织负责人、社会知名人士、专家学者、评论专家等参加前期的研讨会或开幕式，以提高展览会的地位与声誉。不仅如此，还应重点邀请有关新闻媒介的记者采访报道展览会，以此扩大传播效果与影响。宝洁公司就将潘婷润发精华素产品礼盒及使用反馈表发给媒体及美发界、演艺界等领域的社会知名人士，以争取各领域权威人士的支持并为产品发布活动做好铺垫工作。

（5）布置展览。根据展览设计图，规划各个展区的展品，布置展品、展板。布展时注意布局合理、醒目美观、突出展品。

案例阅读2

茅台酒的出名之道

茅台酒最初并没有什么名气。有一次，厂家代表带它去参加世界酒类饮料博览会。茅台酒是首次参展，仅租展位就是很大的一笔开销。但厂家认为，只要能够提高知名度，还是值得的。

然而，展览的第一天，茅台酒基本无人问津。面对这样的尴尬局面，负责茅台酒展览的工作人员急得团团转。他们决心要扭转这种受冷落的状况。于是，第二天的展览开始之后，在人流最高峰的时候，工作人员急中生智地拿着一瓶茅台酒走到展厅中央，在人流中假装不小心将它“打翻”在地。顿时，整个大厅充满了茅台酒的香味。参观的人立即被这从来没有闻到过的香味所吸引，好奇地相互打听这是什么牌子的酒香味。茅台酒展览人员抓住这一机会，向参观者介绍茅台酒。很快，茅台酒展位吸引了大批参观者，随即引起整个展览会的轰动，新闻媒介也闻风而动，纷纷予以报道。结果，茅台酒在本次展览会上获得了金牌。从此，它身价百倍。

资料来源：http://www.doc88.com/p-3817134901349.html.

案例点评

公关展览是公关活动中经常采用的形式，它的传播效果直观、形象、生动。公关展览由于综合使用各种传播媒介，使用实物展示、专人讲解、现场示范表演等方式来展示社会组织的成果和风貌，不仅为组织提供了与公众直接交流的平台和机会，而且能给公众以直观形象的感受，因此是一种高效率的沟通方式和一种典型的营销公关活动模式。

在公关展览中，可以通过制造新闻的方式来吸引关注。案例中，茅台酒从无人问津到吸引众人驻足，除了茅台酒自身“香惊四座”的品质以外，也得益于茅台酒展览工作人员的机智。展览会工作人员的素质和展览技能的高低对整个展览会的效果有重要影响，因此，必须对展览会工作人员进行良好的公关训练，并针对每次展出的项目进行业务培训，确保展览的有效实施。

除此之外，举办展览会还应成立专门对外发布新闻的机构，该机构的主要职责为：制订新闻发布计划，确定宣传内容与宣传形式，负责与新闻媒介进行联系，加强与媒介的沟通；挖掘本次展览会有新闻价值的信息，主动提供新闻线索；制作海报，发放宣传单，引发公众的兴趣，扩大影响。

案例阅读3

香港冬日美食嘉年华

香港冬日美食嘉年华是一年一届的美食界盛事，同时还是最大的室内美食展。主办方每年不断搜罗各国美酒佳肴，务求令入场人士尝尽天下美馔。加上展期邻近农历新年，亦成为市民办年货的不二之选。

展会每年推陈出新，创意层出不穷。2007 年第五届冬日美食嘉年华，由数家知名参展商合力炮制家庭圣诞大餐揭开序幕，以凸显“温情”主题。市民在展场大饱口福，皆因处处都是免费试食试饮，种类繁多且不乏新产品。期间，展会增设斗饮斗食大赛，22 日当天就有五名市民即兴上台鲸吞重量级汉堡包；2008 年第六届冬日美食嘉年华瞄准了 25 日和 26 日是香港的圣诞节公众假期这一“贺岁档”，于 25 日至 28 日举行，汇聚各式各样的特色食物，参展摊位超过 300 个，展品包括国际特色美食、香港地道食品、有机产品等。2009 年第七届冬日美食嘉年华推出了全港最大的“南洋鸡尾包”，希望将温暖送给参观者，为香港 2009 年加油打气。2010 年第八届冬日美食嘉年华集合逾1 000个参展摊位，增添多个主题展区，如红酒及美酒佳肴区、台湾特色食街、日本食品展区、海味及贺年食品区，令入场人士在更方便找到所需食品之余，更能集中挑选心仪货品。

资料来源：http://wenku. baidu. com/link? url=EzVdzsO1FXN4E9.

案例点评

从香港冬日美食嘉年华的成功当中，可以总结几点技巧：

（1）展览时间的策划是特殊产品展会成功的关键。美食展每年都在圣诞节之前开幕，同时满足了民众年底采购年货的需求，可谓得“天时地利人和”中的“天时”。

（2）充分应用展会主题发挥特色。香港冬日美食嘉年华是世界最大的室内美食展，美食的独特产品特色让主办方拥有更多的发挥空间，让被美食吸引过来的观众充分体验美食的乐趣。品尝、试吃、打折、制作最大的点心等活动，在充分营造节日气氛的同时也让观众有了更高的积极性。

（3）以家庭参与为主的形式恰好迎合美食主题，迎合时代潮流。“温情”是香港冬日美食嘉年华一直不变的经典主题，尤其是对于注重家族情感的香港人来说，不管什么时候，节假日都要和家人共享美食。所以，这样一个在年底举办的美食展会为众多家庭的集体出游、品尝、采购提供了很好的机会。

（4）适当的促销与减价对增加展会吸引力有巨大帮助。美食展之所以会成为一个类似全民娱乐的节日，是因为受通货膨胀、物价上涨影响的普通民众需要这样一个安全放心的地方来采购物美价廉的食材。对于普通民众来说，他们可以买到物超所值的食材，好好过一个节日；而对于参展的商家来说，薄利多销。显然，如果把蛋糕做大，那么收获就会更大，适当的让利带来的是更大的利润。

（5）丰富的内容与新颖的创意是展览的生命之源。美食嘉年华的本质甚至有点像农贸市场，但是每年都要有一个好玩的名头，这样才会留住老客户、吸引新观众。不断增加的参展商类型和每年新颖的创意吸引着众多观众与参展商。

实训导引

1. 实训任务：以小组为单位策划一次班级风采展。

2. 实训目标：

（1）掌握展览的前期准备工作。

（2）能够有效进行展览。

（3）能够准确地运用展览会的基本礼仪。

3. 实训步骤：

（1）按照班级当初确定的小组（4～8人），分组讨论后确定人员分工。

（2）拟定工作流程，进行资料收集和情景模拟。

（3）学生自评。

（4）老师总体点评。

4. 实训时间和地点：该任务在实训室完成。

5. 实训评价和反思：

任务单

组名		组员姓名	
工作程序指引及记录内容			完成的打“√”
1. 确定小组长	小组长姓名：		
2. 小组集体查阅资料	/		
3. 明确任务	/		
4. 组员任务分配	/		
5. 设计 PPT 及准备视频	/		
6. 根据小组分工，完成自己的任务	/		
7. 班级交流	展示人：		
8. 小组自我评价及反馈			
9. 个人加分点			/
写给老师的话			
指导教师评语		签名	

任务评价表

课程名称					
实训任务名称					
三方评价成绩					
评分项目	评分内容	配分	自评	小组评分	教师确认
明确任务获取信息	能有效利用图书馆资源、网络资源、教材等查找有效信息； 能用自己的语言有条理地去解释、表述所学内容； 能将查找到的信息有效运用到工作任务中。	10分			
感知任务制订计划	是否熟悉你的任务，认同工作价值； 是否具有执行力； 小组计划制订得是否合理、具可操作性。	10分			
实施任务	与教师、组员之间是否相互尊重、理解； 与教师、组员之间是否能够保持多向、丰富、适宜的信息交流。	10分			
	探究学习、自主学习不流于形式，处理好合作学习和独立思考的关系，做到有效训练； 能提出有意义的问题或能发表个人见解； 能按要求正确操作； 能够倾听、协作、分享。	10分			
	遵守实训任务要求，实训过程符合目标； 训练过程出勤情况和完成工作任务情况较好； 善于多角度思考问题，能主动发现、提出有价值的问题。	20分			

展示成果	在展示成果中考核小组工作计划、技能训练是否符合目标与要求； 是否获得了进一步发展的能力和创新能力； 是否有良好的语言表达能力。	10 分			
	在展示成果中发现学习者是否有发现问题、提出问题、分析问题、解决问题、创新问题的能力。	15 分			
评定反馈	按时按质完成实训任务； 较好地掌握了专业知识点； 具有较强的信息分析能力和理解能力； 具有较为全面严谨的思维能力并能条理明晰地表述。	15 分			
总分（100 分）					

评语	自我整体评价		学生签名
	小组整体评价		组长签名
	教师整体评价		教师签名

阅读必备

公关展览的类型

1. 综合性展览会和专题性展览会

这是按展览的内容划分的。综合性展览会要求内容全面，有一定的整体性和概括性，既要突出重点，又要照顾一般，力求给受众完整的印象。专题性展览会通常是围绕某一专题、某一专业或某类产品举办的展览会，它要求主题突出、内容集中、有一定的深度。如“园艺博览会”“物华天宝：台北故宫博物院精品展”都属于这一类型。

2. 贸易展览会和宣传展览会

这是按展览的性质划分的。贸易展览会通过实物展览做广告，以促进产品销售、开拓产品市场。这类展览会通常既“展”又“销”，如石狮服装贸易展览会等。宣传展览会通常是为了宣传某一观点、某一思想或某一地区、某一名人而举办的展览，如“改革开放三十周年成果展”“让档案为历史作证——日本侵略东北罪证展”。

3. 室内展览会和露天展览会。

这是按展览的场地划分的。室内展览会不受天气影响，举办时间比较灵活，可长可短，显得较为隆重，如科技展览会、家电展览会、手机展览会等。露天展览会设计比较简单，场地较为开阔，可放置大件展品，如汽车展览会、花卉展览会。

4. 微型展览会、小型展览会、大型展览会

这是按展览的规模划分的。微型展览会一般指商品橱窗展览和流动的展览。小型展览会规模较小，一般由组织自行举办，展出自己的产品，地点一般选择在各类建筑物的门厅，如图书馆、酒店的大厅、机场的候机室等。大型展览会规模大，参展项目多，展出布局比较复杂，需要很高的举办技术。

阅读链接

1. 张静容：《新编公共关系实务》，北京，北京大学出版社，2009。

2. http://www.fjsen.com/fujian/2008-06/14/content_506007.htm，福建省改革开放三十周年考古成果展。

3. http://www.cantonfair.org.cn/cn/，中国进出口商品交易会（广交会）。

任务三　公关新闻发布会

公关新闻发布会就是政府、企业和社会团体主动将各新闻机构邀请到一起，宣布具有一定社会影响和有新闻价值的信息。新闻发布会的规模可大可小。

案例阅读1

马航客机失联事件的信息发布

2014年3月8日凌晨1时20分，由马来西亚飞往北京的MH370航班与管制中心失去联系，机上共载有239人，其中，中国乘客154名。2点40分，马来西亚苏邦空中交通管制台证实航班失联。8时左右，马航发布航班失联官方消息。8日下午，马航召开发布会，却比预定时间推迟了两小时。发布会仅持续了5分钟，发布的仍是“失去联系”的消息，也未给记者提问的机会。主持人离场时，现场一片骚动，场外也是一片混乱。25日上午，乘客家属举着自制标语步行前往马来西亚驻华大使馆进行抗议。当天下午3点半，马来西亚驻华大使在丽都饭店参加家属说明会，家属对昨天马方宣布飞机坠海这一结果向马来西亚驻华大使提出质疑，大使表示现在无法回答。家属要求大使现场给马来西亚总理打电话询问，大使沉默，只称会转达问题。

资料来源：http://world.163.com/14/0308/08/9MQ5UOAQ00014OQQ.html.

案例点评

MH370航班失联后，马航和马来西亚政府不断否认、拖延、隐瞒真相。虽然多次召开新闻发布会，但是其沟通并未取得预期效果，反而使危机更加严重。

信息发布是新闻发布会中非常重要的环节，如果在这一环节出现问题，出现信息不对称或信息扭曲，就会带来不良影响。在新闻发布会上，对记者的提问，发言人应简明扼要地回答，不能答非所问、离题太远；所发布的消息应准确无误，发现错误应马上公开更正；对于不愿意发表的情况或机密情报，应解释原因；如遇到实在难以回答的问题，应首先表示歉意，然后告诉记者如何去获得圆满的答案，或请人代答，绝不能轻率地、漫不经心地说“无可奉告”，更不能反唇相讥、嘲弄对方；即使对方提出一些尖刻的问题，也不能激动发怒，应表现出良好的涵养，以冷静的态度予以反驳或澄清。

案例阅读2

可口可乐山西公司的“余氯门”事件

2012年4月16日，有媒体报道披露，可口可乐山西饮料公司员工向记者爆料，因管道改造，致使消毒用的含氯处理水混入公司9个批次价值约500万元的12万箱可口可乐产品中，目前部分产品已被当作合格产品销往市场。

在“余氯门”曝光后，可口可乐数度通过官方微博等渠道发布声明称，“我们出厂的所有产品都经过严格的质量保障体系的检验，符合国家有关质量的法律法规，是安全可靠的”，并表示所谓“公司内部信息”属无稽之谈。在否认问题的同时又指责媒体失实。山西省质监部门为此介入调查，最终认定媒体报道属实，并根据相关法律法规，对可口可乐山西公司做出了停产整改的处罚。

5月4日，可口可乐在事件原发地召开新闻发布会，就“余氯误入饮料”事件给消费者带来的担忧和顾虑道歉。可口可乐（山西）饮料有限公司董事苏燕表示，“余氯误入饮料”事件是由于个别员工操作失误，导致生产辅助用水进入到饮料生产用水中。同时，可口可乐强调，混入的并非“消毒水”，而是用来清洗饮料瓶内壁的包装清洗用水，也是合格的软化水，其水质符合世界卫生组织以及欧美各国的生活饮用水标准，可放心饮用。山西省有关部门出具的检测报告也显示，9个批次样品中游离余氯实测值均低于国家饮用纯净水卫生标准中规定的限量值。可口可乐公司科学与法规事务总监孙伟表示，反复的内部检测表明，含有微量余氯的可口可乐饮料“只是不符合口味指标，对人体并无安全影响”。

对于相关批次产品的善后处理，可口可乐公司表示可满足消费者提出的退换货要求，但是坚称“退换”并非召回。“符合食品安全标准的产品不存在召回的必要。我们实行退换货，是为了消除消费者的疑虑。”苏燕表示，即使是已经在市场销售的相关批次产品，也完全符合食品安全标准，不会对人体造成任何影响。“这不是一起生产事故。”对于此前封存在库未销往市场以及通过退换货收回的饮料，可口可乐公司将在质监部门监督下全部销毁。可口可乐大中华及韩国区总裁鲁大卫表示：“这都是安全产品，从某种意义上说这样做确实是一种浪费。”“但这样可以对外界有一个非常明确的交代，大家不用再有任何疑虑。”

此前有消息称，可口可乐公司对报料人进行调查，并删除了2月4日至8日期间全部电子邮件和相关生产记录，关键证人被安排带薪休假。对此，可口可乐回应说：“删除生产记录的事情绝对不存在，所有的生产记录已经提交给山西质监局调查组。”但是苏燕同时又称，删除工作邮件的事情的确存在，是因为“个别人”在明知公司要求全面透明配合调查的要求下，为了避免承担责任，删除了敏感时间段内的部分邮件；此后公司通过技术部门把删除的邮件恢复，主动提供给调查组。目前这几个员工已经被停职，而且将会受到非常严肃的处理。苏燕还表示，目前确实有员工带薪休假。“但这是从配合调查的角度出发，让个别员工暂时离开工作岗位配合调查。”鲁大卫透露，“余氯门”事件发生后，原任总经理已向公司递交了辞呈。他还表示，此事并未对可口可乐在华销售产生影响。苏燕还表示：调查需要一个过程，最初的声明确实没有写好，造成了媒体、公众的误解。

资料来源：http://news.qq.com/a/20120429/000520.htm.

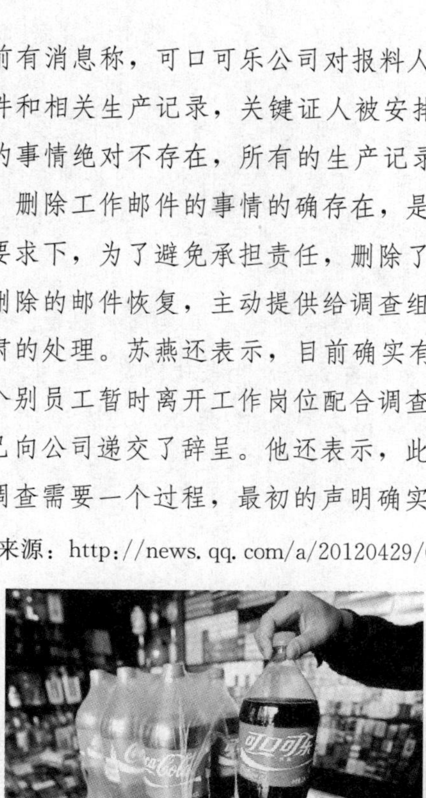

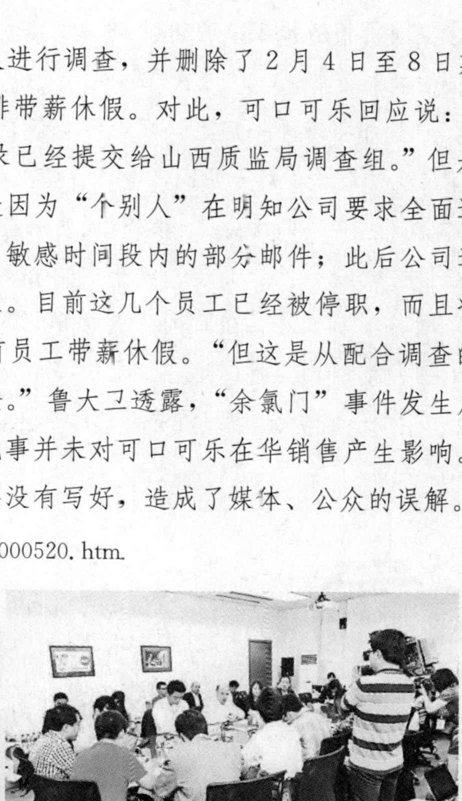

案例点评

新闻发布会应该做好以下准备工作：

（1）邀请记者。邀请记者的范围要根据会议的主题而定，如果事件影响仅限于一个地区，只邀请本地各媒体记者就可以了；如果事件涉及全国范围的广大公众，则必须邀请中央及地方各主要媒体的记者。不论在什么范围内邀请记者，有一个原则必须遵守，即对同一级的新闻单位要一视同仁，避免厚此薄彼。

（2）统一宣传口径。某一新闻发布到何种程度，召开新闻发布会前一定要在组织内部统一口径，以免因说法不统一，造成记者报道失实。

（3）选择主要发言人。新闻发布会的主要发言人一般应由组织的主要负责人担任，因为他熟悉组织的全面情况，说话有权威性。主要发言人要求头脑机敏，口齿伶俐，具有较强的语言表达能力。

（4）准备报道提纲和答辩要点。公关部门的负责人在会前要熟悉主要发言，并根据主要发言整理出报道提纲。报道提纲应包括主要发言的基本内容，并附有背景材料、有关资料、图表照片等。

（5）准备好会场。一定要认真选择会场，会场外部交通方便，环境干扰少。会场内气温适宜，座椅舒适，灯光明亮，电源设备充分，便于录音、录像和安装各种通信设备。

（6）会议主持人的准备工作。新闻发布会的主持人一般由公关部的负责人担任，主持人应当语言幽默、机智灵活、善于控制会场气氛。

（7）准备辅助工具。在新闻发布会前，要准备好各种辅助工具，如图表、幻灯片、照片、地图、模型、实物、录音、录像等，使新闻发布会产生最佳的宣传效果。

（8）安排好记者活动。在新闻发布会的前后，可安排记者参观、访问、摄影、摄像。

案例阅读3

德国“奔驰”新车新闻发布会

德国“奔驰”公司为其某款新车举办的新闻发布会，曾给记者们留下了深刻的印象：

一是规模与耗资巨大。有50多个国家和地区的1 200多名记者参加，仅仅为记者每天支出的住宿费就至少在180万元人民币。

二是材料全。有公司历史沿革、经营情况等的介绍，关于新车的材料、数据详尽，可供挑选的照片有二三百幅，有专门拍摄的一部专题影片，还有介绍情况的光盘等。

三是组织严密。第一天上午在公司总部报到，下午1点半首次举行30分钟的会议，介绍日程安排和新车的大致情况，中间穿插两段短片，给人形象、具体的感觉；下午2点，所有记者2～3人为一组，分别驾驶近百辆不同型号、性能、装饰的新车，从斯图加特市出发，沿着乡间公路，向160多千米外的乌尔姆市进发，让记者亲自尝试这种新车的创新性、安全性、舒适性等；晚上6点左右，各国记者驾车到达乌尔姆市，先参观新车展览，然后参加由奔驰公司首脑主持的新闻发布会；第二天早上8点，记者再驾车从另一条以高速公路为主的道路返回，中午到达斯图加特机场。

四是注意收集记者的反馈。奔驰公司注意抓住机会同记者交谈，当试车结束后，又邀请部分记者座谈。

五是服务细致。

资料来源：http://www.doc88.com/p-3864516312284.html.

案例点评

新闻发布是公共关系新闻传播的一种重要方式，即由政府、企业、团体向其外部公众传播具有一定社会影响和有新闻价值的信息，或者某个组织或个人为澄清某一事件真相而向社会作有关情况的介绍。记者招待会则有所不同，它不一定有新闻要发布，它的主要目的是和新闻媒介进行沟通。案例中的新闻发布会兼具记者招待会的性质。该新闻发布会具有如下特点：

第一，以隆重的形式向新闻界发布信息，给人以郑重其事的感觉。

第二，记者可就自己感兴趣的有关疑点、热点问题进行发问，能更深入地发掘新闻，有利于提高信息的质量和发布效果。

第三，创造了企业与新闻媒体双向沟通的机会，有利于融洽双方的关系。

案例阅读4

中国足球队记者招待会公关

1997年11月8日凌晨，世界杯亚洲区预选赛十强赛卡塔尔、伊朗之战终场哨响，预示着中国足球队新一轮冲击世界杯再次失利。以后的比赛，对中国队来说，仅仅具有形式上的意义。民众的疑惑、失望、愤恨、痛苦溢于言表，外在化、激情化的言辞、行动不断出现在各种媒体上。中国足球队的能力受到极大的怀疑，形象遇到前所未有的危机。

11 月 13 日，中国足球队在大连东方大厦举行记者招待会。足协常务副主席王俊生为主要发言人、国家体委宣传司司长何慧娴为主持人，教练组成员戚务生、金志扬、迟尚斌、陈熙荣，运动员代表范志毅、徐弘、区楚良等出席会议。何慧娴首先表达了中国足球队非常希望与新闻媒体见面，共同为中国足球会诊的真诚愿望。王俊生接着作长篇发言，分析此次失利的主要原因：判断出偏差，发挥欠稳定，战术组合需要尽快提高，关键时刻在关键位置上出现了技术失误。会上发布了中国足球队致全国球迷的一封公开信《擦干眼泪，奋起直追》。来自全国各地新闻单位的百余名记者参加了 2 小时的记者招待会。

资料来源：http://wenku. baidu. com/link? url=ZXbZOZXZU-mB9ocoqKf_.

案例点评

此次记者招待会在适当的时机和地点，精巧策划、周密准备，规范、稳妥、高超操作，达到了预期的解释疑惑、总结经验教训、指明未来发展方向、恢复球队形象、化解形象危机、缓和公众情绪、换取公众理解等综合目标，在广大社会公众的心目中留下了相当深刻的印象。

新闻发布会与记者招待会都是社会组织为有效地在公众中树立良好的形象而形成有利于自身发展的社会舆论所采取的传播工作方式，是企事业单位与媒介联系的一个重要渠道。但是两者还是有所不同的。新闻发布会有新闻要发布，记者招待会则不同，它不一定有新闻要发布，它的主要目的是和新闻媒介进行沟通。任何企业在与社会各界公众的交往中，都会遇到很多错综复杂的问题，如本单位与外单位发生了法律纠纷、企业受到了社会舆论的谴责等。这些问题发生之后，企业为了挽回影响并争取舆论界的支持，就有必要召开记者招待会。

新闻发布会与记者招待会的形式亦有一定的区别：新闻发布会往往是例行的，记者招待会一般是专题性的；新闻发布会侧重于发布新闻，发布者不一定需要回答记者的问题，记者招待会则以“答记者问”为主要特色，具有双向沟通的特点；新闻发布会可以由一般层次的公关人员实行，而记者招待会则需要较高层次的主管人员出席。

实训导引

1. 实训任务：模拟新闻发布会，以本地某著名企业为新闻发布单位，学生分角色扮演，全程实施。

2. 实训目标：

（1）掌握新闻发布会的基本议程。

（2）能够组织简单的新闻发布会。

（3）能够准确地运用新闻发布会的基本礼仪。

3. 实训步骤：

（1）按照班级当初确定的小组（4～8 人），分组讨论后确定人员分工。

（2）拟定工作流程，进行模拟演练。

（3）学生自评。

（4）老师总体点评。

4. 实训时间和地点：该任务在实训室完成。

5. 实训评价和反思：

任务单

组名		组员姓名	
工作程序指引及记录内容			完成的打“√”
1. 确定小组长	小组长姓名：		
2. 小组集体查阅资料	/		
3. 明确任务	/		
4. 组员任务分配	/		
5. 设计 PPT 及准备视频	/		
6. 根据小组分工，完成自己的任务	/		
7. 班级交流	展示人：		
8. 小组自我评价及反馈			
9. 个人加分点			/
写给老师的话			
指导教师评语		签名	

任务评价表

<table>
<tr><td colspan="2">课程名称</td><td colspan="5"></td></tr>
<tr><td colspan="2">实训任务名称</td><td colspan="5"></td></tr>
<tr><td colspan="7">三方评价成绩</td></tr>
<tr><td>评分项目</td><td colspan="2">评分内容</td><td>配分</td><td>自评</td><td>小组评分</td><td>教师确认</td></tr>
<tr><td>明确任务
获取信息</td><td colspan="2">能有效利用图书馆资源、网络资源、教材等查找有效信息；
能用自己的语言有条理地去解释、表述所学内容；
能将查找到的信息有效运用到工作任务中。</td><td>10 分</td><td></td><td></td><td></td></tr>
<tr><td>感知任务
制订计划</td><td colspan="2">是否熟悉你的任务，认同工作价值；
是否具有执行力；
小组计划制订得是否合理、具可操作性。</td><td>10 分</td><td></td><td></td><td></td></tr>
<tr><td rowspan="3">实施任务</td><td colspan="2">与教师、组员之间是否相互尊重、理解；
与教师、组员之间是否能够保持多向、丰富、适宜的信息交流。</td><td>10 分</td><td></td><td></td><td></td></tr>
<tr><td colspan="2">探究学习、自主学习不流于形式，处理好合作学习和独立思考的关系，做到有效训练；
能提出有意义的问题或能发表个人见解；
能按要求正确操作；
能够倾听、协作、分享。</td><td>10 分</td><td></td><td></td><td></td></tr>
<tr><td colspan="2">遵守实训任务要求，实训过程符合目标；
训练过程出勤情况和完成工作任务情况较好；
善于多角度思考问题，能主动发现、提出有价值的问题。</td><td>20 分</td><td></td><td></td><td></td></tr>
<tr><td rowspan="2">展示成果</td><td colspan="2">在展示成果中考核小组工作计划、技能训练是否符合目标与要求；
是否获得了进一步发展的能力和创新能力；
是否有良好的语言表达能力。</td><td>10 分</td><td></td><td></td><td></td></tr>
<tr><td colspan="2">在展示成果中发现学习者是否有发现问题、提出问题、分析问题、解决问题、创新问题的能力。</td><td>15 分</td><td></td><td></td><td></td></tr>
<tr><td>评定反馈</td><td colspan="2">按时按质完成实训任务；
较好地掌握专业知识点；
具有较强的信息分析能力和理解能力；
具有较为全面严谨的思维能力并能条理明晰地表述。</td><td>15 分</td><td></td><td></td><td></td></tr>
<tr><td colspan="3">总分（100 分）</td><td></td><td></td><td></td><td></td></tr>
<tr><td rowspan="3">评语</td><td>自我整体评价</td><td colspan="3"></td><td colspan="2">学生签名</td></tr>
<tr><td>小组整体评价</td><td colspan="3"></td><td colspan="2">组长签名</td></tr>
<tr><td>教师整体评价</td><td colspan="3"></td><td colspan="2">教师签名</td></tr>
</table>

阅读必备

新闻发布会的特点

（1）规格较高。新闻发布会的形式比较正规，规格较高，易于引起社会公众的广泛关注。

（2）二级传播。在新闻发布会上，组织将消息告知记者，再由记者所属的媒介将信息告知公众，是一种二级传播方式。

（3）传播迅速。新闻发布会借助记者将组织的信息传播给社会公众，由于传播媒介先进，传播迅速。

（4）沟通活跃。在新闻发布会上，记者可从自己感兴趣的角度进行提问，沟通活跃。

新闻发布会的过程

（1）签到。在接待站设签到处，最好由组织的一个主要人物出面迎宾，既显得有礼貌，又可以沟通感情。

（2）发放资料。在发布会正式开始前，要将准备好的资料分发下去，使记者对相关情况有一个粗略的了解，以便他们在主持人发布信息时对会议主题有更进一步的认识和理解。

（3）会议开始。由主持人说明召开新闻发布会的目的，所要发布的消息和有关情况的介绍、说明，然后由发言人再就信息的内容作详细、生动的讲述。

（4）答问。发言人答记者提问。此过程是新闻发布会最重要的一个部分，发言人应就记者的提问进行认真、清晰的回答，给公众树立一种亲和而真诚的形象。当发布会接近尾声时，主持人应提醒记者“下一个问题是最后一个问题了”。

（5）结束。发布会结束时，工作人员应站在门口，以笑脸相送，感谢对方的光临，为以后更好地合作打下良好基础。

新闻发言人

新闻发言人的职责是在一定时间内就某一重大事件或时局的问题，举行新闻发布会，发布有关新闻或阐述本部门的观点和立场，并代表有关部门回答记者的提问。国家、政党、社会团体往往任命或指定专职新闻发布人员，比较小的部门则任命或指定兼职新闻发布人员，一般由该部门中层以上的负责人担任。在企业中，新闻发言人一般是由CEO、分管宣传的副总或者公关部经理来担任，其中由CEO担任新闻发言人的情况占多数。上市公司则由董事会秘书担任新闻发言人。

阅读链接

1. 曾琳智：《新编公共关系学》，上海，上海财经大学出版社，2009。

2. http://pic.cnr.cn/pic/nativepic/20150129/t20150129_517569753.shtml，马航MH370事件全景回顾。

3. http://food.nmgnews.com.cn/system/2012/05/08/010764280.shtml，可口可乐山西公司“含氯门”事件追踪。

4. http://travel.163.com/14/0226/10/9M0JU5GQ00064L1L.html，德国奔驰品牌打造高端旅游“奔驰旅游”。

任务四 公关庆典活动

一位公关专家曾说：“实际上没有一天、一周、一月、一年是没有特殊事件可供纪念的，而历史上的任何事件都有它的一周年、十周年、一百周年……都是值得纪念的。”的确，对于一个组织来说，有许多值得纪念的日子，如周年纪念、开业典礼、奠基典礼等。公关庆典活动是社会组织为庆祝某一重大事件而举行的一种公共关系活动。由于举办庆典活动可以向社会宣传组织的存在与发展，为组织创造良好的形象，因此，许多组织都非常重视这一活动。

案例阅读1

IBM公司的“金环庆典”活动

美国IBM公司每年都要举行一次隆重的庆功会，对那些在一年中作出过突出贡献的销售人员进行表彰。这种活动常常是在风光旖旎的地方，如百慕大或马霍卡岛等地进行。对3%的作出了突出贡献的人所进行的表彰，被称作“金环庆典”。在庆典中，IBM公司的最高层管理人员始终在场，并主持盛大、庄重的颁奖酒宴，然后放映由公司自己制作的表现那些作出了突出贡献的销售人员工作情况、家庭生活，乃至业务爱好的影片。

在被邀请参加庆典的人中，不仅有股东代表、员工代表、社会名流，还有那些作出了突出贡献的销售人员的家属和亲友。整个庆典活动都被录制成电视（或电影）片，然后被拿到IBM公司的每一个单位去放映。

IBM公司每年一度的“金环庆典”活动，一方面是为了表彰有功人员，另一方面也是企业员工联络感情、增进友情的一种手段。在庆典活动中，公司的主管同那些常年忙碌、难得一见的销售人员聚集在一起，彼此毫无拘束地谈天说地，在交流中，无形地加深了心灵的沟通，尤其是各公司主管当面表达的表示关心的话语，常常能使那些在第一线工作的销售人员“受宠若惊”。正是在这个过程中，销售人员更增强了对企业的“亲密感”和责任感。

资料来源：http://www.docin.com/p-213023635.html.

案例点评

IBM 公司的“金环庆典”活动属于企业内部的公共关系活动，它对企业公共关系的发展有着极其重要的现实意义。

第一，它可以增强企业内部的凝聚力与向心力。通过庆典活动，让对企业有功的人员亲身感受到企业高层主管对他们工作、学习、家庭及个人发展的关心，感受到企业大家庭的温暖。这样做可以使公司员工更多地联络感情、增进友情，协调企业内部的人际关系。

第二，它可以使员工家庭和睦。为企业作出突出贡献的销售人员的家属、亲友也被邀请参加庆典活动，这会使受表彰者的家属更多地了解自己的亲人在工作中的表现，使其家属在以后的工作中更多地支持亲人的工作，使之多一份理解与关爱，从而保证这些家庭的和谐气氛。

第三，它可以提高企业员工的积极性。在这样的庆典活动中，接受表扬者会产生一种继续奋发向上、为企业多作贡献的决心。同时也会鼓励更多的员工努力工作。在这种企业氛围中，员工们会处处为企业着想，在工作中表现出良好的员工形象，进而展示出企业的风格。

第四，它可以使企业的社会效益和经济效益得到同步增长。企业员工热爱自己的企业，以企业为荣，会自觉地为企业树立良好的形象，这样会使企业在社会公众心目中树立良好的形象。例如，人们会认定 IBM 公司是一个有文化的公司、关爱社会的公司，这样 IBM 公司的社会效益最终会转化为企业的经济效益，因为人们认定，拥有良好形象的企业一定会生产出优质的产品和提供优质的服务，进而愿意购买这样的企业生产的产品。

案例阅读 2

庆典策划套路

1. 开幕仪式

［场地］依照常规，举行开幕式需要较为宽敞的活动空间，所以门前广场、展厅门前、室内大厅等处，均可用作开幕仪式的举行地点。

［流程］开幕仪式的主要程序共有六项：

第一项，宣布仪式开始，介绍来宾。

第二项，邀请嘉宾揭幕或剪彩。揭幕的具体做法是：揭幕人行至彩幕前，礼仪小姐双手将开启彩幕的彩索递交揭幕人。揭幕人目视彩幕，双手拉动彩索，令其展开彩幕。全场目视彩幕，鼓掌并奏乐。

第三项，在引导下，全体到场者依次进入幕门。

第四项，致词答谢。

第五项，来宾代表发言祝贺。

第六项，参观。开始正式接待顾客或观众，宣告对外营业或对外展览开始。

2. 开工仪式

[场地] 依照惯例，开工仪式大都在生产现场举行。

[着装] 除司仪人员按惯例着礼仪服装以外，东道主一方的全体职工均应穿着干净整洁的工作服出席仪式。

[流程] 开工仪式的常规程序主要有五项：

第一项，宣布仪式开始，介绍各位来宾。

第二项，在司仪的引导下，本单位的主要负责人陪同来宾行至开工现场肃立。

第三项，正式开工。请职工代表或来宾代表来到开工项目旁，首先对其躬身施礼，然后再动手启动。全体人员此刻应鼓掌致贺，并奏乐。

第四项，全体职工各就各位，上岗进行操作。

第五项，在主人的带领下，全体来宾参观生产现场。

3. 通车仪式

[场所] 举行通车仪式的地点，通常为公路、铁路、地铁新线路的某一端，新建桥梁的某一头，或者新建隧道的某一侧。

[布置] 在现场附近，以及沿线两旁，应当适量地插上彩旗、挂上彩带、悬挂横幅。进行“处女航”的汽车、火车或地铁列车应被重点装饰。在车头之上，一般应系上红花。在车身两侧，可酌情系上彩带，并悬挂醒目的大幅宣传性标语。

[流程] 通车仪式的流程一般有六项：

第一项，宣布仪式开始，介绍来宾。

第二项，奏国歌。

第三项，主办方致词。其主要内容是，介绍即将通车的新线路、新桥梁或新隧道的基本情况，并向有关方面致谢。

第四项，来宾代表致词祝贺。

第五项，正式剪彩。

第六项，首次正式通行。届时，宾主及群众代表应一起登车而行。主办方所乘坐的车辆行进在最前方开路。

案例点评

公关庆典活动种类繁多，这里以开幕、开工、通车三类庆典为例，提供相关的庆典策划套路。公关庆典的形式不复杂，用时也不多，但要办得热烈隆重、丰富多彩，给人留下强烈而又深刻的印象并不是容易的事。这就要求公关人员既要有热情的举止，又要有冷静的头脑；既要善于鼓动，又要指挥有序。

案例阅读3

清华大学建校100周年纪念

2011年4月24日，清华大学迎来了建校100周年纪念日。海内外50 000名清华学子重回母校，追忆青春岁月。为此，中国邮政还发行了《清华大学建校一百周年》纪念邮票1枚，面值1.2元。4月23日，《清华大学建校一百周年》邮票首发仪式在清华大学大礼堂举行。服务于清华大学的清华大学邮局也迎来了建局一百周年。作为原地邮局，为满足校友收藏愿望，设立邮品专柜，特别推出了《清华百年集邮护照》，并从4月22日至4月24日陆续推出了6款纪念戳，分别为4月22日的清华东操场纪念戳，4月23日的清华主楼纪念戳，4月24日的人民大会堂、清华大礼堂、新清华学堂、百年校庆戳中戳纪念戳，以戳印这种特殊方式记载下清华大学百年的荣耀。

资料来源：http://www.jcang.com.cn/goods-123422.html.

案例点评

庆典活动是现代组织公关策划的重要工作方式之一，活动因策划者的创意不同、组织的需求点不同而形式有诸多不同。清华大学策划的这一精彩庆典活动因历史与现实结合、纪念与弘扬并举而令人瞩目。

案例阅读4

“上帝”剪彩与同庆生日

“上帝”剪彩： 青岛星火家具大世界开业之际，举行了一场别开生面的开业仪式。开业仪式上，既听不到震耳欲聋的鞭炮轰鸣，也看不到成群结队的领导光临，伴随阵阵悠扬悦耳的军乐声，商店工作人员向在场的第一批顾客散发了20束鲜花，然后由得到号码8、18的两位顾客为公司剪彩。此时此刻，此情此景，让人们感到顾客就是“上帝”已不再仅仅是商店里装点门面的标语条幅。

同庆生日： 长沙友谊华侨公司于1990年11月中旬开始进行店堂装修，营业面积扩大四百多平方米，商品品种增加二百余种，准备在1991年元旦重新开业。但有一件事却让该公司总经理为难，焕然一新的“友华”怎样才能吸引更多的顾客呢？深夜12点钟了，

他还无法入睡，随手翻起床头的一本《国外营销术》，突然看到一篇谈营销主体如何通过贴近顾客的方式来促进销售的文章。在他的脑子里迸发出灵感的火花，能不能用“友华”的名义请长沙市区内在历年元旦这天出生的人在开业的这一天到店里来过生日？第二天，公司同仁听经理谈了这个想法后，都认为这是一个新招。于是他们赶制了一批精巧的生日纪念卡和小礼品，接着在报纸和电视上打出广告，邀请市内历年元旦出生的人趁“友华”重新开张之际，来店同庆。

开业那天，过生日的顾客怀着兴奋的心情手持户口簿排队领取生日礼品，他们三五成群而来，吸引了不少过往行人。没过多久，店里就挤得水泄不通。一位81岁高龄的老人闻讯后高兴地说：“我活了81年，从来没有看到过商店为顾客过生日的，今天看到了。”

他特地让60岁的儿子到店里代他受喜。花甲老人替父亲领了生日纪念品后，又被琳琅满目的商品所吸引，边看边买，出店时，大包小盒提了一大堆。下午两点钟，一名男士手持医院证明来到店里，说他女儿当天上午10点钟降生。总经理代表公司向他表示祝贺，并向他女儿赠送礼品。他激动地说："你们给顾客带来了生日的乐趣，把'友华'的美好情意送到了顾客心里。"到下午5点钟，共发出生日礼品千余份，而商店的客流量已超过20万人次，销售额达100万元，相当于过去日平均数的十几倍，创该店历史上的最高纪录，并为以后扩大销售奠定了良好基础。

资料来源：http://www.docin.com/p-988402369.html.

案例点评

商店开业仪式，人们司空见惯的做法是：领导光临，执剪剪彩。但是青岛星火家具大世界和长沙友谊华侨公司的做法却别具一格，前者是请两位普通顾客剪彩，后者则与顾客同庆生日。此番举措，不同凡响，公关效果极佳。

第一，出奇制胜，先声夺人。出奇制胜，虽是兵家常用的战术，其实同样适用于生意人。它是商业企业在激烈的市场竞争中争取主动、夺取胜利的方法之一。在争夺市场的过程中，许多有经验的经营管理者绞尽脑汁想出许多新颖出奇、匠心独具的经营妙计，在竞争中一举成功。青岛星火家具大世界请"上帝"剪彩，实属一奇；长沙友谊华侨公司与顾客同庆生日，又属一奇。因为奇得巧妙、奇得有理，也就能先声夺人。由于两家商店的做法是前所未有的新鲜事，所以顾客的关注热情及谈论兴趣自然非同一般，新闻媒介也乐意宣传报道，便于形成一定的舆论震动波，使商店迅速树立起良好的社会形象。

第二，博取信赖，争取人心。商场如战场，得人心者得天下。要想在竞争中站住脚，必须先取得顾客的信任、理解和支持。无论是"上帝"剪彩还是与顾客同庆生日，这都是在用实际行动表明"顾客就是上帝"不是一张空头支票。这种对顾客的感情投资，自然会使顾客产生一种好感、一种认同心理，拉近了顾客与商店的距离。商店占有了顾客的心，也就真正拥有了顾客，拥有了市场。

总之，公关庆典活动的策划设计和制作应当体现新奇的创意，突出活动的艺术性，才能让人记忆深刻。而且，要加强公关庆典活动的新闻性。新闻媒体对庆典活动的反应是衡量活动成功与否的标尺，因此努力争取新闻媒体广泛宣传报道，使庆典活动本身具有新闻价值极其重要。

实训导引

1. 实训任务：以庆祝某一饭店成立 10 周年为主题，撰写庆典活动方案。

2. 实训内容：请根据庆典的类型进行有创意的策划。

3. 实训目标：

（1）培养学生运用庆典策划的能力。

（2）掌握庆典活动策划的方法和程序，学会撰写相关文案。

（3）培养团队精神，学会互相合作，共享实训成果。

4. 实训步骤：

（1）按照班级当初确定的小组（4～8 人为一组），以小组为单位做调查。

（2）拟定工作流程及时间、人员安排。

（3）小组成员分工合作，开展调查及相关文案的撰写。

（4）小组成员讨论并确立本组策划方案。

（5）各组课堂交流策划方案。

（6）教师进行现场点评。

5. 实训时间和地点：该任务课外完成，下次课开篇进行展示分享，如果确实能找到一个商家合作，展示时间可以延长。展示时间控制在 15～20 分钟，评价反思在 10 分钟以内。收集资料、拍摄照片或视频材料需要相关实训室或校内相关场地，任课老师协助申请。

6. 实训评价和反思：

任务单

组名		组员姓名	
工作程序指引及记录内容			完成的打“√”
1. 确定小组长	小组长姓名：		
2. 小组集体查阅资料或进行市场“侦查”	/		
3. 明确任务	/		
4. 组员任务分配	/		
5. 设计 PPT 及准备视频	/		
6. 根据小组分工，完成自己的任务	/		
7. 班级交流	展示人：		
8. 小组自我评价及反馈			
9. 个人加分点			/
写给老师的话			
指导教师评语		签名	

任务评价表

<table>
<tr><td>课程名称</td><td colspan="5"></td></tr>
<tr><td>实训任务名称</td><td colspan="5"></td></tr>
<tr><td colspan="6">三方评价成绩</td></tr>
<tr><td>评分项目</td><td>评分内容</td><td>配分</td><td>自评</td><td>小组评分</td><td>教师确认</td></tr>
<tr><td>明确任务
获取信息</td><td>能有效利用图书馆资源、网络资源、教材等查找有效信息；
能用自己的语言有条理地去解释、表述所学内容；
能将查找到的信息有效运用到工作任务中；
能对附近进行相关市场“侦查”。</td><td>10 分</td><td></td><td></td><td></td></tr>
<tr><td>感知任务
制订计划</td><td>是否熟悉你的任务，认同工作价值；
是否具有执行力；
小组计划制订得是否合理、具有可操作性。</td><td>10 分</td><td></td><td></td><td></td></tr>
<tr><td rowspan="3">实施任务</td><td>与教师、组员之间是否相互尊重、理解；
与教师、组员之间是否能够保持多向、丰富、适宜的信息交流。</td><td>10 分</td><td></td><td></td><td></td></tr>
<tr><td>探究学习、自主学习不流于形式，处理好合作学习和独立思考的关系，做到有效训练；
能提出有意义的问题或能发表个人见解；
能按要求正确操作；
能够倾听、协作、分享。</td><td>10 分</td><td></td><td></td><td></td></tr>
<tr><td>遵守实训任务要求，实训过程符合目标；
训练过程出勤情况和完成工作任务情况较好；
善于多角度思考问题，能主动发现、提出有价值的问题。</td><td>20 分</td><td></td><td></td><td></td></tr>
<tr><td rowspan="2">展示成果</td><td>在展示成果中考核小组工作计划、技能训练是否符合目标与要求；
是否获得了进一步发展的能力和创新能力；
是否有良好的语言表达能力。</td><td>10 分</td><td></td><td></td><td></td></tr>
<tr><td>在展示成果中发现学习者是否有发现问题、提出问题、分析问题、解决问题、创新问题的能力。</td><td>15 分</td><td></td><td></td><td></td></tr>
<tr><td>评定反馈</td><td>按时按质完成实训任务；
较好地掌握专业知识点；
具有较强的信息分析能力和理解能力；
具有较为全面、严谨的思维能力并能条理明晰地表述。</td><td>15 分</td><td></td><td></td><td></td></tr>
<tr><td colspan="2">总分（100 分）</td><td></td><td></td><td></td><td></td></tr>
<tr><td rowspan="3">评语</td><td>自我整体评价</td><td colspan="2"></td><td colspan="2">学生签名</td></tr>
<tr><td>小组整体评价</td><td colspan="2"></td><td colspan="2">组长签名</td></tr>
<tr><td>教师整体评价</td><td colspan="2"></td><td colspan="2">教师签名</td></tr>
</table>

阅读必备

公关庆典活动的类型

（1）节庆典礼。指围绕重大节日和纪念日举行的庆祝活动。一类是公共节日，如国庆、元旦、春节等，另一类是一些纪念日，如企业成立周年纪念日等。这类庆典活动一般是定时举行。

（2）开业典礼。指组织机构成立、企业开始正式营业时隆重举行的庆祝仪式。这类典礼的目的是扩大宣传，树立组织机构的形象。同时，开业典礼可以衍生出分店开业典礼、专卖店开业典礼等。当然，开业典礼的变化也可以是开学典礼或开班典礼等。

（3）庆功典礼。指根据组织或成员获得某项荣誉，取得某些重大业绩、重大进展而举行的庆祝活动。如某轿车厂“第 100 万辆轿车下线”、某电视机厂“超大屏幕数字电视机开发研制成功”等。

（4）奠基典礼。奠基典礼是指重大工程项目如楼宇、道路、桥梁、河道、水库、电站、车站等建设项目正式开工时，举行破土动工的仪式。这类庆典起庆祝性、纪念性作用。

（5）竣工典礼。指某一工程项目建成完成时举行的庆贺型仪式，包括建筑物落成、安装完成、重大产品成功生产等。这类典礼一般在竣工现场举行。

（6）通车典礼、通航典礼。通车典礼是指重大交通项目如公路、铁路、地铁、桥梁、隧道等，在正式交付使用前举行的庆祝活动。通车仪式又叫开通仪式。通航典礼，又称首航仪式，是指飞机、轮船正式开通一条新航线时举行的庆祝活动。

庆典活动方案的制定

庆典活动要取得成功并收到预期效果，就必须对庆典活动进行认真的策划和严密的组织，并将搜集获得的材料正确地使用到活动方案中。

1. 庆典活动方案的内容与审批

（1）方案内容：每一个庆典活动，必须制定一个活动方案，包括典礼的名称、规格、规模、邀请范围、时间地点、典礼形式、基本程序、接待人、筹备工作、经费安排等。

（2）方案审批：庆典活动要遵守国家有关规定，重大庆典活动一般要报上一级机关审批，如县一级举办重大庆典活动，要报市委、市政府审批并报省委、省府办公厅备案。其他庆典活动要经有关领导审批。

2. 庆典活动方案的结构

庆典活动方案一般要根据活动主办方的要求，进行策划和撰写。在通常情况下，一份完整的庆典活动方案的结构，包括前言、背景分析、确定邀请对象、流程安排、物质准备等。在有些采用商业手段进行操作的庆典活动中，还包括庆典赞助商要求及赞助汇报。

（1）前言。包括背景介绍、庆典目的以及活动时间、地点、人物等。主要是以简短的文字介绍此次活动的动机，说明并介绍庆典公司或庆典承办方自身服务的特色和优势。

（2）背景分析。针对庆典活动的内容以及客户、对象等进行相关的背景分析。目的在于使客户了解到庆典活动策划内容的依据，并且了解到庆典公司或庆典承办方对市场环境、公关内容等的掌握程度。

（3）确定邀请对象。庆典活动要邀请有关领导、知名人士、行业及社区公众代表、新闻记者参加。邀请对象一般是各界代表、与活动主题相关的有关人士。一旦确定邀请对象，应当及早发出邀请，准确掌握来宾情况。

(4) 流程安排。庆典程序要合理安排。一般流程包括：重要来宾留言、题字；主持人宣布活动开始；奏国歌或奏乐；介绍重要来宾；领导人致辞和来宾代表讲话；剪彩、参观活动等。有时还安排座谈、宴请、文艺节目等活动。

(5) 物质准备。庆典活动的物质准备主要包括活动物质的准备以及活动现场布置，其中以活动现场布置为主。现场布置一般包括音像设备、横幅、标语、彩旗、鲜花、气球等。需要剪彩的，还要准备缎带、剪刀、手套、托盘。在策划文案中，对现场布置要简洁明了，后期再加以情景描述或使用效果图进行说明。

(6) 礼宾礼仪。要安排专门的礼宾接待人员和专门的接待室，以便在庆典活动正式开始前让来宾休息、交谈。要有专人引导入场、签到、留言、剪彩等。重要来宾的接待，要由有关负责人亲自完成。

(7) 人员分工。在制定庆典活动方案的时候，要明确主办方、承办方、协办方及其相应的任务。对于大型的活动，可通过组成不同的小组，分解工作。

阅读链接

1. 胡锐主编：《现代公共关系案例评析》，杭州，浙江大学出版社，1994。
2. 张静容：《新编公共关系实务》，北京，北京大学出版社，2009。
3. http://www.qizhi88888.com/fuwu/qingdian/kaiyeqingdian/。

任务五　公关参观活动

公关参观，是将组织内部有关场所和业务流程向社会公众开放，组织公众实地参观、考察，以便用事实说服公众的活动。公关参观的目的是增加组织的透明度，扩大组织的知名度，争取获得公众的理解和支持。它是增进组织与社会公众之间的联系与了解的手段之一，是经常性的公关活动。

案例阅读 1

都是“核”惹的祸

1986 年 2 月 5 日，英国塞勒菲尔德核反应厂发生了一次非常严重的事故，引发了一场严重的危机。事后，该核燃料公司花费200万英镑进行广告宣传活动，并邀请公众参观塞勒菲尔德核反应厂的展览中心。通过向社会公众开放核反应厂，接待社会公众的参观、质问，提高企业的透明度，重新获得了公众的支持。

在苏联切尔诺贝利核电站发生了核问世以来最大的核泄漏事故并造成人员伤亡后，香港各界纷纷对广东大亚湾核电站表示忧虑，担心该核电站对香港造成潜在的危险。也有部分人提出抗议，要求停建大亚湾核电站。舆论风起云涌时，广东大亚湾核电站向香港市民开放厂区，组织香港代表参观核电站，现场介绍安全情况，结果风波很快就平息了。

夏令营学员参观大亚湾核电站的核岛模型

资料来源：http://news.163.com/11/0324/19/6VUDQU5H00014JB6.html.

案例点评

由于公众不了解组织的生产情况与安全系数，造成公众与核企业之间剑拔弩张的局面。在开放参观的有效沟通下，核企业掀起“蒙娜丽莎”的面纱，让公众实地考察核企业，正所谓“耳听为虚，眼见为实”，双方的隔阂顿时消失了。这就是开放参观给组织所带来的实际公关效应。

案例阅读2

伊利工厂的开放之旅

2013年4月6日，趁“两会”刚刚落下帷幕之际，中国乳制品龙头企业伊利集团宣布，将响应中央议案，全面启动“伊利工厂开放之旅”活动，让消费者深入了解乳制品生产工艺，同时接受社会各界人士的监督。

“伊利工厂开放之旅”的活动有三大亮点，即“全年”“全国”“全民”。

“全年”——从时间上看，参观活动自4月6日起启动，将持续贯穿2013年全年。

“全国”——从地域上看，北至黑龙江肇东，南至广东佛山，西起宁夏吴忠，东到江苏苏州，本次开放的伊利工厂基本实现了全国性覆盖。

“全民”——全国各地的消费者只需上网搜索“参观伊利”，或登录伊利官网按照页面提示，选择距离最近的伊利工厂，简单几步即可完成预约。伊利公司将在工厂所在城市或临近城市，为每一位愿意走进伊利的消费者提供免费接送班车及全程专业讲解，打造更好的消费者体验。

在首日的“伊利工厂开放之旅”活动中，旅程的亲切和伊利生产工艺的严谨，都给参观者留下深刻的印象。通过讲解员的专业讲解，记者了解到，伊利在产品的生产过程中，引进了国际领先的设备，采用先进的机械化挤奶技术。在原奶运输环节中，全程采用GPS监控，确保牛奶安全到厂。整个生产环节，采用真空灌装技术，确保全程无菌、密闭。此外，活动当天还有一位特殊的消费者来到伊利工厂，她就是伊利品牌代言人、著名女子网球运动员李娜。在活动现场，李娜变身“导游”，亲自带领来自全国的热心消费者走进伊利。现场参与的消费者普遍反映，在“零距离”接触过程中，一些细节让人倍感宾至如归。特别是工厂内每一位伊利员工的微笑和问候，专业讲解员的一路陪同和细致入微的解说，都让他们感觉到作为“公众质监员”，已经成为伊利大家庭的一分子。

资料来源：http://baike.baidu.com/link? url=.

案例点评

“伊利工厂开放之旅”活动让亲眼看过伊利的生产工艺的老百姓放心，而将普通消费者请进家门，也让消费者感觉到企业的亲切，能够为伊利赢得信任和尊重。

“伊利工厂开放之旅”活动以务实获得信任，靠开放寻求发展——也正是“两会”上国家领导人对中国经济提出的新要求。伊利主动回应中央决策，率先自律，给出了乳制品行业龙头的态度：坚实的品牌底蕴通过实干得来，行业公信力要通过卓越的产品品质树立。

案例阅读3

浓情十月，烟台酒乡——张裕·卡斯特酒庄体验之旅

2011年10月15日，一百多名游客参与了开创国内先河的烟台张裕·卡斯特酒庄体验

之旅。该活动以游客亲身体验无穷乐趣的“评选首位张裕·卡斯特酒庄公主”以及“承继欧洲葡萄酒庄传统文化”为主要特点，打造一个全新的葡萄酒经典文化旅游路线。整个庆祝丰收活动历时一天，共分四个充满新意的主要环节。

游客在工作人员的指导下穿戴工作服，在酒庄葡萄园专门划出来的采摘区里使用专用剪刀亲手摘下著名酿酒葡萄品种蛇龙珠，装满每人一个的竹篮。随后游客在酒庄的“葡萄酒手工作坊”里，使用专门的小木盆以手破碎葡萄，将葡萄汁连皮带籽倒入发酵瓶，加入化学制剂，塞入瓶塞，填写个人资料卡；最后设计个性化瓶标，就可于两个月后通过快递获得。

“酒庄公主娇姿展”是庆祝丰收活动的高潮所在。活动邀得2004年度世界模特大赛的全球赛区季军、中国赛区亚军黄峥以及全球赛区亚洲小姐王贝贝等六位著名模特作为张裕·卡斯特公主的候选，表演欧洲传统庆祝活动——在一个直径2.5米、高1米的大木盆里脚踩葡萄，并主持2012年霞多丽新酒启封仪式。最后在葡萄酒知识问答比赛及才艺表演之后，获得游客最多花环的荣得公主称号。

参与这次体验之旅的游客反应热烈，表示这是在国内难得一见的完全体现欧中葡萄酒文化融合的旅游活动，采摘葡萄及自酿新酒的环节充满新鲜感，令他们对葡萄酒文化有了更深刻的认识，特别是参与首个葡萄酒公主的评选活动是他们最为特别的体验。

资料来源：http://news.ifeng.com/history/zhongguojindaishi/special/bainianjiujiao/ziliao/detail_2011_08/17/8471034_0.shtml.

张裕·卡斯特酒庄

张裕百年地下大酒窖

案例点评

开放活动就是利用公众到组织内部进行参观访问的机会，传递信息，增加公众对组织好感的活动。山东张裕葡萄酒厂，利用秋高气爽的季节，开放组织，邀请公众到企业内部参观，参加各种活动，了解葡萄酒的生产过程，增加对于葡萄酒的了解，为将来扩大销售奠定了基础。同时，通过生动活泼的文艺活动，使消费者感受到企业对他们的关爱，从而达到提高企业知名度和美誉度的目的。在这次开放组织的活动中，张裕葡萄酒厂采用的公关技巧包括：

(1) 活动目标明确，主题突出。葡萄酒在西方世界非常流行，是人们佐餐的必备饮品。但是国人对于葡萄酒的了解相对较少，所以葡萄酒的销量与中国的人口很不成比例。张裕酒厂的活动，目的就是通过让公众亲身参加葡萄的采摘，参观葡萄酒的酿造过程，增加有关葡萄酒的知识，培养潜在的消费者。

(2) 选择恰当的时间。每年十月正是葡萄收获的季节，葡萄园内的风光本身就是一道风景线，具有天然的旅游价值。在十月选一个双休日，使公众有条件来酒厂参观，参加与葡萄酒有关的各项活动。如果换一个时间举办这样的活动可能效果就会差多了。

(3) 活动组织得丰富多彩。如果仅仅是参观葡萄酒的生产过程，难免会使开放组织缺乏趣味性。而在参观的过程中，让公众自酿葡萄酒，并且写上个人资料，等酒酿好后再寄给消费者，使公众可以品尝自己酿造的葡萄酒，别有风味。特别是“酒庄公主娇姿展”和评选酒庄公主的活动，既让公众欣赏了亚洲名模的表演，又让公众自身的才艺得到展示，可以给公众留下深刻的印象。

实训导引

如果有一个食品企业接受公众参观，企业应该进行哪些准备工作。

1. 看谁最先写完。
2. 抢先和大家分享。
3. 根据实训评价表给予打分：

抢先答（10 分）		内容（80 分）		表达（10 分）		总分	
评语	自我评价			学生签名			
	其他同学评价			同学签名			
	教师评价			教师签名			

阅读必备

公关参观的组织与实施

(1) 确定目的和主题。任何一次参观都要明确此次参观出于什么目的、将达到什么样的效果、会给公众留下什么印象。常见的主题有六个方面：强调本组织先进的工作环境；

强调本组织优良的技术与设备；强调本组织独创的新产品、新发明；强调本组织卓越的业绩和突出的贡献；强调本组织现代化管理水平；强调本组织的企业精神、企业文化。

（2）选定参观时间。开放参观的时间最好安排在一些特殊的日子，如周年纪念日、节日等。不但要考虑开放参观的时间，也要考虑整个参观活动所需的时间。

（3）安排参观路线。提前设计好参观线路，制作参观示意图，划分开放区与非开放区，布置相关的警戒线，防止出现不必要的麻烦和事故。

（4）做好宣传工作。为了充分展示组织的信息，应事先准备好文字资料和电子资料，编印一份简单易懂的说明书或宣传资料，或者编印纪念册、宣传画册、宣传袋，分发给参观者。

（5）做好接待工作。提供礼节性服务是做好参观工作的关键。对参观者应热情周到，提供方便。同时，企业有些安全防范的要求，要事先告知参观者。

公关参观的程序

举行欢迎仪式→介绍组织历史与现状→发放参观说明书→说明参观路线与注意事项→由接待人员带队参观→举行联欢或座谈→安排照相、发放纪念品。

阅读链接

1. 张静容：《新编公共关系实务》，北京，北京大学出版社，2009。

2. 周朝霞主编：《公共关系实务》，北京，北京邮电大学出版社，2014。

3. http://blog.sina.com.cn/s/blog_875c6b080102xh7j.html，记一次简单的伊利参观旅行。

项目五
公共关系危机管理与处理

危机的发生往往带来极大的损失，造成一定的破坏性，而那些影响政治、经济和社会等各层面的危机就成为公共关系各个类型的危机。如何在危机到来之前进行防范，如何在危机到来时科学合理地处理危机和降低损失，如何在危机结束后总结经验，以预防和避免类似的危机，这一系列的问题成为公共关系危机研究的课题。有人将公关人员比喻成消防员，这说明在公共关系危机管理与处理的环节，公共关系工作人员起着“灭火”这一不可替代的作用，从分析危机出现的原因开始到寻找解决危机的途径，到制定解决方案，再到减少危机带来的损失和制定危机预防机制的这一过程，都需要体现公共关系意识和树立良好公众形象的原则。同时，积极地处理公共关系危机不单是公关人员的基本职责，更应该是政府机关和企事业单位负责人及成员所共同承担的社会责任。

任务一　公关危机的成因与处理原则

一切事情的发生都或多或少有其必然性。我们一般习惯将这些原因分为内因和外因，或者简单地分析为主要原因和次要原因。那么，为什么会发生危机，原因主要来源于哪些方面？危机的发生会牵涉哪些人，造成怎样的影响，对于组织的公共形象带来什么样的不良后果？在处理公关危机时要坚持怎样的处理原则，才能有效地解决这一危机呢?

案例阅读 1

美国“9·11”恐怖袭击事件导致严重后果

“9·11”事件是2001年9月11日发生在美国本土的一起系列恐怖袭击事件。2001年9月11日上午，两架被恐怖分子劫持的民航客机一架撞向美国纽约世界贸易中心一号楼和世界贸易中心二号楼，两座建筑在遭到攻击后相继倒塌，世界贸易中心其余5座建筑物也受震而坍塌损毁；另一架被劫持的客机撞向位于美国华盛顿的美国国防部五角大楼，五角大楼局部结构损坏并坍塌。恐怖袭击事件发生后，全美各地的军队均进入最高戒备状态。虽然塔利班发表声明称恐怖事件与本·拉登无关，但美国政府仍然认定本·拉登是恐怖袭击事件头号嫌犯。作为对这次袭击的回应，美国发动了“反恐战争”，入侵阿富汗以消灭藏匿基地组织恐怖分子的塔利班，并通过了《美国爱国者法案》。2001年10月7日美国总统乔治·沃克·布什宣布开始对阿富汗发动军事进攻。

“9·11”事件是发生在美国本土的最为严重的恐怖攻击行动。对于此次事件的财产损失各方统计不一，联合国发表报告称此次恐怖袭击对美经济损失达2 000亿美元，相当于当年生产总值的2%。此次事件对全球经济所造成的损害达到1万亿美元左右。此次事件对美国民众造成的心理影响极为深远，美国民众对经济及政治上的安全感均被严重削弱。

资料来源：http://my.tv.sohu.com/us/227735888/72849588.shtml.

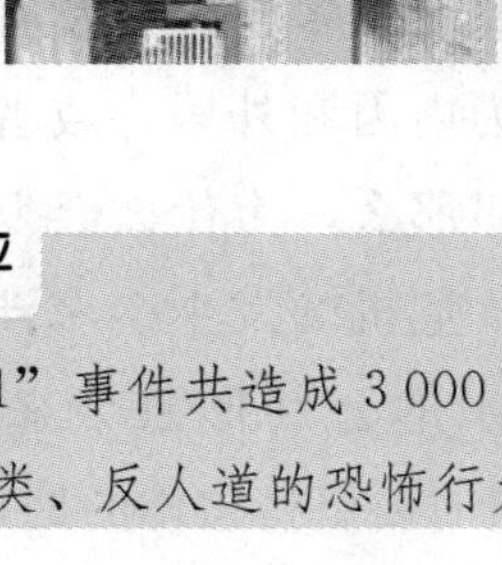

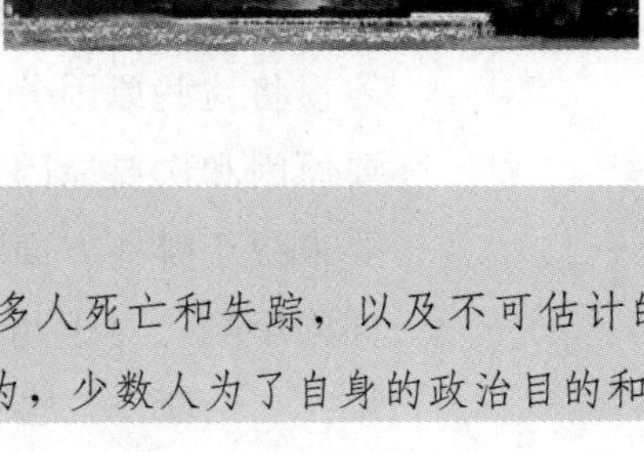

案例点评

美国“9·11”事件共造成3 000多人死亡和失踪，以及不可估计的巨大财物损失。首先，这是反人类、反人道的恐怖行为，少数人为了自身的政治目的和利益，用极端的方式侵害了多数人的生命和安全；这更是一次大危机，不管是施害者还是被害者都要承受危机带来的不良后果。对于这次危机事件，认真做好发生原因的分析是必不可少的，对恐怖分子的存在绝不姑息，对恐怖事件的预防绝不能松懈。“9·11”灾难不管是牵涉政治、经济和军事等哪方面的原因，都给人们带来无穷的反思，而这种反思也将影响着对以后类似事件的预防和处理。美国加大了反恐的力度，并于数年后击毙了本·拉登，同时，世界反恐的任务也更加繁重。

任何公关危机事件的发生除了给相关公众带来不可挽回的损失，更给社会组织带来形象上的重大影响，造成组织知名度和美誉度的下降，比如“9·11”后的美国要想恢复到危机前的水平，确实需要花费很大的力气。

案例阅读 2

“麦当劳”员工服务态度让餐厅形象受损

某年7月的一个晚上，武汉市汉阳家乐福超市二楼麦当劳餐厅，某顾客一家来此就餐，因3岁的儿子特别爱吃番茄酱，便在购买了食品后，向服务员提出多给一包番茄酱的要求，服务员竟然在扔下一包番茄酱之后，轻蔑地说：“你们就是爱占小便宜”，并调头离开。闻听此言，举座皆惊，众顾客纷纷谴责该服务员的恶劣言行，要求其当众道歉。未曾想，该餐厅值班经理竟站在餐厅中央大声宣布：“麦当劳”没有员工向顾客道歉的规定。新闻媒体披露此事件后，整个“麦当劳”的形象受到了重锤般的打击。

资料来源：http://www.docin.com/p-434266395.html.

案例点评

作为知名度极高的全球连锁公司，因其面对的客户是多层面、多方位的，所以影响也会是多方面的。面对同一事物，人们由于自身的认识水平和利益要求也会呈现不同的观点和态度。但是作为面对独立个体进行饮食服务的餐饮行业，遵循“顾客至上”的原则总是不会有大错的，何况是面对顾客的合理要求，更应该提供周到礼貌的服务，假如这个过程中的确有顾客做得不太恰当的地方，商家也要遵守礼貌沟通的原则，出现“店大欺客”的事件就不太妥当。麦当劳形象的受损，直接原因还是因为该店服务人员素质低，员工不懂得尊重客户，没有坚持微笑服务的基本做法，而领导（该店经理）知识结构不够完善，缺乏公关意识，没有做到及时制止员工的错误行为，想办法通过道歉平息事件；更没有与媒体做好正面沟通，让新闻报道损坏了公司形象，扩大了不良影响面。

案例阅读3

长跑竞赛酿成公关危机

某年6月在江东市“太阳杯”企业赞助全民健身周长跑竞赛中，不幸多人中暑，两人死亡。当日上午，江东市骄阳似火，天气暴热。9时整，3000多名运动员参加了1.5千米的群众性长跑活动。随后，其中的350名运动员移师江滨路进行长跑竞赛。其中，中年男、女组和青年组赛程为7千米，少年组为3.5千米。由于在烈日下激烈的奔跑，有不少运动员先后出现程度不一的中暑反应。8名中暑较严重的运动员被迅速送往市急救医疗中心抢救。有一人在途中中暑摔倒，导致头部摔伤，待送达急救中心时，不幸心跳已停止。夺得中年女子组竞赛第3名的江东市某公司的一名参赛者也因中暑严重，于次日凌晨死亡。

资料来源：http://source.mastvu.ah.cn/dzjxb/wlkc/gggxx/anli/6.jsp.htm.

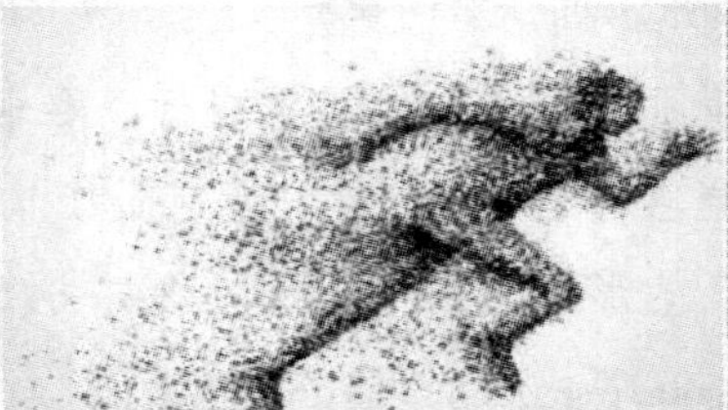

案例点评

此案例说明了公共关系工作的科学性和有效性很大程度上取决于公共关系的管理和策划。公共关系管理过程涉及的相关因素大致有三类，即环境因素、主体因素和传播技术因素。这三类因素客观上影响着公共关系工作的效果。

由企业赞助全民健身周活动，本来是一种极具传播价值的公关活动，但是在长跑比赛中发生了两人死亡、多人中暑的不幸事件，这主要是由于公关活动的主持者忽视了公共关系管理的环境因素所致。所谓环境因素就是对公关主体的决策和行为构成直接或间接影响的外界因素，其中包括时间和天气因素。6月的江东市，天气酷热，在这种条件下，让3 000多名运动员参加长跑比赛，实属时间选择不当。很明显，主持者在这次公关活动中忽视了环境因素（时间与天气）对主体因素（参赛者）的影响，使本来很有意义的公关活动变成了一个悲剧。经新闻媒介报道后，会对活动主办方产生不利影响。由此可见，在公共关系活动的管理过程中，环境因素、主体因素以及传播技术因素都是不可忽视的重要因素。

案例阅读4

欧亚木业宣传销售陷危机

某年3月15日，央视"3·15"晚会上欧亚事件曝光。北京欧亚木业有限公司提供的印制精美的宣传册上写着：德国欧亚创建于1903年，在欧洲和亚洲各拥有1个研发中心、5个生产基地，产品行销全球80多个国家。欧亚地板专卖店销售人员称，欧亚敢于卖出2 000元一平方米的价格，除了德国制造、选材苛刻外，最主要的原因就是德国品牌。经过央视记者在德国的实地调查，发现德国欧亚总部根本不存在，国内也没有欧亚公司注册。记者在某地工业区唯一的地板生产企业生产车间发现，欧亚地板正在这里进行生产和包装，但产品标签上却没有标注真实的生产厂家。据透露，欧亚在全国五个省市均有生产车间，除部分产品包装上标注生产基地为欧亚（中国）生产基地外，其他大部分都没有标注生产厂家和地址。事件被曝光后，欧亚木业有限公司发表声明，认为这是宣传的失误，产品质量和价格是绝对有保障的。在记者就此事采访时，该公司负责人不断辩解和辩称。

最终，北京市工商局对欧亚木业有限公司下达处罚决定通知书：按照违反《广告法》和《反不正当竞争法》进行处罚，处以广告费五倍的罚款，罚金高达700万元。

欧亚木业有限公司对此表示："欧亚已经认识到错误，服从处罚，不会再申请复议或向法院起诉了。不过，欧亚地板的质量是绝对值得信赖的，这一点消费者可以放心。"

案例点评

欧亚地板的危机存在以下几个方面的原因：

1. 违背承担责任原则：在危机发生后，无论谁是谁非，都不要企图推卸责任，否则会让公众认为你没有解决问题的诚意。人们会原谅人犯错误，但绝不会原谅人不认识错误。在欧亚地板被央视曝光之后，欧亚地板一直拒绝承认为了营销和赢利而攀上并不存在的“德国亲戚”的事实，把这种主观的、系统的、持续的造假行为，轻描淡写成“失误”，从而进一步地激怒公众。

对欧亚来说，与其满腹委屈地指责为什么别人可以说“全球每三块地板就有一块来自德国”，而就不能说“百年欧亚，源自德国”？与其“犹抱琵琶半遮面”地宣称“如果购买产品发现问题的消费者，可办理退货”，倒不如坦诚地表态：“召回所有售出的产品”或者“凭购货发票”获取赔偿，从而挽回消费者对欧亚地板的信心。

2. 违背真诚沟通原则：企业应把自己所做所想的，积极坦诚地与公众沟通。虽然欧亚在危机发生后，一直很主动地在配合媒体的采访，但是在沟通中却极不真诚，都是牵强附会地狡辩。如：“百年欧亚，指的是有信心把欧亚做成百年品牌”“把总部误写成德国”，等等。实际上在危机发生后，应立即采取真诚的沟通方式，比如，设立专门的投诉热线和投诉网站，给公众一个了解企业的途径；企业总裁应坦诚自己的错误在于为了运作市场，欺骗了大家，表现出“闻过则喜”的胸怀，并真诚表达改进的具体措施和时间表。

3. 符合速度第一原则：危机发生后，能否首先控制住事态，使其不扩大、不升级、不蔓延，是处理危机的关键。在这一点上欧亚还是表现得比较出色的。3 月 15 日央视“3·15”晚会播出，3 月 16 日，总裁助理即开始接受采访，并且当天晚上发布了声明。在被罚款 700 万元后马上表态“我们接受处罚”。

4. 违背系统运行原则：在逃避一种危险时，不要忽视另一种危险。在进行危机管理时必须系统运作，绝不可顾此失彼。欧亚除了接受媒体采访之外，没有采取任何有助于挽回消费者信心的行动，为了表示绝不再犯的诚意，可以高调实施比如“双倍赔付、建立消费基金、产品召回”。

5. 违背权威证实原则：企业应尽力争取政府主管部门、独立的专家或机构、权威的媒体及消费者代表的支持，并想办法积极争取各个相关组织的声援，而不是自己去徒劳地解释或自吹自擂自己的质量如何如何。

案例阅读5

希腊总理吻别土耳其总理夫人事件引轩然大波

2004年5月，土耳其总理埃尔多安和身着传统服装的夫人艾米娜·埃尔多安率100多名政府官员、工商界领袖和新闻记者的庞大阵容，对希腊进行自1987年以来土耳其总理首次踏上希腊土地的历史性访问。在最后送行的一刻，希腊总理卡拉曼利斯一时忘情，依国际礼节拥抱了埃尔多安夫人艾米娜，并在艾米娜的两颊各热烈亲吻了一次。上述镜头传回土耳其后，立即引起轩然大波，尤其是保守派媒体和若干专栏作家，群起抨击希腊官方不懂外交礼节，有的甚至指控希腊蓄意羞辱土耳其。由于反响巨大，土耳其国营电视台接到政府命令，不得播映这一引起争议的镜头。

资料来源：http://news.eastday.com/eastday/news/news/node4941/node20246/userobject1ai244333.html.

案例点评

公关危机产生的原因包括：组织自身问题，组织人员素质低，产品、服务质量问题，组织管理决策活动失误，公关活动本身的失策等；组织外部原因，包括竞争对手的不正当竞争行为，不利报道引发的，意外事故造成的，其他不可控制的事件等。本案例是由于不懂或者不遵守各地的风俗习惯而引发的沟通障碍，土耳其人大多信仰伊斯兰教，希腊总理卡拉曼利斯拥抱、亲吻土耳其总理夫人的这一外交行为违背了伊斯兰教教义，从而引起土耳其国内的骚动，也影响到总统及其夫人在国民心里的形象。虽然后期总理夫人公开发表讲话澄清了事实，但是在这一政教并立的国度仍然给人民留下了不佳的印象。

实训导引

1. 实训目的：

了解常见公关危机，能分析各类危机发生的原因和解决的一般原则，能制定危机处理方案，从而形成较强的危机意识。

2. 知识提示：

（1）公共关系危机是指影响组织活动的正常进行，对组织的生存、发展构成威胁，从而使组织形象遭受损害的某些突发事件。常见的危机有重大工伤事故、天灾人祸、突发性商业危机、产品或企业信誉危机。

（2）处理危机的原则：查明真相，实事求是；及时处理，力求主动；减轻损失，趋利避害；承担责任，重塑形象。危机管理包括危机预防和危机处理两个阶段。危机预防的真谛不是为了要处理危机，而是要尽可能不让危机发生。危机处理的侧重点在于危机事故发生后的新闻传播，信息控制。

（3）处理危机的一般程序和方法：成立危机事故处理组织；深入现场，了解事件；控制损失；分析情况，确定对策；与新闻界联系，平息各种怨言；组织力量，有效行动；认真处理善后工作；总结调查，吸取教训。

3. 任务情景：

（1）美云小区的一些住户到启元物业管理公司办公室指责物业公司管理费高、乱收费，扬言要向新闻界举报。假如你是该物业管理公司的办公室主任，应该如何处理此事？

（2）某地有位消费者在购买使用了一种名牌牙膏后，引起牙出血和面颊肿痛等现象，于是诉诸当地的报社。当地几家新闻机构都播发、转载这一消息，一时间舆论哗然，造成该品牌牙膏的销售下降。据传这位消费者还要求厂家赔偿药费和精神损失。假如你是这家企业的公关人员，说说你处理该危机事件的基本思路。

（3）收集社会上近段时间出现的一些危机事件，如禽流感、自然灾害、煤气瓦斯爆炸等，选取某一危机事件进行分析，并写出分析报告。

4. 任务与要求：

（1）选取三个小组，分别抽签选择一项任务。

（2）小组先针对任务讨论写出文字性的公关危机解决方案，做成 PPT 展示分享。

5. 实训说明：

（1）本项目拟在模拟实训室进行。

（2）可以进行角色扮演，模拟展示公关危机处理的场景。

6. 评分标准：

项目 小组	全面系统 （20 分）	情景模拟 （30 分）	方案可操作性 （30 分）	答辩 （20 分）

阅读必备

危机公关

危机公关是指从公共关系角度对危机的预防、控制和处理。为使组织在危机中生存，并将危机所造成的损害降至最低限度，决策者必须在有限的时间内，做出关键性决策和具体的危机应对措施。

公关危机发生的主要原因

(1) 文化风俗与消费者习惯：由于各民族、各国家风俗习惯的不同，组织在经营时，一些合理的市场行为可能会变得不合理，从而引来消费者的不满情绪，损害品牌形象。

(2) 领导危机：作为一个企业，其产品在市场上有一个生命周期：投入期、成长期、成熟期、衰退期，企业以及统领这个企业的领导也都存在一个生命周期，特别是领导新老交替时，倘若处理不好，危机就会来临。

(3) 劳资纠纷：劳资纠纷已经成为企业公关危机产生的一个重要因素。企业管理不规范和劳动者身处劣势等都将产生劳资纠纷。

(4) 假冒伪劣：假冒伪劣商品、虚假承诺、不公平交易及欺诈行为、虚假广告、劣质服务和商业歧视都是这一危机的主要表现形式。

(5) 安全问题：相对于假冒伪劣产品而言，企业自身产品的安全性有着更强的隐蔽性，这类危机的普遍特点是企业产品本身并没有问题，只是在特定情况下出现危机。

(6) 财务经营管理：财务风波对企业的影响关键在于诚信的丧失，特别是上市公司，财务风波的影响，轻则股票一落千丈，重则企业关门倒闭。当然，财务风波并不是致命的，关键是要有切实可行的盈利模式，只要企业盈利了，财务风波也就淡出人们的视野了。

(7) 客户纠纷：市场化经济的空前发展导致商家与客户的博弈关系越来越直接地受市场调控。若客户纠纷解决不妥当，势必影响企业形象。

(8) 恶性竞争：有市场必然会有竞争，只要存在激烈的竞争，就容易爆发恶性竞争带来的危机。

(9) 政治危机：为了争取企业发展的政策空间，政治接触成为企业家政治参与的普遍和经常的形式，而政商关系无疑是一把双刃剑。

(10) 环境污染：环境危机对于企业而言已经不是危机层面的问题，而是是否遵守国家有关规定的问题，倘若违反了环境保护规定，企业的形象必然受到严重损害。

(11) 社会危机：社会危机的涵盖面非常之广，包括自然灾害、流行疾病、经济危机、社会暴乱、军事战争、恐怖袭击，发生任何一种社会危机都会对企业造成致命影响。

公关危机对企业的损害预测

表 5-1 是假设的几种常见公关危机。

表 5-1

五类企业损害 / 假设的企业危机	销售额损失	财产损失	赔偿责任	人才损失	企业形象损失
瑕疵产品的发生和回收	●		●		●
因产品责任发生的法律诉讼	●		●		●

续前表

假设的企业危机 \ 五类企业损害	销售额损失	财产损失	赔偿责任	人才损失	企业形象损失
因管理不善引起的人身事故			●		●
环境污染和公害破坏			●		●
恐怖活动引起的爆炸	●	●	●	●	●
食物中毒	●		●		●
企业的火灾事故	●	●		●	●
员工的工伤事故				●	●
侵犯人权	●		●		●
企业的违法行为	●		●		●
企业的反社会行为	●				●
企业裁员引起的危机	●			●	●
经营阶层渎职	●			●	●

阅读链接

1. ［英］迈克尔·里杰斯特：《危机公关》，上海，复旦大学出版社，1995。

2. ［美］斯科特·卡特李普等：《有效公共关系》，北京，中国财政经济出版社，1988。

任务二　公关危机处理的程序

英国皇家博物馆收藏着一条船，这条船自从下水后，138 次遭遇冰山，116 次触礁，27 次被风暴折断桅杆，13 次起火。但它却一直没有沉没。没有不犯错误的组织，正像没有“不受伤的船”，但只要勇于拼搏，善于应对危机，一个组织就是一条永不沉没的船！危机，危险中有机遇。能否安然度过危险，主要取决于对危机的管理，而整个处理过程也显得尤为重要。

案例阅读1

国航空难的有效危机公关

中国国际航空公司是中国最大的航空公司，2002 年 4 月 15 日上午 10 时 40 分左右，国航 CA129 航班在韩国釜山机场附近坠毁，机上载有旅客 160 人。空难发生后，国航即刻启动紧急事件应急程序：召开各部门负责人会议，商定应对空难的紧急措施；国航善后事务工作组成立，并立即飞往韩国釜山；紧急向党中央、国务院汇报；迅速组成空难乘客和乘务员接待组，并包租了专供家属食宿的酒店，特意选择年纪在40岁左右的中年“爸爸”或“妈妈”负责接待工作，临时调配各种车辆40多部，保证家属接送和交通；开通专门问讯电话，专门接受外地家属询问；全面了解国内乘客的具体资料，准确掌握家属情况，在宾馆开设了临时门诊部；根据家属愿望，对于社会各界的理解和支持及时在媒体上披露。

乘务员抢着上航班，正在休假的国航员工不约而同回到了单位。为了鼓舞士气、凝聚信心，从早上5时30分起，客舱乘务部的领导对所有起飞航班都在起飞准备区送员工上机，对飞回来的所有国际航班都前去迎接。在困难和挫折面前，从国航公司领导到每位员工，都喊出了“为了明天，我们更加坚强，更加团结”的口号。

经过以上一系列工作和得当措施，国航的工作得到了广大家属的理解和赞赏。尽管人死不能复生，但国航的工作却给了生者许多安慰，从新闻媒介、社会舆论来看，没有反对国航的意见。随着理赔工作的开展，国航赢回了公众的信心。

资料来源：http://blog.sina.com.cn/s/blog_7793cc8201012fo9.html.

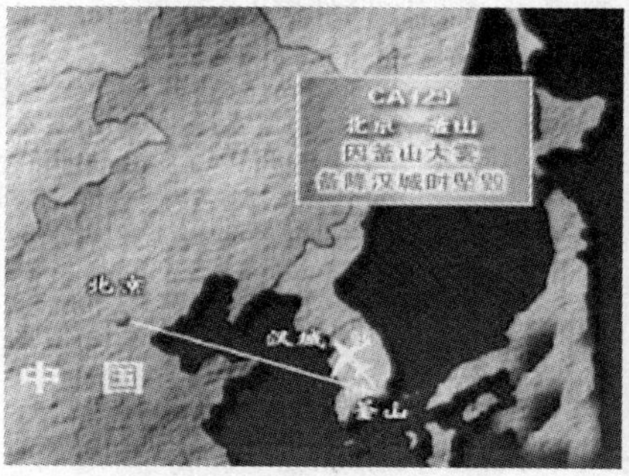

案例点评

国航在事件发生后首先成立了危机处理专门机构，协调各方面关系，及时公布最新消息，有效遏制了危机的进一步蔓延，得到了社会各界的理解和支持；同时注意加强内部员工的凝聚力。

案例阅读2

凤凰卫视主持人刘海若受伤危机事件处理

2002年5月10日上午12时45分，英国伦敦开往诺佛克郡的列车发生出轨意外，乘坐该列车的凤凰卫视著名主持人刘海若在事故中身受重伤，被英国皇家医院诊断为“脑死亡”。一时，刘海若的生死成了天南海北华人关注的焦点，社会各界关心她的人难以计数。

在得知英国火车出轨的意外后，凤凰卫视立即多方查询有关刘海若的确切消息。当晚 9 点多，凤凰卫视总裁刘长乐即安排欧洲台台长邵文光赶往现场，吩咐台湾公司负责人王尚智与其家人取得联系。13 日，凤凰卫视开辟专题网页［祈福海若］。14 日，刘长乐特别嘱咐正在英国休假的太太和女儿去看望海若的母亲和家人，并转达朱镕基总理及夫人对海若的关心和问候。在海若的母亲表示希望找一位中国脑外科专家协助会诊后，邵文光马上向中国驻英大使馆转达，中国驻英大使馆又迅速向外交部作了汇报，这样才有了选派中国脑外科教授凌锋赴伦敦为海若会诊的安排。18 日，刘长乐飞抵伦敦看望海若，特意带去了公司同事全心全意制作的慰问册；征得海若家人的同意后，马上向外界公布了海若“并未毁容”的消息，在离开医院前表示：“我们将竭尽全力，不惜一切代价抢救海若。”在海若病情稳定后，其家人提出希望转院的要求，凤凰卫视认真考察了宣武医院的设施及医疗团队的全部情况，并请求宣武医院院长将凌锋派赴伦敦，为海若的安全转院提供医疗保障。回国后，海若在宣武医院医护人员的悉心治疗下逐渐康复。

凤凰卫视除了对海若的治疗竭尽全力给予支持外，一直在有分寸、有节奏、有机会地进行客观报道。与国际 SOS 救护分支机构多次联络，海若家人同意使用 SOS 的服务后，尽心研究方案；与此同时，还与在国航高层、北京市市政府、北京市卫生局进行沟通。为保护海若的个人隐私，还要求宣武医院赶制了一个特大粉红纱罩。

资料来源：http://wenku.baidu.com/view/8663752e915f804d2b16c1a2.html.

案例点评

凤凰卫视面对危机，注意加强内部沟通，增强内部员工的凝聚力，特别是高层领导出面处理，调动一切可以救助的资源；同时，注意与外界各个方面沟通协调，并及时准确地向外界发布消息，展示了良好的组织形象，具有迅速应变和协调的能力。

案例阅读3

UT斯达康行贿事件被公开

2009年12月31日，美国司法部和证券交易委员会发布消息称：电信设备制造商UT斯达康公司将支付300万美元罚金来和解其贿赂中国国有电信公司官员一案。据称，UT斯达康为了商业利益，花重金邀请中国电信有关公司官员出国旅游，所到之地包括纽约、拉斯韦加斯和夏威夷，UT斯达康公司将官员在这些城市的旅游花销作为培训费用入账。消息被公开后，UT斯达康公司一直不就“行贿事件”做出正面回应。

资料来源：http://blog.sina.com.cn/s/blog_652d71470100hbxx.html.

UTSTARCOM™

案例点评

借助行贿的非正常手段来开展商业活动，UT斯达康公司的做法既违反了有关法律，也违背了商业道德，受到有关方面的惩罚是很自然的。从危机公关应对的角度来看，作为纳斯达克上市公司，UT斯达康公司首先应该正视问题，做出正面回应，然后采取相应的危机处理措施，以此来承担责任，争取获得广大公众的谅解，度过行贿事件给企业带来的难关。

案例阅读4

百度被“黑”事件危机处理

2010年1月12日早上7:00左右，www. baidu. com突然出现无法访问故障，域名无法正常解析。至9:30，太原、天津、郑州、烟台、长沙、成都、沈阳等地均出现百度无法正常访问现象。10:45，百度官方表示：由于baidu. com的域名在美国域名注册商处被非法篡改，导致百度不能被正常访问，公司有关部门正在积极处理，并告知网民www. baidu. com. cn能够正常访问。自11:00起，各地网络就开始恢复了对www. baidu. com的正常访问。

12:51，对于百度被“黑”事件，CEO李彦宏在百度贴吧上以“史无前例”表达了自己对于事件的震惊。当日下午6点，百度发表正式声明，称目前已经解决了大部分登录问题。对于部分中国网友基于义愤要报复性攻击其他外国网站的做法，百度称“我们并不鼓励这样的做法，请大家保持冷静”。

资料来源：http://www. baike. com/wiki/.

案例点评

作为国内最大的网络搜索平台，百度的突然被“黑”，在网民中引起轩然大波。从应对公关危机角度来看，百度方面的做法近乎完美：在第一时间对事件作出回应；快速运用技术手段对问题进行处理；迅速制定应急方案，积极引导广大网友使用www. baidu. com. cn进行正常搜索；CEO李彦宏借助于网络发表自己对于事件的看法，消除广大网友的猜疑与疑虑；而对于广大网友克制性的提醒，显示了百度的大度与事件应对的全局观。如此系统的危机应对策略，保障了问题的顺利解决，得到了广大网友的好评。

案例阅读5

雪碧“汞毒门”危机处理

据报道，某月某日在北京市连续出现两次饮用雪碧汞中毒事件。就此，北京可口可乐饮料有限公司对媒体坚称“提供给消费者的饮料绝对安全可靠”，同时表示雪碧“生产过程绝无含汞环节”，怀疑“流通环节人为恶意添加”，公司正全力配合警方进行调查，核实饮料产品出处，并拿出了北京市朝阳区产品质量监督检验所出具的产品安全证明。

为彻底查清“问题雪碧”的包装安全性，位于天津开发区的中国包装科研测试中心对“问题雪碧”饮料罐进行密封性检测。由于此次汞中毒事件事关重大，市场也十分关注报告的最终结果，报道称此次检测的最终结果将由北京警方发布，并公之于众。

资料来源：http://wenku.baidu.com/view/6b7f04976bec0975f465e245.html.

案例点评

从危机事件处理角度来看，北京可口可乐方面的反应确实比较及时，但也存在明显硬伤。一是推卸事件责任与非真诚沟通：虽然在官方声明时一再强调雪碧的安全性，却没有向两位消费者以及广大忠实消费者正式道歉，没有通过媒体与之进行真诚的沟通。二是权威证实问题：北京可口可乐方面有过这方面的努力，获得了北京市朝阳区产品质量监督检验所出具的产品安全证明，但仅仅一个县区级质监部门的检测结果难以获得广大公众的认同，难免陷于舆论的指责之中。三是存在转移公众注意力之嫌：在回应“雪碧绝对安全可靠”的同时，北京可口可乐用较大的音量声称“流通环节人为恶意添加”，即使这样的观点最终被证实，但在此时也会被人认为是在转移公众注意力，难免陷于更大的被动之中。

案例分析6

丰田汽车召回案

据报道，自2010年1月28日起，天津一汽丰田召回2009年3月19日至2010年1月25日生产的75 552辆RAV4车辆。基于同样的原因，丰田已在美国、欧洲进行了召回，召回总量逾800万辆，已超过丰田2009年781万辆的全球总销量。

丰田公司预计，该年年初至3月，其有史以来最大的汽车召回事件带来的成本和销售损失总计达20亿美元；而另据有关媒体报道，美国政府考虑对日本汽车制造商丰田汽车公司罚款，作为对其大规模召回汽车的惩罚，丰田汽车召回事件的副作用已经开始显现出来。

资料来源：http://news.sohu.com/s2010/toyotarecallcars/.

TOYOTA

案例点评

作为全球汽车知名品牌，丰田公司敢于面对自己存在的任何问题，在全球范围内主动进行问题车召回，是值得赞赏的。但是，数百万辆汽车召回行为，显然会直接冲击到丰田品牌在全球用户心目中的美誉度，因此，丰田在扎实做好问题车召回工作的同时，应当及时通过媒体等多种有效手段，与广大用户进行真诚沟通，以维持丰田品牌的良好声誉。

实训导引

请认真阅读下列文章，分析讨论道歉信在危机公关中的作用，体现了公关危机处理的什么原则？从中发现了什么公关危机处理的程序？谈谈你从中受到的启发。

2010年9月至11月，腾讯与360两大互联网公司展开了一场长达3个月的弹窗之争，两大公司为了各自的利益，逼迫网友在两者之间进行选择，给绝大部分网友带来很多不便，事后，两个公司分别在自己的官网上发表了一篇道歉信。腾讯公司在自己的官网上发表了一篇《致广大用户道歉信：和你在一起》，下面是道歉信的全文：

亲爱的QQ用户：

前段时间，腾讯公司和360公司爆发了一场广为人知的纷争。最终在工业和信息化部等政府部门的协调下，这次纷争告一段落，QQ用户的安全和权益得到了保障。在此，我们向所有在事件中受到困扰的用户致以诚挚的歉意！对工业和信息化部等政府部门的通报批评我们虚心接受，并且会按照有关要求认真落实后续工作。对大家在此过程中对我们提出的意见和各种批评，我们也会认真听取、总结，吸取教训。

痛定思痛，我们在处理的方式和与用户沟通中采取的方式有很多值得反思的地方。起初，我们把注意力都放在“谁对谁错”“是非曲直”这样的问题上，与此同时，却忽略了用户的感受。

作为一家发展较早、规模较大的企业，同时作为行业领先者，我们应该更加注重用户的感受；如果我们在做出那个“艰难的决定”之前能够和您有更充分的沟通，让您能有机会更明白风险和问题所在，整个事件的演化也许就是另外一幅情景。

事件发生后，我们从用户、媒体、行业专家那里得到了很多信息，其中有意见，有建议，也有批评。无论从哪个角度，能得到您的帮助是我们的幸运，也是我们在这个事件中的一分收获。您现在也许还无法想象这些意见对我们有多么重要，正是您的这些意见，将会成为腾讯公司战略转型和企业升级的关键动力。

也正是因为有了这样的认识，公司领导在不久前致员工的一封信里才会提出：“这不是最坏的时刻；也没有最好的时刻；让我们放下愤怒；让我们保持敬畏；让我们打开未来之门。”我们相信，这次事件结束之后，在政府的推动下，我们一直渴求的“阳光下的竞争”时代终将到来。腾讯也将以更开放的心态和用户、行业一起去拥抱这个时代。

随着QQ用户数的持续增长，我们明白身上的责任越来越重大。面对责任，我们必须对自己要求更高、做到更好。这样的心态也让我们更能理解您在此事件中所受到的困扰。因此，我们再次向您致以诚挚的歉意，希望未来能继续得到您的支持。

无论过去、现在还是未来，我们的心愿不变：和你在一起。

腾讯公司

2010年11月21日

360公司发布致歉声明：再次致社会和网民的道歉信。

近期，360与腾讯公司发生了一系列争执，给亿万网民的工作和生活带来了很大困扰和不便。在工信部等政府部门及时介入干预下，目前纷争已平息。我们已于2010年11月4日向广大网民发出道歉，今天，我们再次诚挚地向您说声：“对不起！”

目前，腾讯与360软件、网站已全面兼容。我们衷心希望您和亲朋好友继续享受360提供的高品质安全服务，也欢迎广大用户继续对我们进行监督、鞭策，共同构建一个更安全、开放、快乐的互联网。

自创立以来，360一直致力于为用户提供免费的专业安全服务。从查杀流氓软件开始，360为广大用户打补丁、杀木马、拦截欺诈钓鱼网站，并将免费杀毒惠及每一个用户，既保护了电脑安全，又为用户省钱。360由此得到网民的信任。

网民是我们的衣食父母，“用户利益至上”是360的核心价值观。正因为有了网民的支持，360才能不断发展，建立起全球用户数最多的互联网安全防护体系。我们将继续坚持“专业品质，免费安全”，为建立一个安全、健康的网络环境，做出应有的贡献。

我们完全接受工信部对此次纷争事件的通报批评，坚决贯彻落实通报中的工作要求，向社会和网民道歉，停止公司间的相互舆论攻击。

我们在此进行反思：在注重创新的同时，更兼顾产业的和谐；在敬畏用户的同时，更兼顾有序的竞争。我们将放眼未来，用创新赢得尊重，用责任赢得信赖。

北京奇虎科技有限公司

二〇一〇年十一月二十一日

资料来源：http://tech.qq.com/a/20101121/000069.htm；http://tech.sina.com.cn/i/2010-11-21/21094890779.shtml.

阅读必备

公关危机的发展过程

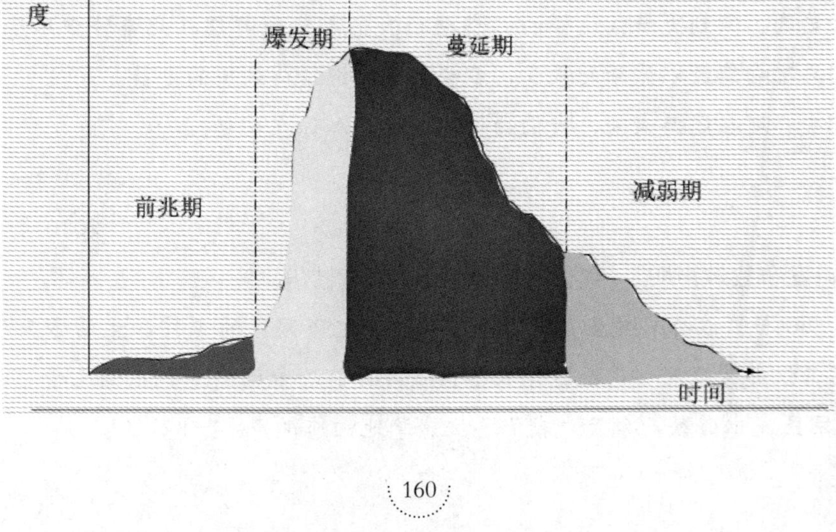

公关危机管理过程

公关危机管理过程的任务与能力要求见表 5－2。

表 5－2

分期	发生阶段	能力要求	主要任务
预警期	事前	预警预备	防范事件的发生，尽可能控制事态发展
爆发期	事中	快速反应	及时控制突发公共事件并防止其蔓延
缓解期	事中	恢复重建	减低应急措施的强度并尽快恢复正常秩序
善后期	事后	评估学习	对事件处理过程进行调查评估并总结经验

阅读链接

1. ［美］丹尼斯·威尔科克斯：《公共关系战略与战术》，北京，新华出版社，1992。
2. 周振林：《领导者公共关系方法与艺术》，北京，中国经济出版社，1991。
3. 张龙祥：《中国公共关系大词典》，北京，中国广播电视出版社，1993。
4. 劳万均：《企业宣传公关手册》，北京，星联出版社，1988。
5. 廖为建：“公共关系学”精品课程网站（http://jpkc.sysu.edu.cn/gggxx/）。

任务三　公关危机处理的对策和技巧

危机是任何社会组织都不能回避和必须面对的，但“每一次危机既包含导致失败的根源，又孕育着成功的种子”。因此防范危机的发生以及事先周密的应急计划的制订是危机管理的重点，尤其要重视危机的内因分析，找到正确有效的处理对策和技巧。在公关活动中，危机管理已从处理偶发事件变成正常工作的内容之一。危机处理不仅时效性强，而且技巧性高，艾维·李就是靠处理危机确立公关职业地位的。危机处理是公关人员的基本功之一。危机一旦发生，应迅速成立危机事件处理机构，及时发出正面信息，并与媒介保持通畅的联络；正视谣传的危害性，妥善处理好危机中的伤亡事件，并在危机消除后对危机处理过程作深刻的检讨，以利于组织的长期发展。

案例阅读1

谷歌“关闭门”事件

美国当地时间某年 1 月 12 日，谷歌高管在谷歌官方博客上发文表示，谷歌集团考虑关闭“谷歌中国”网站以及中国办事处。据媒体报道，谷歌这一决策源于其邮箱账户资料曾遭受黑客攻击。

由于涉及因素多，因此关于谷歌中国“关闭门”原因、动机的说法众说纷纭，而事件也引起了各方的关注与回应：14 日，美国白宫与中国外交部分别就事件做出回应，事件引发了微软、HP 等全球知名 IT 企业的关注，但各方观点褒贬不一。与此同时，事件也引发了广大中国网民的关注，质疑与力挺谷歌的两方声音都很激烈。19 日下午 6 点，谷歌中国首次就关闭事件做出回应，一封谷歌中国高层的澄清公告在谷歌中国博客发表，公告否认谷歌关闭中国办公室等传闻，事件趋于平息。

资料来源：http://blog.sina.com.cn/s/blog_652d71470100hby3.html.

案例点评

不管出于何种原因与目的，作为全球最大的网络搜索引擎，谷歌中国的退出必定会成为媒体与公众关注的焦点事件。就整个谷歌“关闭门”事件来看，各方对于事件的基本态度与立场，在一定程度上影响了事态的发展。对于谷歌中国高层来说，以“关闭”与“退出”为借口的企业决策，不具备任何公关危机处理的技巧，不利于自身品牌美誉度的建立，进而也不会博得广大中国网友的同情与支持。

案例阅读 2

茅台乔洪受贿事件

某年 1 月 15 日，曾引发“贵州茅台”股市多次波动的乔洪事件——贵州茅台原总经理乔洪受贿、巨额资产来源不明案进行宣判，乔洪一审被判处死刑，缓期两年执行。法院审理查明，乔洪于 2000 年底至 2007 年 3 月期间，利用职务便利，先后一百余次收受贿赂，金额高达 1 000 万余元。被尊称为“国酒”的贵州茅台在被质疑“抬价”的同时，再次面临“受贿门”风波考验。

乔洪事件起于 2007 年，当年多家媒体报道称乔洪在 4 月底被“双规”。之后，茅台集团及其上市公司始终保持沉默，贵州茅台 5 月 10 日被交易所停牌，至 5 月 14 日，贵州茅台突然发布公告，称公司总经理乔洪“因工作原因调任贵州省国资委副主任”。在对事件保持沉默后，5 月下旬，茅台集团当家人董事长季克良首度回应“乔洪事件”称：“这件事情会对茅台短期内有不利影响，但最终不会对茅台有影响。”

资料来源：http://blog.sina.com.cn/s/blog_5ff341340100ikp3.html.

案例点评

作为上市公司，贵州茅台对于乔洪事件前期的低调处理与同当事人及早撇清关系的做法，在很大程度上化解了事件对于茅台品牌美誉度的冲击。因为事件不够明朗，并且不是茅台酒的产品质量问题，不便于过多公关言论，现在乔洪贿赂案终于画上句号，企业“高管丑闻”当属于危机公关的范畴。茅台方面还应该借机公布真相，加强企业管理，加强宣传品牌的推广力度，以稀释“乔洪事件”给整个集团带来的不利影响。

显然，茅台“乔洪事件”有了定论后，犯了一个大忌，缺乏坦诚、信息搪塞，结果可能会被媒体穷追猛打。

从这个角度分析，如果公司的管理层能够就“高管危机”坦诚地与公众交流，争取获得公众的理解，那么对于企业和高管本人来说，伤害是最小的。如果公司选择遮掩，则风险会被迅速放大。

作为企业员工及股东，在这种情况下，除了积极了解事情的真相外，更应该积极地了解危机处理的真实状态，并支持公司的发展。在面对高管危机的时候，要站在维护公司利益的高度进行再认识。高管危机爆发后，企业也要引导员工积极保持镇定，积极制止传播小道消息和对公司不利的谣言，不接受任何媒体的采访和询问，使信息归口，形成统一口径。

公司外部的利益攸关者应该从以下几个角度去处理公司高管危机：首先要分清高管危机的性质；其次要分清楚是公司的行为还是高管个人的行为，考虑高管丑闻的爆发会对自身的业务产生什么样的影响。丑闻分为两种，一种是道德上的丑闻，另一种是犯罪。此时，外部利益攸关者应该积极配合检察机关对其存款等情况进行清查。如果高管危机是个人行为，那么该行为并不妨碍各个利益攸关者与企业的合作关系，外部利益攸关者应积极配合公司新的管理层和支持公司的业务发展；如果高管丑闻是因为公司本身经营行为导致的，各利益攸关者需要从合作管理和自身利益角度去考虑。商业合作中，利益是最关键的，当合作伙伴出现了不诚信、弄虚作假的时候，我们确实需要重新评估和其的合作关系，有的时候更需要立即采取措施，减少高管丑闻对自己的影响。

案例阅读3

华为应对网络风波的智慧

2006年5月28日晚，在深圳华为公司从事研发工作的年仅25岁的胡新宇因病毒性脑炎被中山大学附属第三医院宣布死亡。不到三天，国内各大媒体纷纷报道了这一事件，并将胡新宇的病故归因为“过劳死”。一时间，在网络上，各种各样指责华为公司的文章频频出现：有声称是胡新宇同事的仿效鲁迅名作《纪念刘和珍君》而写的《纪念胡新宇君》《天堂里不再有加班》《华为员工的命只值一台交换机的钱》《胡新宇父母与华为达成了“屈辱”协议》……对华为加班文化、绩效压力、床垫文化等的指责铺天盖地，“胡新宇事件”一时将华为公司置于舆论的漩涡中。随即，华为公司的新闻发言人傅军就此事公开表示，华为公司对员工胡新宇的去世感到十分痛心，高层也十分重视，一直以来，华为公司积极垫付了大部分的医疗费用，包括从北京聘请专家诊治、转院等费用，并主动与胡新宇的父母讨论关于抚恤金的问题。同时，傅军表示，胡新宇的死亡经各个诊治专家诊断，与加班没有必然联系，医院诊断他去世是由于脑膜炎，属于正常因病死亡，不算工伤。医生认为，由于劳累导致抵抗力下降，可能是其死亡的一个诱因。因此，华为公司已经向内部重申了两条加班制度：晚上十点之后加班必须经过批准；不准在实验室过夜。

在网络等媒介热烈讨论华为的“床垫文化”是否仍需保留之时，任正非在内部会议上公开发表了《天道酬勤》的长篇讲话，随后，在胡新宇病故不到两个月后的7月21日，华为公司内部刊物《华为人报》（第178期）头版头条刊发了这篇讲话，第二天即被国内诸多媒体转载。这是华为首次正面非正式回应了外界的讨论。

任正非介绍了“床垫文化”的由来和意义，指出“床垫文化”在今天依然是华为的精神支柱、力量之源，华为要生存和发展，只能用别人看来很“傻”的办法，就是艰苦奋斗。而“床垫文化”正是这种艰苦奋斗精神的典型，又怎么能丢弃呢？

这篇讲话统一了华为内部员工的思想认识，以非正式的方式澄清了外界对华为的质疑，更重要的是，坚定了华为人的一个信念：不管外界如何评说，华为都将走好自己的路，我们问心无愧。我们不会对外界七嘴八舌的妄议置之不理，但也不会跟着瞎起哄，这是遏止网络上各种版本的质疑的关键。

案例点评

华为之所以能从“过劳死”的公关危机中走出来，从网络上万夫所指到赢得社会公众的支持，与华为高管层的危机管理智慧是分不开的。首先，华为对整个事件的处理过程透明、公开化，该由华为承担责任的，没有回避，对引起病故的非正式原因也做了检讨，显示了一个大企业的胸襟与负责任。其次，选择合适的时机、合适的人，以非正式的方式做出回应，而不会话出多头，引起更多的非议。再次，行动迅速。由华为公司的新闻发言人傅军公开表示，华为公司对胡新宇的去世感到十分痛心，高层也十分重视，一直以来，华为公司垫付了大部分的医疗费用，并与胡新宇的父母讨论关于抚恤金的问题。最后，公关事件处理中说明非常清晰，傅军表示，胡新宇的死亡与加班没有必然联系，医院诊断他的去世是由于脑膜炎，属于正常因病死亡，不算工伤。但医生的意见是，由于劳累导致抵抗力下降，这可能是其死亡的一个诱因。因此，华为公司向内部重申了两条加班制度。在网络等媒介热烈讨论华为的“床垫文化”是否仍需保留之时，任正非在内部会议上公开发表了《天道酬勤》的长篇讲话，并在内部刊物上刊发，讲话统一了华为内部员工的思想认识，坚定了华为人的信念。

案例阅读 4

富士康天价索赔告记者，危机管理赔了夫人又折兵

2006 年 6 月，苹果公司制造工厂富士康（Foxconn）被英国《星期日邮报》报道每月要求雇员加工超过 80 小时且仅支付约 50 美元工资。随后《第一财经日报》记者王佑报道富士康女工站立 12 小时工作。此后，多家媒体跟进报道。7 月 3 日，富士康向深圳中级人民法院提交民事诉状，起诉《第一财经日报》记者侵害名誉权和商业信誉并索赔 3 000 万元。7 月 13 日，富士康称已冻结记者的资产。

8 月 27 日：《第一财经日报》发函谴责富士康，力挺记者。

8 月 28 日：富士康发言人否认以高压手段打击记者。

8 月 30 日上午：富士康首次声明，指责记者践踏新闻自由。

8 月 30 日晚：《第一财经日报》发表第二次声明，称坚决捍卫舆论监督权利。

8 月 30 日晚：富士康决定改天价索赔为 1 元人民币，记者财产同时解冻。

8 月 31 日：《第一财经日报》第三次声明：保留对富士康反诉权。

9 月 1 日：新华社消息称，富士康未建工会组织。

9 月 3 日：双方以“联合声明”的形式宣布和解。

富士康索赔事件一时成为热点新闻吸引着公众的眼球，并引发了劳工生存状况、司法公正、贫富差距、舆论监督等系列话题的热烈讨论。

富士康是为苹果等跨国公司进行代工生产的厂家，毫无疑问是具有一定规范性的企业。“劳工门”事件的产生，更多的体现出了对劳动法律法规的蔑视和对员工权利包括劳动权和休息权的不尊重。而富士康天价起诉媒体记者，更显示了其对媒体监督权和知情权的一种漠视。

富士康天价索赔案甫一抛出，媒体和舆论便都倒向了记者一边，各种声援和评论此起彼伏。新华社的一则“富士康没有建立工会”的消息，最能代表这种一边倒的声音了。富士康选择了与整个媒体界对立，而这种对立则意味着将企业与公众对立起来，与客户对立起来，与市场对立起来！媒体代表着较强的传播力、公信力和舆论的引导力以及社会的监督力，企业一旦选择与整个媒体界对立，也就意味着站在了“反面”，失去客户、失去市场、失去人心是必然的结果。

富士康索赔案呈现出极强的戏剧性。起初富士康一派盛气凌人的气势，在记者单位力挺和全国新闻媒体一边倒的声音下，富士康显得极为狼狈，不得已承认“拿榔头的，比不过拿笔杆的”，最后以与报社和解而告终。

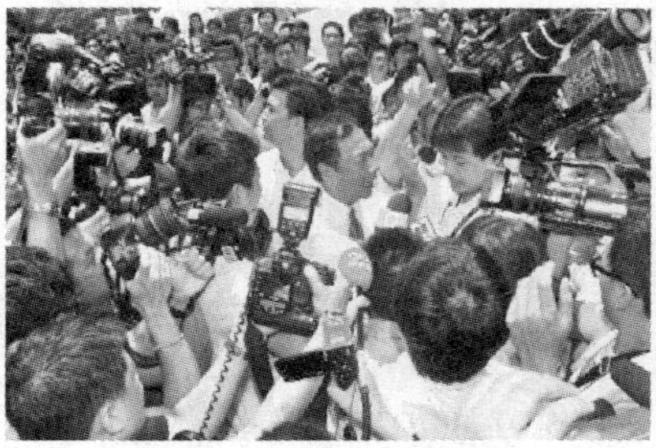

案例点评

面对负面报道的危机，富士康的管理者应该采用如下技巧处理：

1. 从上到下及时进行自检自查，看看有没有如媒体报道的情况存在。如果有，企业不回避、不推脱，尽快出台解决问题的办法，对受到伤害的员工给予补偿。

2. 与地方政府和工会组织及时沟通，取得当地各政府机构的谅解，并告知整改方案。

3. 与媒体积极沟通，告知最新事件发展动态和企业的应对措施。如果媒体有不实报道存在，则以有理有据和恰当的方式进行沟通。

4. 与合作伙伴沟通，以使合作关系不受危机事件的影响，确保供应关系的存续。

5. 积极进行危机的修复工作，比如推进企业文化建设，邀请媒体参观厂区，赞助一些公益活动等。

案例阅读4

从安利钙镁片事件看危机公关技巧

2001年11月，第九届全运会在广州召开。15日，马俊仁的弟子兰丽新被查出血检超标。16日，九运会组委会公布了这一消息。之后，马俊仁对媒体宣称：兰丽新是吃了安利的一种补钙又补什么的药，所以导致她血液黏稠，血检超标。18日，上海一些主要媒体和华东部分媒体点名或不点名地将这件事报道了出来，约有30多篇。一时间，“安利的钙镁片含有兴奋剂”这种无稽之谈不胫而走。远在上海及华东的安利的营业代表和顾客都在不停地咨询：钙镁片是否含有兴奋剂？钙镁片的销量在两天之内即大幅度下滑。

九运会对安利公司来说，本是宣传企业、提升品牌的一个好机会。当时公司准备利用全国的体育记者云集广州的难得机遇，召开新闻发布会。预定的新闻发布会召开时间为11月20日，而“钙镁片事件”见诸报端是在18日，仅有两天时间，如果此事处理不当，后果将不堪设想。

19日一早，安利公司立即与那些曾经对此事进行负面报道的记者进行了深入沟通。在沟通过程中，安利公司公关代表解开了一直困扰着他们的那个谜。据记者们回忆，马俊仁说此番话的时候，正巧是几位华东的记者在场，所以只有华东媒体对此作了报道，北方、南方包括广东的媒体均无动静。原来这仅仅是一种巧合，而不是什么预谋。

安利公司一方面向他们直接说明这则报道有误，希望暂时不要扩大报道面；另一方面力邀他们赴广州参加“纽崔莱支持奥运”的新闻发布会。本来从费用支出的角度考虑，公司只打算邀请在广州参加九运会报道的记者参加这一新闻发布会。但当时则考虑，华东地区尤其是上海是这一事件的重灾区，媒体一定要对事件的真相有一个全面深入的了解，发出的正面声音才会响亮。

20 日一早，公司带着上海 8 家主要媒体的体育记者和有关部门的负责人飞往广州。当天下午，新闻发布会如期举行，有 100 多家媒体的记者到会。会上，国家体育局体育器材装备中心主任许增武郑重宣布：安利公司成为 2004 年奥运会中国体育代表团高级赞助商；纽崔莱营养补充食品成为 2004 年奥运会中国体育代表团唯一专用营养品。接着，中国奥委会名誉主席何振梁将赞助证书颁发给安利的副总裁颜志荣先生。特别引人关注的是，中国运动医学学会主任委员、国际奥委会医学委员会委员杨天乐在回答记者提问时说："安利公司的纽崔莱营养补充食品，中国兴奋剂检测中心都曾经测试过，均未发现违禁成分。它不是药品，而是安全、有效的营养补充食品。"至此，马俊仁不负责任的说法不攻自破。

21 日，上海《新闻晨报》用大半版的篇幅在头版刊登了题为"老马低级笑话笑煞人"的文章。之后，上海和华东的几十家媒体都纷纷刊登澄清文章和有关安利赞助奥运军团的新闻。经历了这场风波，钙镁片以及纽崔莱营养补充食品在大家的心中留下了安全、可信的印象。

资料来源：http://www.795.com.cn/wz/65537.html.

案例点评

显然，这是一起由于社会不良传言给公司造成的危机。安利公司作为一家知名的国际企业，处理危机的经验非常丰富，他们主要采取的对策包括：

1. 分析谣言的起因，对谣言制造者的动机和背景进行研究。他们通过调查了解到，由于马俊仁是一位著名的新闻人物，他的一言一行都会受到媒体的追逐，一些记者没有进行深入的调查就发布了消息，但对安利公司并没有恶意，他们的行为属于失实报道。而且危及的范围也主要限于上海和华东部分地区，尚未在全国蔓延。所以安利公司没有采用对马俊仁及报道这一事件的记者进行法律诉讼的手段，而是用比较温和的方法发布新闻，向社会说明事件的真相。

2. 立即提供全面的、真实的信息。安利公司和上海各大媒体的有关人员沟通，一方面向他们直接说明这则报道有误，希望暂时不要扩大报道面；另一方面力邀他们赴广州参加"纽崔莱支持奥运"的新闻发布会。20 日，在广州举行的 100 多家媒体参加的新闻发布会上，向全国的媒体说明事件的真相。

3. 邀请行政首脑、知名人士、相关专家出面，澄清事实真相，说服受到谣言影响的公众。国家体育局体育器材装备中心主任许增武、中国奥委会名誉主席何振梁，以及中国运动医学学会主任委员、国际奥委会医学委员会委员杨天乐，都是在公众心目中有重要影响的"意见领袖"，他们的话对公众有较强的影响力。他们出面加以说明，使安利公司可以顺利度过这次危机。

案例阅读6

雀巢碘超标事件

2005年5月29日，中央电视台经济半小时播出《雀巢早知奶粉有问题》。看完节目，消费者对其中的7个场景印象深刻：

1. 采访过程中，雀巢中国有限公司公关部经理孙女士先后3次摘下话筒要求结束采访，先后三次用沉默来回答记者的提问。当记者称采访还没有结束时，孙女士说“我该说的已经说了”“我认为已经结束了”。

2. 孙女士接受记者采访时说：“按国家标准，这批产品是不合格的”，但又说：“我们的产品没有问题，是非常安全的”，因为她认为自己的奶粉符合《国际幼儿奶粉食品标准》。但当她翻开了声明中提到的这个国际标准时，在碘含量的上限这一栏数字是空着的。这也就意味着，无论雀巢奶粉的碘含量有多高都是符合这个国际标准的。

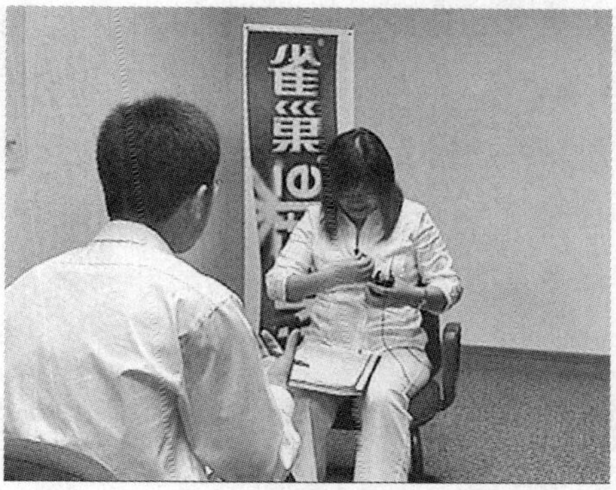

3. 孙女士说，雀巢公司是在浙江省工商局作出决定之后，才通过媒体了解到自己的产品碘含量超标的。但实际上有关部门在对外公布检测结果前曾给了雀巢公司15天的时间让其说明情况。也就是说，雀巢公司早在15天前，即5月10日左右，就知道不合格奶粉流向市场，但他们并没有及时警示消费者。

4. 在碘超标的雀巢奶粉外包装袋上看到标明的碘含量是30～150微克，这个数字是符合国家标准的。但实际检测结果是191～198微克，与包装上的标注不符。消协认为“这属于误导，向消费者提供了一个不真实的信息，侵害了消费者的知情权”。

5. 当记者问“你们有没有查过造成碘含量超标的原因”时，孙女士说：“我们查过，是原料奶的碘含量不太平衡，原料奶是从千家万户收过来的，碘含量的幅度比较难控制，这是事实。”但随后又说“可以控制”。但对记者“既然可以控制，为什么还出现了超标的情况”的问题，孙女士以沉默作答。实际上记者在生产各环节进行实地采访后发现，牛奶中脂肪和蛋白质的含量被雀巢公司列为鲜牛奶是否合格的重要指标，而碘的含量并不在取样检测范围之内。

6. 当记者在哈尔滨双城的生产工厂进行采访时，雀巢的工作人员带领记者参观生产流程，但是拒绝回答任何关于碘超标的问题，而当记者走出车间时工作人员告诉记者，采访到此结束。

7. 当记者问“消费者很想知道出问题的这些奶粉究竟销往什么地方了，你们查清楚了吗”时，孙女士称“我们都有掌握”，但又称“这个数字由公司掌握，我本身不是搞生产的”“我作为公关部经理，目前掌握的信息就是我们新闻稿发布的信息，如果有进一步的消息我会再告诉你们”。而当记者问“现在消费者希望知道一些消息，他们的知情权能否得到保障”时，孙女士再次用沉默回应记者。

5 月 30 日，在接受浙江卫视的采访时，雀巢公司的孙女士称：“非常遗憾，这一批次的被检出来超过标准了，这是事实。我们在此对消费者带来的不必要的麻烦表示道歉。”但针对消费者提出的退货要求，孙女士回答：“它超了这么一点，这个产品是不是就不能用？所以，我刚才跟你讲过，29 种微量元素有一种超了一点，微超是不是就不能用了？这个问题是个关键。我们认为这个产品是没有问题的，所以我们认为安全。这是非常清楚的。”

资料来源：http://finance.sina.com.cn/xiaofei/consume/20050526/07031624631.shtml.

案例点评

雀巢中国有限公司发言人面对媒体公众，屡次漏洞百出、前后矛盾、不着边际的回答，显然是在处理问题时，生产工厂与总部间，生产部、销售部、市场部及公关部各部门之间沟通均不顺畅。在媒体广为流传的发言人接受央视采访的照片，是低着头在摘耳麦的画面，那种神色和姿态，让人感觉就是做了错事理亏心虚，但又不想认错。先后三次中断采访并以沉默来应对，更显示出其缺乏专业素养。动不动摆出公事公办的架子，称“如果有进一步的消息我会再告诉你们”“采访到此结束”，那种傲慢与冷漠尽显无遗。

实训导引

1. 实训目的：学习和了解公关危机处理的方法和技巧。

2. 实训任务：

某个小组利用课余时间联系本地一家知名企业，对他们应对各种公关危机处理的方法和技巧进行访谈，然后写出新闻发言稿，模拟新闻发布会向其他人汇报。

新闻发布会程序如下：

宣布开始 → 发布新闻或信息 → 答记者问 → 宣布结束 → 提示会后安排

3. 任务要求：

(1) 小组分工合作，选择企业，有效访谈，全面了解一个企业的公关危机管理的技巧和方法。

(2) 小组完成一篇新闻发布稿。

(3) 小组模拟演示新闻发布会的场景进行汇报。汇报时间控制在15～20分钟。

(4) 组员分数以小组的成绩给定，成绩由自评（占20%）、互评（占40%）和师评（40%）组成。现场点评时间为10分钟。

4. 实训评分标准与计分表格：

(1) 发言人评分细则：

PPT内容与讲解（70分）：要求PPT内容紧扣企业的公关危机管理技巧和方法，鲜明、深刻，格调积极向上，语言自然流畅，富有真情实感。普通话标准，语速适当，表达流畅，激情昂扬。

语言表达与应变能力（10分）：依据在问答环节的应变能力、资料运用能力，以及回答技巧应用、整体把握程度进行评分。

形象风度（10分）：要求衣着整洁，仪态端庄大方，举止自然、得体，体现朝气蓬勃的精神风貌。

综合印象（10分）：由评委根据发言人的临场表现做出综合素质的评价。

	发言人
PPT内容与讲解（70分）	
语言表达与应变能力（10分）	
形象风度（10分）	
综合印象（10分）	
合计	

(2) 记者代表评分细则：

语言表达与提问（60分）：依据在问答环节的参与、资料运用能力，以及所提问题的深刻与否进行评分。

形象风度（10分）：要求衣着整洁，仪态端庄大方，举止自然、得体，体现朝气蓬勃的精神风貌。

综合印象（30分）：由评委根据记者的临场表现做出综合素质的评价。

	记者团			
	中记 1	中记 2	外记 1	外记 2
语言表达与提问（60 分）				
形象风度（10 分）				
综合印象（30 分）				
合计				

阅读必备

处理危机公关的 12 个窍门

（1）要及时行动，以免被误会为漫不经心；

（2）要以长远的影响作考虑，用以抵消补救措施所需的短期开支；

（3）要主动交代事件（与公司律师协调，准备公开声明）；

（4）有责任与员工沟通，让他们了解事件对他们的影响；

（5）无须对每项“愚昧”的指责作回应，以免转移公众关注的事项；

（6）媒体既报道“事件本身”，也报道“企业的处理方法”，所以企业对待这两项的态度尤为重要；

（7）若真的不知道，则直说“不知道”，不要乱说，以免说错而难以向媒体解释；

（8）及时掌握公众的看法，知道舆论在说什么；

（9）启用新闻发言人，高度统一对外信息发布渠道；

（10）当危机惹来社会活跃分子的兴趣并使之参与进来时，危机的性质已经改变，企业要做好长期作战的心理准备；

（11）当遇上“无可奉告”和“表达公司的立场”两种选择时，要选择后者，永远不要低估舆论的力量；

（12）若要与政府或行政部门沟通时，谨记它们的影响力。

危机传播的原则和策略

1. 危机传播的原则

（1）危机传播的第一原则：当危机发生时，将公众的利益置于首位。

（2）危机传播的第二原则：当危机发生时，局部利益要服从全局的利益。

（3）危机传播的第三原则：当危机发生时，组织应立即成为第一消息来源，掌握对外发布信息的主动权。在最快的时间、最小的范围内将危机事件的影响控制在最低限度。

2. 危机传播的策略

（1）确定信息传播的对象：确定信息传播的公众对象；确定危机传播的媒介及其联系人；拟定统一的传播内容和传播口径。

（2）确保信息有效的传播，并不断监控公众的反馈。

(3) 掌握危机传播沟通的四个“度”：具备良好的态度；掌控速度；把握说话尺度；注意信息传播的梯度。

(4) 坚持“三T原则”：以我为主提供情况（tell you own talk）；提供全部情况（tell it all）；尽快提供情况（tell it fast）。

(5) 讲究四个“不如”：别人说不如自己说；大家说不如专人说；外行说不如内行说；被动说不如主动说。

(6) 面对媒体危机传播“七不要”：不要公开假设你不了解的事实，即不回答对于记者旨在诱导进行猜测的问题；不要缩小问题或者企图淡化某一严重问题，因为新闻界很快就会查清真相；不要让故事如挤牙膏似地挤出来，因为每次新的披露都会成为一个潜在的大字标题或头条新闻；不要发布会侵犯他人隐私或者因为任何原因指责别人的信息；不要说“无可奉告”的话或发表以记者不得公开引用为前提的评论，如果你不能就某事公开发表评论，你可以解释原因并告诉记者何时能有望获得信息，如果信息根本不能得到，就照直说，并且向记者保证只要一有可能就尽快提供信息；不要在媒体和记者中间邀宠，要尊重记者的工作，不要贬低他们抢先报道新闻的劲头和敬业精神；不要试图利用媒介的注意力与兴趣来推销组织、事业、产品或服务，在处于危机聚光之下的时候，不做那些会被看作自我服务的宣传游说。

(7) 处理危机时易犯的错误：犹豫、困惑、报复、推诿搪塞、模棱两可、装模作样、对抗、诉讼。

任务四　公关危机的预防

面对危机我们纵有千万种办法，也不能涂抹掉危机带给人们的负面影响，对组织来说，更需要花漫长的时间去磨灭危机带来的不良影响。所以，人们在危机发生时常常有种惯性思维“假如这一切从没有发生过多好！”如果真的有种办法能够避免危机的发生，那就是“防患于未然”。古人云“吃一堑，长一智”，是告诉人们要善于总结经验教训，以便规避下一次的危机。这便是公关危机的预防。

案例阅读1

强生接连发生危机事件

因旗下系列儿童护肤品存在安全隐患，强生公司曾于2009年初面临质疑与危机。

2010年新年之初，强生再次面临危机。据媒体报道，因有消费者反映在药品中嗅到发霉气味，且有消费者称在服用这些药品后出现恶心、胃痛、呕吐及腹泻等症状，美国强生公司召回包括畅销药品泰诺、布洛芬等在内的500个批次非处方药。与此同时，由于向医药服务商某养老院提供回扣，以兜售危险药品而遭到美国司法部门指控，这更是将强生推向了舆论的风口浪尖。

针对强生品牌连续发生的危机事件，强生（中国）有限公司方面于当年1月18日声明，在美召回的药品未进入中国市场，也不涉及在中国的生产及销售。

资料来源：http://www.360doc.com/content/10/1111/10/1049821_68409785.shtml.

案例点评

在1982年强生公司发生第一次泰诺中毒危机事件后，曾成功应对，此经典案例被业界权威称为“开创了国际危机公关理论研究的先河”，而在危机应对背后，强生公司“对医生、护士、医院、患者和所有使用者负责，产品必须始终维持最高品质”的经营理念成为企业社会责任的参考教材。此后几年间，从2008年初的多瑞吉风波到2009年初的儿童护肤品安全事件，再到后来的两次危机夹击案，强生品牌声誉大受损伤。虽然强生公司具有基本的危机事件应对技巧，次次都较为成功地应对了意外的危机事件，但防范危机以避免危机事件的再发生才是最好的办法，因为这是消除系列危机事件发生的根本解决之道。

案例阅读2

三十五次紧急电话

一天下午，日本东京东武百货公司的一名售货员彬彬有礼地接待一位来买索尼唱机的女顾客。当时，售货员为顾客挑选了一台未启封的索尼唱机。最后，售货员清理商品时发现，将一台只有外观的样品机器卖给了那位美国女顾客。于是，她立即向公司警卫做了报告，警卫马上四处寻找那位女顾客，但是一直没找到其踪影。

东武百货公司经理马上召集有关人员研究，可是只知道那位女顾客是一位名叫基泰丝的美国记者，留下一张“美国快递公司”的名片之外，别无其他线索。

公关部连夜开始了一连串查找，打电话向东京各大酒店查询，毫无结果。又打长途电话向“美国快递公司”日本大阪总部查询，后在深夜得知基泰丝父母在美国的电话号码。接着，工作人员打国际长途，找到了基泰丝的父母，进而打听到基泰丝在东京的住址和电话号码。完成这一过程，总共打了三十五个紧急电话。

第二天一早，东武百货公司给基泰丝打了道歉电话，并由副经理和公关人员前往基泰丝的住处，见到基泰丝，他们深深鞠躬表示歉意。他们除了为基泰丝送来一台新的索尼唱机外，还加送了 CD 一张、蛋糕一盒和毛巾一套，副经理还拿出记事本，宣读了怎么查询顾客的住址和电话号码，及时纠正失误的全部记录。基泰丝由此深受感动，她本来是要把唱机送给日本的亲戚作为见面礼的，但回家后发现买的唱机有问题，根本不能用，非常恼怒，立即写了题为“笑脸背后的真面目”的批评稿，准备第二天拿到东武百货公司兴师问罪。可是没想到，东武百货公司竟然及时纠正了错误，并花了那么多时间和精力。基泰丝为此撕掉了批评稿，而重新写了一篇题为“三十五次紧急电话”的特稿。

该文章发表后，引起社会强烈反应，东武百货公司也因此声名鹊起，顾客盈门。

资料来源：http://www.doc88.com/p-698132342826.html.

案例点评

这个故事被美国公共关系协会推为世界性公共关系的典型案例。之所以典型，就在于当事件发生后，百货公司上下都抱着积极认真的态度，想尽办法去弥补事件带来的损失。更为重要的是对微小事情的关注，并且将灾难掐灭在萌芽阶段，从而阻止了事情向更坏的方面发展。同时也很好地体现了危险中存在着机遇。正是因为百货公司的员工及时纠正了错误，降低了顾客的损失。作为记者的顾客后来写了一篇赞扬信发表在报纸上，为公司树立了良好的公众形象，也给公司带来了为更多顾客服务的机会。

实训导引

19 世纪末，美国康奈尔大学做过一次有名的青蛙实验。如果把一只青蛙扔进热水中，青蛙会马上跳出来。但是如果把一只青蛙放入凉水中逐渐加热，青蛙会在不知不觉中失去跳出的能力，直至被热水烫死。以此实验的启示说说怎样进行公关危机预防。

1. 小组查找相关资料并加以讨论和总结。

2. 小组派代表进行陈述和讲解。

3. 其他小组代表和老师给予点评并打分。

阅读必备

危机管理与预防的九方面工作

(1) 树立强烈的“防火”意识。

(2) 危机预测分析。

(3) 制订危机管理计划。

(4) 成立危机管理委员会。

(5) 印制危机管理手册。

(6) 确定组织发言人。

(7) 事先同传播媒介建立联系。

(8) 建立处理危机关系网。

(9) 搞好内部培训。

做好公关危机的全程监控

1. 建立预防危机的预警系统

预防危机必须建立高度灵敏、准确的预警系统。信息监测是预警的核心，随时搜集各方面的信息，及时加以分析和处理，把隐患消灭在萌芽状态。预防危机需要重点做好以下几项工作：一是随时收集公众对产品的反馈信息，对可能引起危机的各种因素和表象进行严密的监测。二是掌握行业信息，研究和调整企业的发展战略和经营方针。三是研究竞争对手的现状，进行实力对比，做到知己知彼。四是对监测到的信息进行鉴别、分类和分析，对未来可能发生的危机类型及其危害程度做出预测，并在必要时发出危机警报。

2. 建立危机管理机构

这是企业危机管理有效进行的组织保证，不仅是处理危机时必不可少的组织环节，而且在日常危机管理中也非常重要。危机发生之前，企业要做好准备工作，建立危机管理机构，制定出危机处理工作程序，明确主管领导和成员的职责。成立危机管理机构是发达国家的成功经验，是顺利处理危机、协调各方面关系的组织保障。危机管理机构的具体组织形式，可以是独立的专职机构，也可以是一个跨部门的管理小组，还可以在企业战略管理部门设置专职人员来代替。企业可以根据自身的规模以及可能发生的危机的性质和概率灵活决定。

3. 制订危机管理计划

企业应该根据可能发生的不同类型的危机制订一整套危机管理计划，明确怎样防止危机爆发，一旦危机爆发，立即做出针对性反应等。事先拟定的危机管理计划应该包括企业多方面的应对预案，主要有灾难性危机事件反应计划、倾向性紧急事件反应计划、日常防卫性或安全措施性反应计划等。在计划中要重点体现危机的传播途径和解决办法。

阅读链接

1.《小时代 3》视频（http://www.iqiyi.com/v_19rrmmz5yw.html?vfm=2008_aldbd）。

2.《影子大亨》（又名《金钱帝国》）视频（http://www.iqiyi.com/v_19rrku2pb0.html?vfm=2008_aldbd&fc=828fb30b722f3164&fv=p_02_01）。

项目六 公共关系基本技能

公共关系可以解决组织或特殊个体与公众之间的对话，因此公共关系所需要的技能主要集中在口语和书面沟通上。包括公关演讲、公关谈判、广告宣传、公关写作、公关礼仪等。这些沟通的技能分为口语表达、书面表达和态势表达，涵盖了沟通的各个方面。我们通过沟通在公众心中树立形象，往往会影响他们的进退和取舍。换句话说，解决了对话的技巧，就掌握了公共关系的技能。

任务一　公关演讲

英国前首相丘吉尔曾说："一个人可以面对多少人，就代表这个人的成就有多大。"无论是政界还是商界领袖，古今中外绝大部分深具影响力的成功人士都是演讲大师。在企业的公共关系活动中，演讲是一种传播和沟通的好形式。它的形式简单，无需繁多的道具，也无需严格规则的场地。现代化的传播手段普及之后，演讲人可以走进广播电台、电视台、自媒体，使演讲形式变得更简单，让接受方式更为便捷。演讲是一种富有说服力、鼓动性的说话方式。演讲者面对着众多的听众，要使听众接受演讲的内容，从而影响其行为，就必须采用丰富典型的材料，通过严密的逻辑论证，用富有说服力、鼓动性的艺术化口语，打动听众。演讲是一种有声语言和体态语言相结合的语言表达方式。演讲是运用有声语言和无声语言，声情并茂地去感染受众。

聪明的演讲人会利用这种传播工具使自己或所代表的组织与公众的距离缩短并赢得公众的好感。

案例阅读 1

周恩来的精彩演讲

1945 年，国共谈判期间，周恩来应重庆“西南实业协会”的邀请，出席他们的一次星期五聚餐会，并准备演讲《当前经济形势》。在此聚餐会之前，周恩来认真阅读了当时重庆的经济材料，并且让经济学家许涤新前来汇报重庆资本家存在的问题和思想动态，汇报资本家对于国民党的经济政策和官僚资本的态度等。在星期五聚餐会上，周恩来做了《当前经济形势》的演讲。听报告的人极其踊跃，不仅座无虚席，而且在讲堂的窗台和窗外都站满了人。激情感人的演讲，让人热血沸腾。这次演讲之后，一大批工商界人士倾向于跟中国共产党走。

资料来源：http://wenku. baidu. com/link? url=AxQBNXvBp5mv1mfqeD6L0Xi1OgCeo_-ZiS5btF9BTgDjV-ws_ZQhHiVDnX_RCXTs3k2mcenIjm7H5li7j6Dha0UciLXlgExcmUzLBUqDQicS.

案例点评

此案例说明了公共关系实务中的演讲问题。演讲是演讲者就某一问题向一定范围的受众发表讲话，是公共关系工作中最常用、最普遍的一种口语传播方式，是一种永远都不会过时的公关手段。此案例中，周恩来就是充分运用了演讲这一公关手段，宣传了中国共产党的观点和思想。

演讲虽是一种言语的表达，但是与平常的讲话不同，需要较充分的准备工作，包括了解听众、熟悉主题和内容、搜集素材和资料、准备演讲稿并作适当的演练等。成功的演讲是从准备开始的，要有准备，首先就是要调查，并根据调查的情况来确定演讲的主题和内容，搜集演讲的素材，选择合适的演讲方式。周恩来的这次演讲之所以能获得如此巨大的成功，是与他十分认真地对待这次演讲，做了大量的准备工作分不开的。他在演讲前下工夫去阅读当时重庆的经济资料，并且让经济学家许涤新向他汇报重庆资本家存在的问题和思想动态。这些准备工作为演讲的成功奠定了基础。

由此可见，要作一次成功的公关演讲，必须了解演讲的听众，对他们的社会背景、思想动态、意见态度及行为方式等做透彻的分析研究，并以此为根据来确定自己演讲的主题、内容以及合适的演讲方式。

案例阅读2

林肯"葛底斯堡演说"的准备

美国历史上最伟大的总统之一林肯，为了解决当时的南北战争，统一美国，废除黑奴制，进行了不遗余力的政策调整和公关演讲，他经常以长达数天或数周的时间来酝酿一场演讲。他会在帽子上随时写下想起来的提示，最终再将这些提示重新整理一番，抄写下来进行修改，进而形成他的演讲稿，甚至直到演讲最后一刻来临之前，他还依然不断地思考和推敲。

有一次，在发表一次演说前的周日，他告诉一个朋友，演讲词还没有最后完稿。"我已经写了三遍了，"他说，"但是我还得重新修改一遍才能满意。"

演讲的前一天晚上，他仍独自一人练习。他忙碌了一个晚上，在去演讲的路上仍琢磨不停。然而等到演讲的时候，却只用了不到5分钟的时间，其中仅包含266个单词，这就是著名的"葛底斯堡演说"——世界上最伟大的演讲之一。

资料来源：武洪明，许湘岳．职业沟通教程（第二版）．北京：人民出版社，2014.

案例点评

"葛底斯堡演说"是美国前总统林肯最著名的演说之一，也是美国历史上为人引用最多的演说。1863年11月19日，林肯在宾夕法尼亚州的葛底斯堡的葛底斯堡国家公墓揭幕式中发表此次演说，哀悼在长达五个半月的葛底斯堡之役中阵亡的将士。在葛底斯堡战役中，双方留下超过七千具的战士遗骸、数以千具战马尸骨。林肯的此次演讲意义重大，他对此次演讲异常重视。演讲前他收集了翔实的数字和事实，酝酿了充沛的感情。

任何超凡的演说，我们往往只羡慕演说者能够在众人面前侃侃而谈，却忽视了他在人们视线之外所做的切切实实的准备。为了和谐融洽的公共关系，你每次站在公众面前，都有责任事先做最好的准备，准备越充分，演讲就会越成功。

案例阅读3

丘吉尔的演讲艺术

1941年6月22日，德国军队大举入侵苏联，当晚英国首相丘吉尔就对民众发表了一篇著名的广播演说，表明了英国将援助苏联抗击德国法西斯的决心，指出了苏联与英美之间休戚与共的战略关系，并号召全世界团结起来共同对抗敌人。

在演说中，丘吉尔愤怒地声讨了德国侵略者的罪行，有力地揭穿了希特勒企图“迫使西半球屈服于他的意志和他的制度”的野心，号召英国人民“不分种族，不分信仰，不分党派”，全部投入到这场援助苏联、保卫英国的战争中去。这次动员演说显示出丘吉尔高超的演说才能和深远的洞察力，至今仍具有激动人心的力量。

演讲中丘吉尔说道：“我们只有一个目标，一个唯一的、不可变更的目标。我们决心要消灭希特勒，肃清纳粹制度的一切痕迹。什么也不能使我们改变这个决心。什么也不能！我们决不谈判；我们决不同希特勒或他的任何党羽进行谈判。我们将在陆地上同他作战；我们将在海洋上同他作战；我们将在天空中同他作战，直至借上帝之力，在地球上肃清他的阴影，并把地球上的人民从他的枷锁下解放出来。”这一系列排比的使用，气势磅礴，思想深邃，像掠过风雨的惊雷，赢得听众山呼海啸一般的掌声。

案例点评

丘吉尔是一个了不起的人物，他是经邦治国的政治家、战争中的传奇英雄、著作等身的作家、曾获诺贝尔文学奖的文学家、辩才无碍的演说家。案例中丘吉尔的公关动员演讲有两点值得我们学习：

1. 立场鲜明，正义英勇。第二次世界大战时期，世界风云变幻，作为英国首相，丘吉尔亲眼看到了希特勒的暴行给民众生活带来的灾难，面对希特勒的暴行真正做到了零容忍，在很多场合高声疾呼，号召人民团结起来反对纳粹。在第二次世界大战中的重要时刻，他发表了许多富于技巧而且打动人心的演讲，给人们留下了极深刻的印象。瑞典文学院在授予他诺贝尔文学奖的颁奖词中说："丘吉尔成熟的演说，目的敏捷准确，内容壮观动人。犹如一股铸造历史环节的力……丘吉尔在自由和人性尊重的关键时刻的滔滔不绝的演说，却另有一番动人心魄的魔力。也许他自己正是以这伟大的演说，建立了永垂不朽的丰碑。"丘吉尔的演讲能打动人，是因为他有一颗与整个欧洲人民同呼吸共命运的心，人们通过他的演讲能够切实感受到他的正义之心。

2. 语句优美，善用修辞。丘吉尔不仅是演说家，还是文学家、作家，他对自己演讲稿的追求已经达到了非常完美的地步。他的每一篇演讲稿都可以当作一篇非常优美的文学作品来欣赏。他演讲中的语言描摹事物精准、表达感情真挚，更是擅长用排比句营造气势。如果你知道丘吉尔个子不高、身材笨拙，甚至说话时有轻微口吃，并带有地方口音，你就会更加佩服丘吉尔对演讲内容的精益求精的精神。丘吉尔的演讲超越了政治内容而成为文学典范，今天读来确实像诗歌一般：

虽然欧洲的大部分土地和许多著名的古国已经或可能陷入了盖世太保以及所有可憎的纳粹统治机构的魔爪，但我们绝不气馁、绝不言败。我们将战斗到底。我们将在法国作战，我们将在海洋中作战，我们将以越来越大的信心和越来越强的力量在空中作战，我们将不惜一切代价保卫本土，我们将在海滩作战，我们将在敌人的登陆点作战！

案例阅读4

乔布斯2005年在斯坦福大学的演讲

我今天很荣幸能和你们一起参加毕业典礼，斯坦福大学是世界上最好的大学之一。我从来没有从大学中毕业，说实话，今天也许是我有生以来离大学毕业典礼最近的一天了。今天我想向你们讲述我生活中的三个故事。不是什么大不了的，只是三个故事而已。

第一个故事是关于如何串起生命中的点点滴滴。

我在Reed大学读了六个月之后就退学了，但之后作为旁听生又混了十八个月才真正离开。我为什么要退学呢？

故事从我出生的时候讲起。我的亲生母亲是一个年轻的、没有结婚的大学毕业生。她决定让别人收养我，但她觉得我一定要被大学毕业生收养。所以她安排好了我出生时将被一个律师和他的妻子所收养。但是她没有料到，当我出生之后，律师夫妇突然决定他们想要一个女孩。所以我的养父母

(他们在待选名单上)突然在半夜接到了一个电话:“我们现在这儿有一个不小心生出来的男婴,你们想要他吗?”他们回答道:“当然!”但是我亲生母亲随后发现,我的养母从来没有上过大学,我的养父甚至没有读过高中。她拒绝签署收养合同。只是在几个月以后,我的养父母答应她一定要让我上大学,那个时候她才“软化”同意。

在十七岁那年,我真的上了大学。但是我很愚蠢地选择了一个几乎和你们斯坦福大学一样贵的学校,我父母是蓝领阶层,他们几乎把所有积蓄都花在了我的学费上面。在六个月后,我已经看不到其中的价值所在。我不知道我真正想要做什么,我也不知道大学能怎样帮助我找到答案。但是在这里,我几乎花光了我父母这辈子的全部积蓄。所以我决定要退学,我觉得这是个正确的决定。不能否认,我当时确实非常害怕,但是现在回头看看,那的确是我这一生中最棒的一个决定。在我做出退学决定的那一刻,我终于可以不必去读那些令我提不起丝毫兴趣的课,并可以开始去修那些看起来有点意思的课程。

但是这并不是那么罗曼蒂克。我失去了我的宿舍,所以我只能在朋友房间的地板上睡觉,我去捡可以换5美分的可乐罐,仅仅为了填饱肚子,在星期天的晚上,我需要走七英里的路程,穿过城市到 Hare Krishna 神庙,只是为了能吃上一顿好饭——这是一个星期唯一一顿好一点的饭,我喜欢那里的饭菜。

我跟着我的直觉和好奇心走,遇到的很多东西,此后被证明是无价之宝。让我给你们举一个例子吧:

Reed 大学在那时提供也许是全美最好的美术字课程。在这个大学里面的每张海报、每个抽屉的标签上面全都是漂亮的美术字。因为我退学了,不必去上正规的课程,所以我决定去参加这个课程,去学学怎样写出漂亮的美术字。我学到了 san serif 和 serif 字体,我学会了怎么样在不同的字母组合之中改变空白间距,还有怎么样才能作出最棒的印刷式样。那种美好、历史感和艺术精妙,是科学永远不能捕捉到的,我发现那实在是太迷人了。

当时看起来这些东西在我的生命中好像都没有什么实际应用的可能。但是十年之后,当我们在设计第一台 Macintosh 电脑的时候,就不是那样了。我把当时我学的那些东西全都设计进了 Mac。那是第一台使用了漂亮的印刷字体的电脑。如果我当时没有退学,就不会有机会去参加这个我感兴趣的美术字课程,Mac 就不会有这么多丰富的字体以及赏心悦目的字体间距。

当然我在大学的时候,还不可能把从前的点点滴滴串联起来,但是当我十年后回顾这一切的时候,真的豁然开朗了。

再次说明的是,你在向未来展望的时候不可能将这些片断串联起来,你只能在回顾的时候串起它们。所以你必须相信这些片断会在你未来的某一天串联起来,你必须要相信某些东西:你的勇气、目的、生命、因缘……这个过程从来没有令我失望,只是让我的生命更加与众不同。

我的第二个故事是关于兴趣与得失。

我非常幸运，因为我在很早的时候就找到了我钟爱的东西。Woz和我在二十岁的时候就在父母的车库里面开创了苹果公司。我们工作得很努力，十年之后，这个公司从那两个车库中的穷小子发展到了超过四千名的雇员、价值超过二十亿美元的大公司。在公司成立的第九年，我们刚刚发布了最好的产品，那就是Macintosh。我也快要到三十岁了。在那一年，我被炒了鱿鱼。你怎么可能被你自己创立的公司炒了鱿鱼呢？嗯，在苹果快速成长的时候，我们雇用了一个很有天分的家伙和我一起管理这个公司，在最初的几年，公司运转得很好。但是后来我们对未来的看法发生了分歧，最终我们吵了起来。当争吵得不可开交的时候，董事会站在了他的那一边。所以在三十岁的时候，我被炒了。在这么多人目光下我被炒了。在而立之年，我生命的全部支柱离自己远去，这真是毁灭性的打击。

在最初的几个月里，我真是不知道该做些什么。我觉得我令上一代的创业家们很失望，我把他们交给我的接力棒弄丢了。我和创办惠普的David Pack、创办Intel的Bob Noyce见面，并试图向他们道歉。我把事情弄得糟糕透顶。但是我渐渐发现了曙光，我仍然热爱我从事的这些东西。苹果公司发生的这些事情丝毫没有改变这些，一点儿也没有。我被驱逐了，但是我仍然钟爱我所做的事情。所以我决定从头再来。

我当时没有觉察，但是事后证明，从苹果公司被炒是我这辈子发生的最棒的事情。因为，作为一个成功者的负重感被作为一个创业者的轻松感所重新代替，没有比这更确定的事情了。这让我觉得如此自由，进入了我生命中最有创造力的一个阶段。

在接下来的五年里，我创立了一个名叫NeXT的公司，还有一个叫Pixar的公司，然后和一个后来成为我妻子的优雅女人相识。Pixar制作了世界上第一个电脑动画电影——《玩具总动员》，Pixar现在也是世界上最成功的电脑制作工作室。在后来的一系列运作中，Apple收购了NeXT，然后我又回到了Apple公司。我们在NeXT发展的技术在Apple今天的复兴之中发挥了关键的作用。而且，我还和Laurence一起建立了一个幸福完美的家庭。

我可以非常肯定，如果我不被Apple开除，这其中一件事情也不会发生。这个良药的味道实在是很苦，但是我想病人需要这个药。有些时候，生活会拿起一块砖头向你的脑袋上猛拍一下，不要失去信仰。我很清楚唯一使我一直走下去的，就是我做的事情令我无比钟爱。你需要去找到你所爱的东西。对于工作是如此，对于你的爱人也是如此。你的工作将会占据生活中很大的一部分。你只有相信自己所做的是伟大的工作，你才能怡然自得。如果你现在还没有找到，那么继续找，不要停下来，只要全心全意地去找，在你找到的时候，你的心会告诉你的。就像任何真诚的关系，随着岁月的流逝只会越来越紧密。所以继续找，直到你找到它，不要停下来！

我的第三个故事是关于死亡的。

当我十七岁的时候，我读到了一句话："如果你把每一天都当作生命中最后一天去生活的话，那么有一天你会发现你是正确的。"这句话给我留下了很深的印象。从那时开始，过了 33 年，我在每天早晨都会对着镜子问自己："如果今天是我生命中的最后一天，你会不会完成你今天想做的事情呢？"当答案连续多天是"No"的时候，我知道自己需要改变某些事情了。

"记住你即将死去"是我一生中遇到的最重要的箴言。它帮我指明了生命中重要的选择。因为几乎所有的事情，包括所有的荣誉、所有的骄傲、所有对难堪和失败的恐惧，这些在死亡面前都会微不足道。我看到的是留下的真正重要的东西。你有时候会思考你将会失去某些东西，"记住你即将死去"是我知道的避免这些想法的最好办法。如果你清空一切，你没有理由不去跟随自己内心的声音。

大概一年以前，我被诊断出癌症。我在早晨七点半做了一个检查，检查清楚地显示在我的胰腺有一个肿瘤。我当时都不知道胰腺是什么东西。医生告诉我那很可能是一种无法治愈的癌症，我至多还能活三到六个月的时间。我的医生叫我回家，然后整理好我的一切，那是医生对临终病人的标准程序。那意味着你将要把未来十年对你小孩说的话在几个月里面说完；那意味着把每件事情都安排好，让你的家人会尽可能轻松地生活；那意味着你要说"再见了"。

我拿着那个诊断书过了一整天，那天晚上我做了一个活体切片检查，医生将一个内窥镜从我的喉咙伸进去，通过我的胃，然后进入我的肠子，用一根针在我的胰腺上的肿瘤上取了几个细胞。我当时是被麻醉的，但是我的妻子在那里，后来她告诉我，当医生在显微镜下观察这些细胞的时候他们开始尖叫，因为这些细胞竟然是一种非常罕见的可以用手术治愈的胰腺癌症细胞。我做了这个手术，现在我痊愈了。

那是我最接近死亡的时候，我希望这也是以后的几十年最接近的一次。从死亡线上又活了过来，相对于以前只把死亡当成一种想象中的概念，我现在可以更肯定地对你们说：

没有人愿意死，即使人们想上天堂，也不会为了去那里而死。但是死亡是我们每个人共同的终点。从来没有人能够逃脱它。也应该如此。因为死亡就是生命中最好的一个发明。它将旧的清除以便给新的让路。你们现在是新的，但是从现在开始不久以后，你们将会逐渐变成旧的，然后被送离人生舞台。我很抱歉这很戏剧性，但是这十分真实。

你们的时间很有限，所以不要将它们浪费在重复其他人的生活上。不要被教条束缚，那意味着你和其他人思考的结果一起生活。不要被其他人喧嚣的观点掩盖你内心真正的声音。还有最重要的是，你要有勇气去听从你直觉和心灵的指示——它们在某种程度上知道你想要成为什么样子，所有其他的事情都是次要的。

当我年轻的时候，有一本叫做《整个地球的目录》振聋发聩的杂志，它是我们那一代人的圣经之一。它是一个叫 Stewart Brand 的家伙在离这里不远的 Menlo Park 编辑的，他像诗一般神奇地将这本书带到了这个世界。那是二十世纪六十年代后期，在个人电脑出现之前，所以这本书全部是用打字机、剪刀还有拍立得照相机编辑的。有点像用软皮包装的 Google，在 Google 出现三十五年之前：这是理想主义的，其中有许多灵巧的工具和伟大的想法。

Stewart 和他的伙伴出版了几期《整个地球的目录》，当它完成了自己使命的时候，他们做出了最后一期的目录。那是在七十年代的中期，我正是你们的年纪。在最后一期的封底上是清晨乡村公路的照片（如果你有足够冒险精神的话，你就可以自己找到这条路），在照片之下有这样一段话："求知若饥，虚心若愚。"这是他们的告别语。"求知若饥，虚心若愚。"我总是希望自己能够那样，现在，在你们即将毕业，开始新的旅程的时候，我也希望你们能这样：

求知若饥，虚心若愚。

非常感谢你们！

资料来源：http://www.rubik.com.cn/steve_jobs.htm.

案例点评

乔布斯作为一名具有传奇色彩的公众人物，聚集了世界各地众多的"果粉"，他的言行、故事和演说，无疑是人们喜爱他、喜爱他的"苹果"的原因之一。马云、俞敏洪、李开复等创业大佬和他有异曲同工之妙。乔布斯在这个演讲中，开篇引人入胜，中间翔实并有说服力，结尾简洁有力，给人警示。他开篇通过"今天也许是我有生以来离大学毕业典礼最近的一天了"引起学生们的共鸣，拉近与学生的距离，同时又不乏幽默感。中间部分乔布斯非常英明地选择了讲故事这种形式。在演讲中，讲故事永远胜过说道理，而讲别人的故事又不如讲自己的故事。乔布斯通过三个自己的故事，传达出了他要表达的思想，即：(1) 现在我们所承受的一切，都将是串联起我们人生值得回味的片段；(2) 爱和梦想会支持我们前进，而有时失去是让我们更好地轻装上阵；(3) 把生命中的每一天都当成是最后一天来奋斗。可以说思路清晰，道理在讲故事的过程中就自然而然地传递，没有说教，却让人无法不被吸引。在结尾处，乔布斯引用了"求知若饥，虚心若愚"这个句子，简洁有力，又与众不同，送给即将毕业的大学生再合适不过了。

案例阅读5

用身体在演讲的帕特里克·亨利

1775年3月23日，美国独立战争时期的自由主义者、著名律师和演讲大师帕特里克·亨利，在弗吉尼亚州议会上以传神的体态表达了要为自由奋战到底，“不自由，毋宁死”的决心。

当天会议上，会议主席中途宣布了刚刚收到的消息，指出英王乔治三世在英国议会的开幕式上，发表了一通杀气腾腾的讲话，说北美殖民地发生了“具有刑事性质的暴乱”，并且撂下狠话，要用血与火来回答北美大陆会议的“致英王书”。听到这个消息，会议现场瞬间变得严肃起来，嘈杂声不断。这时的亨利按捺不住了，拍案而起。他三步并作两步走向前，跳上会议大厅中央的一张桌子上，抡起一根木棒，用力地敲击着桌子边缘，示意大家安静下来。亨利环顾了一下整个会场，两眼炯炯有神，有一股夺人的英气和锐气，他的面部表情显然是庄严的、稳重的，甚至可以说是带有几分森然的、冷峻的。他清了一下嗓子，就凛凛犹有生气地开口了，好似有源源不断的喷浆从喉咙口奔涌而出：“主席先生，没有人比我更钦佩刚刚在会议上发言的先生们的爱国精神与见识才能了。但是，对同一事物的看法往往因人而异，所以，尽管我的观点与他们截然不同，我还是要毫无顾忌、毫无保留地讲出自己的观点，并希望不要因此而被认为是对先生们的不敬。此时不是讲客气话的时候，摆在各位代表面前的是国家存亡的大问题，我认为，这是关系到享受自由还是蒙受奴役的大问题。鉴于它事关重大，我们的辩论应该允许各抒己见。只有这样，我们才有可能搞清事物的真相，才有可能不辱于上帝和祖国所赋予我们的伟大使命。在这种时刻，如果怕冒犯各位的尊严而缄口不语，我认为是对祖国的背叛，和对比世界上任何国君都更为神圣的上帝的不忠。”

在座的代表们目不转睛地望着亨利。亨利的这番开场白，首先肯定了在他之前发言的代表们的良善用心，然后婉转地道出自己与一些代表观点相异，接下来他想要驳斥的是保守派观点立场的种种谬误，只听到他继续说道：“我只有一盏指路明灯，那就是经验之灯。除了过去的经验，我没有什么别的方法可以判断未来。而依据过去的经验，我倒希望知道，十年来英国政府的所作所为，有哪一点足以使各位先生有理由满怀希望，并欣然用来安慰自己和议会？难道就是最近接受我们请愿时所流露出的那种狡诈微笑吗？不要相信这种微笑，先生们，事实已经证明它是你们脚边的陷阱。不要被人家的亲吻出卖了！请诸位自问，接受我们请愿时的和气亲善与遍布我们海陆疆域的大规模备战如何能够相称？难道出于对我们的爱护与和解，有必要动用战舰和军队吗？难道我们流露过绝不和解的愿望，以至于为了赢回我们的爱，而必须诉诸武力吗？我们不要再欺骗自己了，先生们。这些都是战争和征服的工具，是不列颠国君采取的最后争执手段。”

此刻，亨利稍稍挑了挑双眉，眼睛里流露出深深的忧虑，进而发出一连串的质问：“主席先生，我要向主张和解的先生请教，这些战争部署究竟意味着什么？如果说其目的不是迫使我们屈服的话，那么哪位先生能指出其有其他动机吗？在我们这块土地上，还有哪些对手值得大不列颠征集如此规模的海陆军队吗？不，先生们，没有其他对手了，一切都是针对我们而来，而不是针对别人。英国政府如此长久地锻造出的锁链要来桎梏我们了。我们应该如何进行抵抗呢？还要靠辩论吗？先生们，我们已经辩论整整十年了，可辩论出什么新的抵御措施了吗？没有。”

他抬高了下颏，同时情不自禁地提高了嗓门，继续发问道：“我们已经从各方面考虑过了，但一切都是枉然。难道我们还要苦苦哀告、乞求吗？难道我们还有什么更好的策略没有使用过吗？先生们，我请求你们，千万不要再自欺欺人了。为了阻止这场即将来临的风暴，一切该做的我们都已经做了。我们请愿过，我们抗议过，我们哀求过，我们也曾拜倒在英王的御座前，恳求他出面制止国会和内阁的残暴行径。可是，我们的请愿受到了蔑视，我们的抗议反而招致更多的镇压和侮辱，我们的哀求被置之不理，我们被人家轻蔑地从御座边一脚踢开了。事到如今，我们怎么还能沉迷于虚无缥缈的和平希望之中呢？”

这时亨利稍停顿了一下，咽了一口唾液，会场上有人发出低低的轻叹声。众人从亨利的眼中看到一团燃烧的烈火，听到他发出有如狮吼般的几句号召：“没有任何希望的余地了。假如我们仍然渴望得到自由，并维护我们多年以来靠奋斗得来的那些珍贵权利不遭侵犯，假如我们不愿放弃我们长期矢志奋斗的伟大斗争也不愿半途而废，那么，我们就必须战斗！我再重复一遍，先生们，我们必须战斗！我们要诉诸武力，诉诸那万军之主，这才是我们唯一的出路！”

说到这里，他下意识地点了点头，眼中开始闪着泪花，然后他用诚挚的、恳求的、充满信心的口吻对着一众代表说道：“先生们，只要我们能妥善利用自然之神赐予我们的有利条件，我们就不弱小。一旦我们三百万人民在自己的国土上，为神圣的自由事业而武装起来，那么任何敌人都是无法战胜我们的。此外，先生们，我们并非孤军作战，主宰各民族命运的正义之神，会号召朋友们为我们而战。先生们，战争的胜负不仅仅取决于力量的强弱，胜利永远属于那些机警的、主动的、勇敢的人们。况且，我们已经没有选择余地了。即使我们那样没有骨气，想退出这场战争，也为时晚矣！我们已毫无退路，除非甘愿受屈辱和奴役！囚禁我们的锁链已经铸就，波士顿草原上已经响起镣铐的叮当响声。战争已不可避免——那么就让它来吧！我再重复一遍，就让它来吧！”

突然间他的发言戛然而止，他已经讲完了他想要讲的大部分心里话，然而他还有很重要的一句话还没说出口，那就是他对自由的热爱。此时此刻，他为自己内心深处的这些想法揪得心一阵紧，脸激动得一阵通红，手臂随之忽上忽下地挥动着，一句句铿锵有力有如电闪雷鸣般的话语就那样从喉咙口势不可遏地喷吐而出："企图使事态得到缓和是徒劳的。各位先生可以高喊：和平！和平！但根本不存在和平，战斗实际上已经打响。从北方刮来的风暴将把武器的铿锵回响传到我们的耳中。我们的弟兄已经奔赴战场！我们为什么还要站在这里袖手旁观呢？先生们想要做什么？想要达到什么目的？难道宝贵的生命，美好的和平，最终要以镣铐和奴役作为代价来获取吗？"

当他说出这番话时，语调低沉而痛苦，声音微弱而嘶哑，他佝偻着身躯，双手捧着胸口，缓慢地走向讲台前沿，似乎被沉重的镣铐压得直不起腰来。他的动作和声音感染了听众，他们似乎也被奴役和屈辱压迫得透不过气来，整个会场鸦雀无声。忽然，帕特里克抬起头，挺起胸膛，站直身子，双手高举向上，仿佛拽下了镣铐，他高喊："全能的上帝啊，阻止这一切吧！在这场斗争中，我不知道别人会如何行事，但是对我来说，不自由，毋宁死！"

这一番气贯长虹的演说完毕，整个会场掌声和欢呼声响彻屋檐，众人群情激昂，"拿起武器！拿起武器！"的呼喊声在会议大厅里回响着。

资料来源：中国首批公共关系研究专家罗慰年的博客：http://blog. sina. com. cn/s/blog_6ac904c40102v30s. html.

案例点评

为了统一思想，为了凝聚人心，为了组织的前途和命运，作为著名的公众人物和演讲家，帕特里克·亨利可以说是将身体语言与演讲内容融合得天衣无缝。他的身体语言毫不夸张，所有的动作和表情都是随着演讲情绪的需要而产生，并为演讲效果作出了显著的积极贡献。在任何演讲或者沟通中，切忌动作与话语本身不符，情感平淡却用了高手位的动作，或者情绪激烈却毫无动作等。肢体动作不能过多，也不能用力过猛，动作的幅度与多少要视说话时的情绪和内容而定。在日常演练时，可从站姿、欠身、表情、手势等方面注意。在表情训练中可以着重训练自己的眼神、微笑，多做面部体操，让面部肌肉运用自如。相应的训练如挑动眉毛、蹙眉、舒展眉毛、转动眼珠、手指牵引视线训练、左右眼交替闭眼训练、在舒缓或欢快音乐中做微笑练习等。

今日英才总裁、亚洲演讲教练黄一鸣先生认为，演讲和日常沟通有以下几个方面的体态语言要注意：不要双手环抱在胸前或者跷二郎腿；保持眼神交流，但是不要盯着别人；人与人之间保持一定距离；双脚不要紧闭，要显得有自信；放松你的肩膀；当听别人发表意见的时候，轻微点头表达对演讲者的尊敬；不要作风懒惰、弯腰驼背；如果对对方的话语很感兴趣，上半身可以轻轻前倾；讲一些笑话让对话环境更轻松；不要不断地触摸自己的脸，这只会让你觉得紧张；保持目光平视，不要把目光集中在地上，给别人一种不信任的感觉；放慢速度可以让你冷静，减少压力；不要坐立不安，与其让你的手左右摆动或者触摸自己的脸，不如让你的手加入对话中，但要避免适得其反；不要把手一直放在胸前，尽量放在腿的两侧，否则会让你显得拘束；一定要保持良好的态度。

实训导引

1. 实训任务：献礼 G20 峰会。

2. 实训目标：2016 年 9 月，G20 峰会在杭州召开。这是一个非常好地向世界展现我们中国的机会。请同学们以小组为单位，认真查阅并组织材料，完成一篇介绍杭州的演讲稿，并进行公关宣传演讲。

3. 实训步骤：

（1）分小组，每个小组 4～8 人。

（2）小组合作查阅并组织材料，撰写 5 分钟演讲稿，制作 PPT。

（3）小组分工明确，保证每个人都有任务，选出的演讲者要在小组内试讲，并接受组员的指导。

（4）分小组演讲。

4. 实训时间和地点：该任务课外完成，课内展示分享，展示时间控制在 15～20 分钟，评价和反思控制在 10 分钟以内。

5. 实训评价和反思：

任务单

组名		组员姓名	
工作程序指引及记录内容			完成的打“√”
1. 确定小组长	小组长姓名：		
2. 小组集体查阅资料	/		
3. 明确任务	/		
4. 组员任务分配	/		
5. 设计 PPT 及准备视频	/		
6. 根据小组分工，完成自己的任务	/		

续前表

组名		组员姓名		
工作程序指引及记录内容				完成的打“√”
7. 班级交流		展示人：		
8. 小组自我评价及反馈				
9. 个人加分点				/
写给老师的话				
指导教师评语			签名	

任务评价表

课程名称					
实训任务名称					
三方评价成绩					
评分项目	评分内容	配分	自评	小组评分	教师确认
明确任务 获取信息	能有效利用图书馆资源、网络资源、教材等查找有效信息； 能用自己的语言有条理地去解释、表述所学内容； 能将查找到的信息有效运用到工作任务中。	10分			
感知任务 制订计划	是否熟悉你的任务，认同工作价值； 是否具有执行力； 小组计划制订得是否合理，并具有可操作性。	10分			
实施任务	与教师、组员之间是否相互尊重、理解； 与教师、组员之间是否能够保持多向、丰富、适宜的信息交流。	10分			
	探究学习、自主学习不流于形式，处理好合作学习和独立思考的关系，做到有效训练； 能提出有意义的问题或能发表个人见解； 能按要求正确操作； 能够倾听、协作、分享。	10分			
	遵守实训任务要求，实训过程符合目标； 训练过程出勤情况和完成工作任务情况较好； 善于多角度思考问题，能主动发现、提出有价值的问题。	20分			
展示成果	在展示成果中考核小组工作计划、技能训练是否符合目标与要求； 是否获得了进一步发展的能力和创新能力； 是否有良好的语言表达能力。	10分			
	在展示成果中发现学习者是否有发现问题、提出问题、分析问题、解决问题、创新问题的能力。	15分			
评定反馈	按时按质完成实训任务； 较好地掌握专业知识点； 具有较强的信息分析能力和理解能力； 具有较为全面、严谨的思维能力并能条理明晰地表述。	15分			
总分（100分）					
评语	自我整体评价		学生签名		
	小组整体评价		组长签名		
	教师整体评价		教师签名		

阅读必备

公共关系即兴演讲

所谓即兴演讲，就是在特定的情境和主体的诱发下，自发或被要求立即进行的当众说话，是一种不凭借文稿来表情达意的口语交际活动。演讲者事先并没有做任何准备，而是随想随说，有感而发。公共关系即兴演讲是为了表达、维护、强化组织或特殊个人与公众之间的关系而作的即兴演讲。

即兴演讲是一种最能反映人的思维敏捷程度和语言组织能力的口语表达方式，也是能反映一个人的学识水准、个性特征和演讲风格的表达方式。对演讲者而言，首要前提是要有演讲的欲望，其次要有高度的总结和概括能力，有敏捷的思维程序，有广博的知识储备和丰富的生活素材的积累。只有这样，才能做到兴之所至、情有所感、结构严谨、简洁明了、通俗易懂、形象生动。

在组织或个人进行公关即兴演讲时常见的结构可以是三段论，即是什么、为什么、怎么做。或者使用“第一、第二、第三”“首先、其次、再次”等词语，也可以根据“过去、现在、未来”等时间或空间顺序进行演讲，从而让演讲的逻辑性非常清晰。

美国人认为演讲中必不可少的是幽默。的确，即兴演讲要想出彩，适时适当地运用幽默是必不可少的。这需要演讲者平时积累相关素材，并且能够用自己的表达方式幽默地表达出来。

阅读链接

1. http://www.knjedu.com/，卡耐基语言训练学校学习网。

2. 武洪明、许湘岳：《职业沟通教程（第二版）》，北京，人民出版社，2014。

3. 周安华、苗晋平：《公共关系理论、实务与技巧（第四版）》，北京，中国人民大学出版社，2014。

任务二　公关谈判

谈判是当事人各方就共同关心的问题，通过相互磋商、洽谈来消除分歧，寻求共识和达成协议的过程。谈判是生活中不可缺少的活动，从广义上说，我们每天都在不知不觉中进行着谈判。到菜市场买菜，到商店买衣服，甚至一家人看电视时的频道选择，都是一种谈判。

公关谈判指双方或数方组织就一项涉及各方利益的问题，利用协商的手段，经反复调整各自的目标，在满足己方的利益下取得一致的过程。公关谈判已成为组织与组织、组织与公众之间沟通、谅解和合作的桥梁和纽带，是协调关系的基本手段。其含义包含四个基本内容：两个或两个以上参加者；各方都有自己的目标和利益；主要手段是协商；以各方利益大部分都得到满足为前提。

公关谈判是一场心理较量，也是一场集知识、智慧、口才、耐力和团队精神等诸多要素的综合考验。成功的谈判可以使组织受益匪浅，失败的谈判则可能使组织损失巨大。因此，公关人员在组织或参与谈判时，应该认真对待，精心设计、精心组织，特别要注意做好以下几项工作：一是谈判前的准备工作，尤其是有关资料的搜集、背景情况的调查、对自身实力和对方实力的评估；二是要善于调节或缓和气氛，使谈判重新步入正轨，特别是当谈判陷入僵局、濒于破裂时；三是在谈判过程中，要认真倾听对方的意见，了解对方的确切意图，发现问题，及时为己方的主谈者出谋划策。

总之，谈判是一项具有很强艺术性的工作，它牵涉的内容和能力都极为广泛，需要公关人员通过实践积累丰富的经验，才能真正做好谈判工作。

案例阅读1

百度文库“侵权门”事件

2011年3月15日，贾平凹、韩寒等50位作家公开发布《中国作家声讨百度书》，指责百度文库侵权。事后李彦宏出席某公开场合表示，对于百度文库的事件，他本人也正与公司的相关人员进行沟通，他认为，如果百度文库不能有效地清除盗版，百度文库甚至可以关掉；不过，他仍然一再强调，希望能够与众多作家达成共识，共同合作，为读者造福。后来在百度与作家代表的谈判过程中，由于双方意见相左而不欢而散。4月6日，有记者登录百度文库发现，其文档中文学作品有7 988份，较3月15日前的280万份，已经删除约99%的内容。

资料来源：http://www.xuexila.com/koucai/tanpan/868233.html.

案例点评

所有谈判需要遵从五个原则：(1) 友好协商原则：公关谈判是在矛盾冲突中寻求双方共同认可的目标，因此，双方必须以友好协商的态度作为基调，任何违背友好协商的态度，如欺骗、强制等，都会使谈判失败。(2) 平等互利原则：指双方身份上的平等、经济和政治上的互利。谈判双方虽组织有大小、实力有强弱，但在谈判桌上地位是平等的。(3) 合法性原则：指谈判过程和内容都必须符合法律的要求，凡是不合法的谈判过程（如强制）和内容，都是无效的。(4) 时效性原则：指在谈判中讲求省时和高效，在相对短的时间内达到谈判的目标，最忌讳马拉松式谈判。(5) 最低目标原则：指在不违背总体利益的前提下，制定谈判的最低目标，谈判中最忌讳对对方提出过高的要求和苛刻的条件，因此，多为对方着想，双方各退一步，是谈判成功的基本前提。

百度文库“侵权门”事件发生之后，百度很快致歉，多次承诺愿意承担责任，按照承诺删除部分非授权作品，并开发新的百度文库产品。但在与作家谈判过程中，作家联盟人士认为权利人的态度是悲痛的、严肃的，百度方面的态度是活泼的、快乐的。从态度上来讲，有一种被羞辱的感觉，因而最终未达成统一意见。

在整个过程中，百度始终执行一个声音：维护版权。在所有对外的回应中都以此为口径，在每一次与作家联盟发生冲突时，及时做出应对措施，步步推进，最终与作家联盟和解。

案例阅读 2

锦湖轮胎召回风波

2011 年 3 月 15 日，央视“3·15”晚会曝光锦湖轮胎天津工厂违规大量使用返炼胺生产轮胎。锦湖轮胎先是坚称信息不准确，否认事实真相。21 日，锦湖轮胎全球总裁金宗镐、中国区总裁李汉燮在央视正式向广大消费者道歉并承认其天津公司的产品和管理有问题，同时宣布天津公司管理负责人员被免职；承诺在最短时间内确定锦湖轮胎（天津）有限公司问题范围后申请召回；承诺公司对于锦湖轮胎质量问题进行快速处理。但在召回过程中，又被认为诚意不够，使得召回过程一波三折。

资料来源：http://www.xuexila.com/koucai/tanpan/868233.html.

案例点评

1. 承担责任原则：央视“3·15”晚会曝光锦湖轮胎后，企业坚称报道“不准确”，后又被媒体曝出其他的问题，锦湖都予以否认。事隔一个月之后，4 月 15 日，锦湖轮胎（中国）公司召回 2008 年至 2011 年生产的部分轮胎，但有媒体评论称，锦湖轮胎召回，从开始就注定了是一场闹剧。媒体对其召回数量、召回批次、服务时间等逐条分析，质疑声四起。

2. 真诚沟通原则：在央视“3·15”晚会曝光后，锦湖轮胎仍然坚称报道“不准确”；在媒体质疑锦湖3C认证被没收，锦湖否认，当国家质检总局最后出面确认锦湖轮胎有13张3C认证证书被收回时又不得不承认。锦湖在媒体口诛笔伐下仍然顽抗到底的形象加剧了消费者的反感。3月21日，锦湖轮胎全球总裁金宗镐、中国区总裁李汉燮在央视正式向广大消费者道歉并承认其天津公司的产品和管理有问题，使公众情绪得到了一定的缓解。在召回过程中，各种条款被媒体拿出来“晾晒”，漏洞百出，其诚意大受质疑。

3. 速度第一原则：锦湖轮胎在“3·15”晚会前就已经出现了关于轮胎质量问题的投诉，但未予以重视。在“3·15”晚会公布锦湖公司的轮胎质量问题后，锦湖轮胎第一反应是报道“不准确”，宣布召回更是在一个月之后。对危机事件反应速度之迟缓、应对不及时，都对锦湖轮胎形象造成了极为不利的影响。

4. 系统运行原则：整个事件中，锦湖轮胎处理得毫无章法，声明、道歉、召回都处理得漏洞百出，而且也未举办相应挽回公众信心的公关活动。

5. 权威认证原则：在事件发生后，合作伙伴和政府部门无一对其表示支持：合作厂商纷纷划清界限，与锦湖轮胎作“切割”；国家质监总局更是宣布收回其3C认证，使锦湖轮胎丢掉了最后的幻想。

商家面对公关事件的处理往往通过谈判方式解决，有时是与其他组织进行谈判，有时谈判的对象则为大众。在本案例中，锦湖轮胎的客户影响面之广，几乎可以作为大众的形象出现，因此锦湖公司要面对的谈判对象不应该只是自己的客户，还应包括大众。因此本次谈判就显得锦湖轮胎没有诚意，回应时间也不及时，导致顾客和大众的强烈不满，对公司造成了无法挽回的损失。如果锦湖公司能够第一时间承认自己的问题，及时召回问题轮胎，并通过良好的改进措施提升公众形象，相信本次面对大众的谈判就会改变结局了。

案例阅读3

商场联合拒销“长虹”，“长虹”如何化险为夷？

1998年2月，春节的喜庆气氛还没消失，四川长虹彩电却在济南商场栽了跟斗——被七家商场联合“拒售”。这意味着长虹将在济南失去市场。在家电竞争日益激烈的今天，企业还有什么比失去市场更大的风险？再者，今天有济南“拒售”，明天再有别家效仿又该如何？

为什么“拒售”？据商家一方理由是“售后服务”不好；而长虹方面说每天有四辆流动服务车在市内流动维修，而济南消费者协会也证实没有关于长虹的投诉。这究竟是怎么一回事？一时间公众议论纷纷，多家媒体也作了追踪报道。据报载，长虹老总在事发后立即率领一班人马前往济南与七大商家进行斡旋，双方均表示“有话好好说”，争取及早平息风波。最终事件获得圆满解决。

资料来源：http://www. niubb. net/a/2015/11-20/995029. html.

案例点评

1. 在市场经济条件下，知名企业仍处于复杂多变的环境中，其中既有可控因素也有不可控因素。企业要实现自身的目标，只有主动去适应多变的环境，寻找与环境的平衡点，尽力减少、消除运行中的摩擦，才能达到与环境的平衡。这需要持续地沟通，以及在沟通中进行公关谈判。

2. 任何企业都不可能一劳永逸地躺在已经取得的成绩上。它需要密切地监测环境，对环境的任何变化保持高度的敏感性。要做好收集环境信息的工作，定期、经常地了解各类公众对企业的评价和反映，利用信息反馈去调整组织的行为，去适应变化的环境，通过包括公关谈判的手段，预防事故、风险的发生。

3. 遵循“和为贵”的公关原则，运用“重在协调矛盾、淡化矛盾、化敌为友”的策略。事发后，长虹老总亲自率领工作班子，及时飞抵济南，与七大商场进行公关协调，双方各抒己见、坦诚协商，通过信息与感情的沟通，求得矛盾的化解。正确引导了公众舆论，防止了公众因误导而诱发的不利于长虹的联想。

4. 经销商作为企业产品通向消费者的中介，是一种非常重要的公众关系。因此，长虹要实现自身的利益必须将协调的目标放在获取对方的合作上。合作才能让长虹和商场有更为密切的互动关系，才最有利于双方获得更大利益。

案例阅读4

《三国演义》中的公关谈判术

《三国演义》被喻为“一部管理学的教科书”，其中表现出很明显的公关意识，涉及外交与谈判的情节描写很多，体现了相当高的谈判艺术。下面就从五种谈判艺术来给大家提供分析、借鉴和思考。

第一，环境造势谈判术。《三国演义》中“曹操西校场点军”，为的是让西川的特使张松“见我军容之盛，教他回去传说‘吾即日下了江南，便来收川’”。再如“孙权接待蜀使邓芝”“先于殿前立鼎，贮油数百斤，下用炭烧，待其油沸，选身长而大武士一千人，各执钢刀、大斧、长戟、短剑，从宫门前直摆至殿上，一切就绪，方召邓芝入见”。这些都是布置环境，为谈判造成先声夺人之势。环境造势不单有剑拔弩张，杀气腾腾，显示实力的所作所为，在企业社交活动和商业活动中，除了为显示实力，引起对方注意，“过了这个村，没有这个店”等情形外，更多的是造就和谐、欢悦、心安理得的气氛，如陪同观光、参加活动等。

第二，擒“王”谈判术。谈判是不流血的战争，为了赢得谈判的胜利，抓住对方关键人物至关重要。历史上，谈判胶着时，以擒“王”术而成功的范例很多。《三国演义》中“关云长单刀赴会”一回，是一次颇有寓意的谈判。东吴欲取荆州，关羽是第一个绊脚石，鲁肃为了拔掉这颗钉子，设谋请关羽到陆口寨外临江亭赴宴，打算伏刀斧手在筵席间杀掉关羽。关羽让周仓捧大刀相随，八九个跨腰刀的关东大汉同往，“入席饮酒”“谈笑自若”，乘风而去，安然而归。关将军此番“武装谈判”秋毫不损，缘何？主要原因就是筵席上抓住了对方权威人物——鲁肃。关羽“右手提刀，左手挽住鲁肃佯醉曰：‘公今请吾赴宴，莫提起荆州之事。吾今已醉，恐伤故旧之情。他日令人请公到荆州赴会，另作商议。’鲁肃魂不附体，被关羽扯到江边。吕蒙、甘宁各引本部军欲出，见云长提大刀，亲握鲁肃，恐肃被伤，遂不敢动”。在现代公共关系谈判中，“以血谏”“兵谏”的形式已被淘汰，然而就“擒‘王’谈判术”的哲理和技巧而言，还是起大作用、有大效果的。

第三，模糊谈判术。这种谈判术多是借用模糊语言，在对方麻痹的情况下，为自己赢得机会。如在荆州问题上，孔明和鲁肃的谈判。鲁肃第一次讨荆州，孔明不是据理力争，而是“以叔辅侄”取荆州，以刘琦尚在为借口回绝东吴。刘琦病亡，孔明改口为“暂借荆州”“立纸文书，待到图得城池之时，便交还东吴”。鲁肃问：“夺得何处，还我荆州？”孔明说：“中原急未可图，西川刘璋暗弱，我主将图之。若图得西川，那时便还。”最后，由刘备写成文书一纸，押了字。孔明、鲁肃作保，也签了名。这次谈判，这个契约，把周瑜气得直跺脚。孔明的用心，周瑜一语道破：“子敬中诸葛亮之谋也。名为借地，实为混赖。他说取了西川便还，如何中用，知他几时取西川？假如十年不得西川，十年不还？这等文书，如何中用，你却与他作保？”从谈判术角度讲，由孔明导演、刘备炮制的这个混赖文书，学名就叫模糊文书。模糊语言，模糊文书，在企业外交中很有用处。如：当事情不愿办，又不愿使关系破裂时，你得借助“模糊术”；一时不能办，今后确要办，需赢得时间时，它可助你一臂之力；事情需要办，关系很微妙，不愿卷入或引起冲突时，它能使你解脱；因各种原因，需避免直接表述时，可使用模糊语言。

第四，因人而异谈判术。“见人说人话，见鬼说鬼话”，通常是贬义，用来骂当面一套、背后一套的人。而在外交谈判中，面对不同对象，以变应变却是高招的标志之一。诸葛亮舌战群儒，说孙权，激周瑜，显示了他超群绝伦的外交能力和谈判艺术。对张昭为首的智囊班子中的主和派，诸葛亮使用“暴露法”“对比法”等，对张昭、虞翻、步骘、薛琮等人挑衅性的语言一一分析，着力揭露；同时又阐明自己的意见，显示己方的实力，为孙刘联盟清除理论上的障碍。对于江东决策人物孙权，诸葛亮则从他的地位出发，采取诱导的方式，陈述利害，激发斗志，促使他决定“明日商议起兵，共灭曹操”。对在江东最具有影响力的周瑜，诸葛亮则根据他心骄气盛的特点，采取气激智斗的方法，诱其“上钩”。激得周瑜“离座北指”，大骂曹操欺人太甚，誓与曹操势不两立，这样一来，周瑜反倒主动求于诸葛亮了：“望孔明助一臂之力，同破曹操。”因人而异谈判术的原则，本质是以变应变，但是不论如何变，你必须在设法争取自身利益时主动思考能给对方什么。如果有一方一无所获，坐在一起是浪费时间。由于双方谈判的基础是从谈判桌上获取需要，因此，因人而异谈判还必须懂得心理学，研究对方的需要，思索怎样在给予对方的过程中，我方有所“获取”，考虑如何因对象不同、环境变异而选择不同的方法去顺应、抵制或改变对方的动机，这是谈判原则中最重要的。

第五，场外谈判术。公共关系学本身并没有“是”或“非”的单一属性，如同一支枪，关键是谁掌握它，去击倒谁。许多企业设公关部，其中公关人员是公关学的实践者，他们的主要任务更多的是非本质谈判，是加强组织与公众的沟通和联络，培养感情，用组织的良好形象去影响对手，是通过场外谈判对正式谈判给予补充。在“伐交”中如果忽略平时公关，忽略场外谈判，犹如用兵只知“正合”，不会“用奇”。一身是胆的赵子龙，曾经当过几天刘备的“公关先生”，代孔明就刘备与孙夫人婚姻问题与孙权进行场外谈判。《三国演义》里这样描述：赵云陪同刘备到东吴就亲，为保证刘备化险为夷，假戏真唱了一段婚姻。赵云依孔明之嘱，一面牵羊担酒陪同刘备拜见乔国老，一面让随行五百军士一律披红挂彩，入南徐买办物体，大造刘备入赘东吴的舆论，使城中人尽知其事。当时，赵云陪同刘备拜见乔国老，用今天的话讲叫开关键人物的后门，打刘备未来的外太公的关节。乔国老糊里糊涂接待了这门“远亲”，连锁反应波及吴国太，直逼孙权，以外围突破带动核心，结果孙权在乔国老、吴国太的威慑下终于就犯，把妹妹交出来，成全了刘备。在现实生活中，场外谈判占有相当地位，有时场上很难得到的东西，通过场外活动可以轻而易取。国家之间、集团之间重大谈判通常都是这样：先场外后场内，先低层次接触再高层次交锋，先幕后再公开，先扫清外围再重点解决，在场外找双方的关同点，为场内谈判造就相对优势。

资料来源：卓如.《三国演义》中的公共关系谈判艺术. 安徽电子信息职业技术学院学报：2003(5).

案例点评

在《三国演义》中，确实体现了诸多现代公共关系学的内容。从本案例中，我们看到作者所列举的谈判案例情况各不相同，谈判手段多种多样。在公关谈判中，为了实现双方利益的最大化，往往会使用各种各样的谈判手段，这需要谈判人员知己知彼，做好充分准备的同时，还要在谈判过程中随机应变，理性睿智。谈判中常用的策略有如下几种：

1. 模棱两可法

所谓模棱两可，就是对事件不明确表态，不肯定，也不否定。该方法在谈判初期经常使用。一个成熟的谈判者要善于使用模糊语言，善于控制自己的情绪。不要使用“肯定是”“毫无疑问”“一定要”之类的语言，应该用“我认为”“我假设”“是否可以这样”的语言来表达自己的意思。实践证明，模棱两可的语言和态度，可以较好地表达自己的真实意图，减少失言和错误。

2. 察言观色法

所谓察言观色，指的是注意观察对方的谈吐、举止、神情、姿态，从中捕捉到对方的思想动态，并根据其思想动态采取相应的对策。这种方法在明示阶段和交锋阶段使用最多。

3. 抛砖引玉法

所谓抛砖引玉，指的是设计一些特殊的问题，通过对方的回答来了解对方的意图和底线，为己方赢得更大的利益。

4. 先苦后甜法

在日常生活中，如果有两种外来信号的刺激，人们总是将第一信号作为标准，用来衡量后来的信号。先苦后甜法就建立在这种心理上。在谈判中，如果先向对方提出苛刻的条件，制造一种艰苦谈判的假象，然后选择适当的时机，作出让步，使对方满足，往往容易取得谈判的主动。先苦后甜法一般是在自己处于优势和主动的情况下使用。但要注意，所提条件不能过于苛刻，不能超过对方的底线，否则，对方会停止谈判。

5. 避实就虚法

意思是我方为了达到某个目的，有意识地将谈判的内容引向无关紧要的问题上，转移对方的注意力，在对方没察觉时，实现自己的目标。

6. 沉默忍耐法

这是在我方处于被动时可以采取的策略。其方法是：谈判开始就保持沉默，迫使对方先发言、先表态。其目的是：给对方造成一种心理压力，使其失去冷静，在这种情况下，对方的谈判计划可能会被打乱，出现言不由衷、泄露信息的情况，为我方寻找突破口提供机会。注意事项：在对手采取咄咄逼人的攻势时，头脑要清醒，忍耐力要强，情绪要平稳。在对方锐气消失后，再提出自己的主张。例如，某学生因故迟到，待老师发火之后，再做说明。

7. 最后期限法

即为谈判限定一个最后的期限。作为谈判中的强者，对于双方一时难以达成妥协的棘手问题，不必强求及时解决，要善于利用谈判的最后期限，不断向对方施加压力，迫使对方在压力下放弃原来的主张，屈服于自己。作为谈判中的弱者，也可使用最后期限法，利用强者方急于取得谈判成果的急躁心情，迫使其作出某些让步。要点：弱者方要审时度势，不能过分。

8. 利益引诱法

在谈判双方利益冲突尖锐时，寻求双方对立立场背后的共同利益，利用这个利益来提醒对方，并诱导对方克制情绪，使谈判向正确的方向发展。

9. 情感沟通法

即通过情感交流，在人与人之间架起连心的桥，牵起感情的线，利用情感因素去影响对方，达到联络感情、增进友谊、促成谈判顺利发展的目的。使用方法：谈判前，了解对手的兴趣、爱好、目前的困难等，做到有的放矢。注意：不做违法的事情。

实训导引

1. 实训任务：谈判处理售后纠纷。

2. 实训目标：小组两两配对，围绕产品售后纠纷进行谈判，一方作为顾客，一方作为商家。

3. 实训步骤：

（1）分小组，每个小组 4～8 人，各小组抽签完成配对。

（2）两个小组自设售后问题，抽签确定顾客方和商家方。

（3）各小组围绕公关谈判相关内容，设计谈判技巧，组织谈判语言，力求圆满解决问题。

（4）每对小组上场展示，其他组为观察员。

4. 实训时间和地点：该任务为课内训练，准备时间为 15 分钟，展示时间为 15 分钟，点评时间为 10 分钟。

5. 实训评价和反思：

任务单

组名		组员姓名	
工作程序指引及记录内容			完成的打“√”
1. 确定小组长	小组长姓名：		
2. 小组集体查阅资料	/		
3. 明确任务	/		
4. 组员任务分配	/		
5. 设计 PPT 及准备视频	/		
6. 根据小组分工，完成自己的任务	/		
7. 班级交流	展示人：		
8. 小组自我评价及反馈			
9. 个人加分点			/
写给老师的话			
指导教师评语			签名

任务评价表

课程名称					
实训任务名称					
三方评价成绩					
评分项目	评分内容	配分	自评	小组评分	教师确认
明确任务获取信息	能有效利用图书馆资源、网络资源、教材等查找有效信息； 能用自己的语言有条理地去解释、表述所学内容； 能将查找到的信息有效运用到工作任务中。	10分			
感知任务制订计划	是否熟悉你的任务，认同工作价值； 是否具有执行力； 小组计划制订得是否合理，并具有可操作性。	10分			
实施任务	与教师、组员之间是否相互尊重、理解； 与教师、组员之间是否能够保持多向、丰富、适宜的信息交流。	10分			
	探究学习、自主学习不流于形式，处理好合作学习和独立思考的关系，做到有效训练； 能提出有意义的问题或能发表个人见解； 能按要求正确操作；能够倾听、协作、分享。	10分			
	遵守实训任务要求，实训过程符合目标； 训练过程出勤情况和完成工作任务情况较好； 善于多角度思考问题，能主动发现、提出有价值的问题。	20分			

展示成果	在展示成果中考核小组工作计划、技能训练是否符合目标与要求； 是否获得了进一步发展的能力和创新能力； 是否有良好的语言表达能力。	10 分			
	在展示成果中发现学习者是否有发现问题、提出问题、分析问题、解决问题、创新问题的能力。	15 分			
评定反馈	按时按质完成实训任务； 较好地掌握专业知识点； 具有较强的信息分析能力和理解能力； 具有较为全面严谨的思维能力并能条理明晰地表述。	15 分			
总分（100 分）					
评语	自我整体评价		学生签名		
	小组整体评价		组长签名		
	教师整体评价		教师签名		

阅读必备

公关谈判的一般程序

和一般谈判程序一样，公关谈判也包括准备、交锋、妥协让步三个阶段，因此公关谈判的工作程序也是围绕这三个方面进行的。

1. 准备阶段

确立意向（是否谈判）和目标（最高、最低目标）；收集资料，尽量收集对手的资料，了解对手是谈判成功的前提；制定谈判方略，根据谈判目标（最高、最低）设计谈判技巧（施压、控制、协商、迂回、拖延等战术）；人员选择，具有优秀的观察、判断、表达能力和坚强、自信、沉着的意志品质的首席代表，具有优秀的观察、判断、表达能力，且组织纪律性强、协调能力强的随从人员。

2. 谈判的进行过程

（1）导入阶段：互相认识和介绍。应尽量制造一种轻松愉快的谈判气氛。

（2）概说阶段：进行适当的沟通，比如陈述自己的立场和目标，提出自己的条件或方案。

（3）明示阶段：在矛盾暴露后，尽早接触实际问题，主动提出解决问题的方法。

（4）交锋阶段：交锋阶段是谈判中最重要、最关键、最困难的环节，双方都会列举事实，希望说服对方接受自己的意见，在交锋中，一方面要利用谈判技巧，为己方获得最大的利益；另一方面，也要考虑对方的利益，达到互利互惠的结果。

（5）妥协阶段：交锋不可能永远持续下去。交锋的结尾，就是妥协的开始。妥协是双方利益的协调，是达成协议的开始。但是，妥协的原则是不得低于己方最低目标。

3. 签订协议

经过交锋与妥协，在双方认为都达到自己目的后，就进入协议的签订过程。

签订协定前，双方一定要最后核实协定文本，在一切无误后，交己方领导签字生效。协议签订后，双方应严格按照协定内容，认真履行自己的承诺，不能因任何原因违背协议。

阅读链接

1. 黄德林：《现代公共关系学》，北京，中国商业出版社，2000。
2. 包镭：《演讲与口才技能实训教程》，北京，北京大学出版社，2007。
3. 万丽娟：《商务谈判》，重庆，重庆大学出版社，2010。
4. 冯亚华：《商务谈判》（第 2 版），北京，清华大学出版社，2011。

任务三　公关广告宣传

当今社会，广告充斥着我们的生活，广义的广告是广而告之的意思。美国《广告周刊》对“广告”的定义为：个人、商品、服务、运动，以印刷、书写、口述或图画为表现方式，由广告者出费用进行公开宣传，以促成销售、使用、投票或赞成为目的。狭义的广告则仅指以营利为目的的经济广告，或称商业广告。所谓公共关系广告，是指经济单位通过购买大众宣传媒介使用权的方式，向大众宣传企业组织信誉、树立企业组织形象的一种广告形式。企业的公共关系广告与产品广告有着明显的区别，详见表 6－1。

表 6－1

项目	公共关系广告	产品广告
广告行为	长期行为	短期行为
广告性质	公共关系内容	促销内容
广告内容	企业信誉	产品特色
制作周期	长	短
费用	高	低
认识路线	公众→企业→产品	公众→产品→企业

除广告外，公关宣传还有很多途径和方法，包括媒体宣传，如策划媒体事件、召开新闻发布会、利用社会重大新闻事件开展搭乘式宣传、有偿租用大众媒体的使用权等，还有活动宣传、明星宣传、赞助宣传等。

案例阅读 1

四通集团向未来投资

1992 年 9 月 12 日，中央电视台在新闻联播里报道了当天在人民大会堂举行的四通公司资助中国学科奥林匹克代表队颁奖的活动。第二天，首都各大报纸纷纷报道了这一消息。从这项活动的内容、参加者的层次以及公众对这一活动的关注来看，它在中国学科奥林匹克史上是空前的。由于四通公司独家发起并迅速圆满地完成了这次活动，“四通”的名字又一次给广大公众留下了深刻印象。

这项活动的具体发端是在1991年。当时公关部参加了那一年学科奥林匹克归国汇报会，在领略到少年英雄艰难攀登的同时，也看到了选手们的好成绩是根植于孕育和培养这些未来科学巨星的那片土壤。对这些智力健儿应该奖励，而且应该重奖，不仅如此，对站在这些少年背后的那些培育者也应该奖励。但是国家对此项活动的投入相对是很少的，选手、教练以及各代表队的经济状况是很窘迫的。那么“四通”能不能为改变这种窘迫尽一点绵薄之力呢？“四通”公关部动起了心思。

1992年，又一度学科奥林匹克竞赛结束了，中国选手又取得了“大满贯”的好成绩。不久，体育奥林匹克大火大红起来。当舆论界把两个奥林匹克一冷一热的情况对比议论的时候，“四通”敏感地发现了社会对教育科技的忽略。这一情况促使“四通”公关部提议独家发起并完成这次集资捐助学科奥赛的公关活动。“四通”公关部把这一动议向公司领导汇报，当时公司领导正在香港处理其他业务，接到公关部传真后，立即讨论并拍板决定，同意公关部的这项提议。公关部接到这一决定以后积极行动起来，于9月1日下午举行通报会，把这一决定通报给各界。参加会议的有国家科委、国家教委、中国科协及数学、物理、化学、信息学会的专家和领导，以及参与学科奥林匹克竞赛的各代表队的领队和教练员。

9月1日，四通公司成立了“为学科奥林匹克智力竞赛捐资委员会”，主席由集团公司执行副总裁李文俊担任，委员有公司副总裁张进、公关部部长李小列、办公室主任彭建伟。捐资委员会9月4日以《四通人》快讯的方式向集团的全体同仁发出了自愿捐资的号召。此通告发出之后，得到全体同仁的热情支持，48小时以后就收到集团所属企业和个人价值30余万元的捐款。

“四通”这次捐款的分配方式采用了一个被社会各界称为“非常恰当”的方式，即：为4个学科代表队所有的19位选手筹措读大学的助学金，每人每月200元，直到他们大学毕业。为每个队提供1万元资金以奖励教练员。为每个队提供2万元培训费。此外，把4套四通386微机及打印机赠送给信息代表队，为培养新的选手提供设备支持。

1992年9月12日，在人民大会堂云南厅隆重举行了四通公司资助中国学科奥林匹克代表队颁奖大会。面对这样的义举，四通公司总裁段永基并没有丝毫捐助者的得意之色，反而诚恳地向接受捐助者说了一句：“拜托了！”他说：高科技企业在国内外市场取得成功，需要源源不断地掌握最高技术的人才。人才哪里来？来自教育。企业界应向教育界说一声：“拜托了！”他认为，未来的社会发展主要靠科学技术，而科学技术的后劲在中小学。在一代少年身上，他看到了“四通”未来发展的宏伟前景。段永基先生的这些话，说出了所有“四通”决策者毅然做出这个决定的动机。

首先，“四通”是一个高科技企业，它的发展离不开掌握高科技、新知识的人才。“四通”把公益投资向基础教育倾斜，事实上是为自己本身的长远后劲投资。其次，“四通”不可能脱离中国的时空，而成为超然的“地球村民”，它的“根”扎在中国。如果中国没有一个重教育、重科技的气氛，“四通”自身的发展也是很艰难的．在这方面“四通”要带头营造这样的环境。再次，在巴塞罗那奥运会轰轰烈烈的对比下，“四通”人也确实有一种鸣不平之感。这种感觉并不是“四通”人独有的，“四通”的举动无疑或多或少地为公众争来了一种新的平衡。从深远一点的背景来看，对教育的资助也是“四通”一贯的行为——近几年来，四通公司每年向一所中学提供办学资金 25 万元，以改善学校的办学条件；四通公司是向国家科委和团中央主办的“希望工程”捐款首家突破 100 万元的企业；北京市连年举办的中小学生计算机程序设计大奖赛，以及每年 9 月的教师节，“四通”都投入了自己的奉献。

1992 年，四通集团又向中国的基础教育投入了更高的热情，“四通”已不满足于集资助教，而是要和教育界一道，把教学成果转化为商品，转化为生产力，把“输血”变为提高本身的造血机能，成立了一个企、教联营的经济实体——四通教育科技公司。集资捐助学科奥林匹克赛之举，使“四通”再次赢得了良好声誉：国务委员、国家科委主任宋健说：“四通集团以促进科技教育发展为出发点的赞助活动具有远见卓识，我代表国家科委感谢四通公司的首创精神和善意。”

国家科委副主任朱丽兰说：“四通公司给不太直接相关的事业进行投资表明，四通是最有希望的企业。”北京市市长助理、市教育局局长陶西平说：“四通公司是有远见的，着眼于 21 世纪的未来，所以才扶持这样一个事业。”清华大学计算机系教授、信息代表队领队兼教练吴文虎说：“中国有像四通这样的有识之士，高科技的未来就有希望了。”中国科协、北京市委、北京市政府、北京市教育局、北京市高新技术产业实验区以及全国教育界、科技界的领导和著名学者也纷纷盛赞“四通”义举。

资料来源：http://wenku. baidu. com/link? url＝bVA7rRNp4kxWs qu FpC2Ww BfHWX yZ5A7vf Frp4 EplgDJ mlIvet6SJ6sIM-VPkKW-ZFkL8b_v58yVyeT7rWND-UUeE7MYG9aQ3BJgUSWR4a5C.

案例点评

常见的公共关系广告主要有以下类型：

1. 实力广告：用广告的形式向公众展示组织机构的实力。如“格力，掌握核心技术”“美的，一晚只用一度电”。

2. 观念广告：向社会传播管理哲学、价值观念、传统风格和组织精神的广告。如“百万的企业，毫厘的利润”（美国奥尔巴赫公司的广告）、“让世界爱上格力造”。

3. 信誉广告：是一种宣传组织的信誉和良好形象的最直接的公关广告形式。如“为中华体育腾飞做贡献”（利生体育用品公司）。

4. 声势广告：以宣传组织的大型活动为内容，制造声势，扩大影响。如“全球最大的化妆品公司欧莱雅在上海设立总部十周年文艺晚会”。

5. 商标广告：以宣传产品的商标为主要内容的公共关系广告。如“车到山前必有路，有路必有丰田车”（日本丰田汽车公司广告）。

6. 声明广告：又称解释性广告，是一种表明组织对某些事件的立场、态度的广告，通常适用于对组织不利的事件或在重大事件中表明态度。

7. 响应广告：是指用广告的形式响应社会生活中的某个重大主题，表示组织与社会生活的关联性和公共性，以求得各方公众的理解和支持。如赞助“希望工程”等响应广告。

此外公关广告还有公益广告、祝贺广告、歉意广告、谢意广告、创意广告。

在本案例中，四通公司的做法属于响应广告。现代企业不但要营利，还需要承担一定的社会责任和社会义务，以表明企业是社会的一员，愿为社会发展贡献一份力量。通过这样的行为，搞好与社会公众的关系，建立良好的企业声誉。而致力于赞助社会福利事业、文化事业、教育事业和学术理论活动等，不但有利于社会，而且能使企业赢得社会公众的普遍好感，培养与某类公众的良好感情，树立企业关心社会公益事业的良好形象。

案例阅读2

罗氏：“达菲”风波

2003年2月8日，一条令人惊惧的消息在广东以各种形式迅速蔓延——广州出现流行疾病，几家医院有数位患者死亡，而且受感染者多是医生。“死亡”让不明真相的人们大为恐慌，谣言四起。9日，罗氏制药公司召开媒体见面会，声称广东发生的流行疾病可能是禽流感，并告知其产品“达菲”治疗该病疗效明显。罗氏公司的医药代表也以达菲能治疗该病而敦促各大医院和分销商进货。媒体见面会的直接后果是为谣言推波助澜，广东、福建、海南等周边省份的食醋、板蓝根及其他抗毒药品脱销，价格上涨几倍甚至十几倍，投机商大发“国难财”，“达菲”在广东省内的销量伴随谣言的传播也扶摇直上。8日前广东省内的销量仅1 000盒，9日后飙升到10万盒。曾有顾客以5 900元买下100盒“达菲”！

15日，《南方都市报》发表《质疑“达菲”：“禽流感”恐慌与销量剧增有何关系？》的署名文章，指责罗氏制药蓄意制造谣言以促进其药品的销售，并向广东省公安厅举报。罗氏公司的商业诚信和社会良知受到公众质疑，其形象一落千丈，直接的后果是“达菲”销量的直线下跌。《南方都市报》的消息发出后第二天，广州某医院“达菲”的销量就下降到不到10粒（以前每天要售出100多粒），更有消费者提出退货和索赔要求。

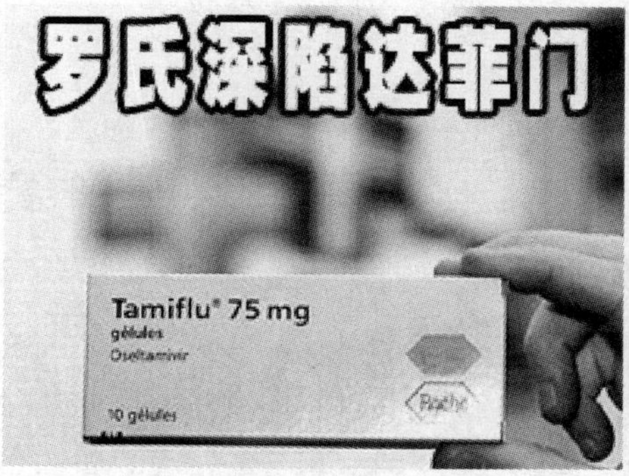

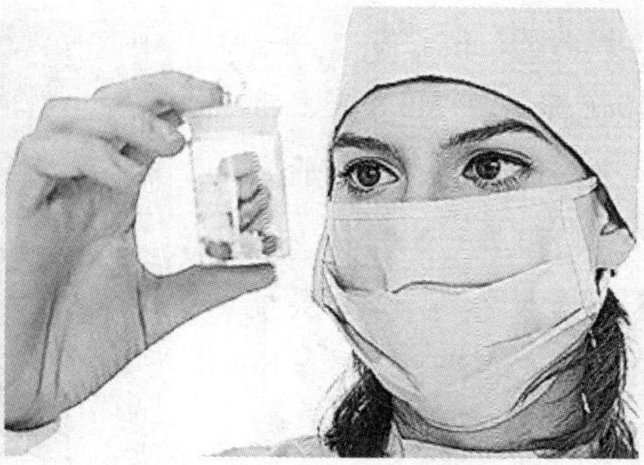

案例点评

“非典”是对国家、社会、组织和个人的一次严峻考验，对于跨国公司更不例外。跨国公司的中国公司同样是中国的“企业公民”，在获利的同时必须承担起所应该承担的社会责任和义务。

当“非典”危机来临的时候，企业扮演两种角色，一种是借机公关型，承担公司在中国的社会责任，扮演有诚信、爱心、有责任感的企业；另一种则是利欲熏心、无商不奸型，最终陷入了社会的诚信危机中。罗氏扮演的是后者。“达菲”事件对罗氏（中国）公司是一次沉重的打击。

试想，如果罗氏不是开媒体见面会，而是向广大市民赠药呢？那就会起到很好的公关广告的效果，危难之中见真情。如果罗氏推出这样的公关广告：“现在病因尚未查明的情况下，请广大市民不用惊慌，达菲对抗病毒有很好的效果，罗氏将免费向广大市民赠药。”而10万盒药的成本充其量最多几十万元而已。

对于罗氏这样一个跨国公司来说，诚信是企业的根本，是企业长久发展的基础，必须谨守。危机发生后，罗氏更应该充分依靠政府的力量，制定一系列改进措施；应加强社会公益性的公关活动，比如为病人提供一些免费服务，开展一些有针对性的医药研究、赞助活动，免费向社会提供此类疫情的治疗方案，并得到专家的认可等措施都可以积极改善自身的形象等。总之，要让公众相信罗氏在以实际行动证明其为公众健康服务的宗旨没有变。

案例阅读3

碧浪冲击吉尼斯

1999年国庆节前夕，一件长40.6米、宽30.8米、重达930千克的大衬衣，在北京的东二环路附近一家大楼上悬挂起来，该衬衣约有12层楼高。这件衬衣在此悬挂了半个月，吸引了大量路人的目光。这是爱德曼国际公关公司为美国宝洁公司策划的一次重要的媒介事件。宝洁公司的碧浪洗衣粉是其麾下著名的品牌，如何让中国公众接受它呢？为此，爱德曼公关公司绞尽脑汁，想出了这样一个用大衬衣冲击吉尼斯世界纪录的活动。这件大衬衣的布料足可以缝制2 350件普通衬衣，衬衣上还印制有“全新碧浪漂渍洗衣粉”的字样，其中红色的“碧浪”两字高5.9米、宽9.8米，非常醒目。更妙的是，这件大衬衣在悬挂了15天以后，经风吹雨淋和空气污染变得非常肮脏，在大衬衣的揭幕仪式上，还有一些嘉宾用更难洗净的墨汁泼在衬衣上。7月23日，宝洁公司用全新的碧浪洗衣粉，洗净了这件衬衣，使新推出的碧浪洗衣粉一举成名。爱德曼公关公司策划的这次媒介事件，其意义并不仅仅在于破吉尼斯世界纪录，更主要的是让中国的消费者认识碧浪洗衣粉。他们先用大衬衣冲击吉尼斯世界纪录吸引公众的视线，引起新闻媒介的广泛报道；然后再通过洗净如此肮脏的衬衣，强化碧浪洗衣粉的功效，在市场上产生强大的冲击力。

资料来源：http://www.docin.com/p-603571288.html.

案例点评

公众的知觉是有选择性的。影响这种选择性的外部因素有：知觉对象的特征、知觉对象与背景的差别、对象的组合等。组织在制造新闻时，要有意识地强调自己作为知觉对象的特征，强调所谓“新闻点”，以期引起公众的注意。

爱德曼国际公关公司为宝洁公司策划的这次新闻事件，就是先以衬衣之巨大，冲击吉尼斯世界纪录为切入点，吸引公众和媒介的广泛关注，展示了宝洁公司的综合实力；又用全新碧浪把挂了15天的脏衣服洗净，强化了全新碧浪洗衣粉的功效，对市场产生了强大的冲击。

案例阅读4

可口可乐公司的广告危机

事件回顾：在西藏“打、砸、抢”事件后不久，有网民在互联网上贴出图片表明，可口可乐公司新的公关广告海报在德国一个火车站出现，一群僧侣乘坐一辆过山车，配以“梦想成真”（Make It Real）的标语。这名网友说广告中的其中3名僧侣便是代表西藏喇嘛，而过山车代表自由，“Make It Real”则代表“藏独”分子实现其所谓的目标。大批爱国网民支持该网友的说法，誓言从此不碰可口可乐。

可口可乐发布的声明称，该广告是2003年德国推出的一组主题为“Make It Real”（中文为“勇于尝试”）的系列营销广告之一，旨在鼓励人们勇于尝试新鲜事物，感受生活的快乐，没有任何干涉政治与宗教事务的含义，目前该广告已经撤下。但网友认为，即使可口可乐的广告是“被误解”的，不良反应却已经形成。企业为了迎合某一地区的消费者，而伤害另一个地区的消费者，这是营销策略的失败。同时有网友质疑，按照可口可乐营销主题的节奏，2003年的广告活动不可能一直延续到2008年。

资料来源：http://wenku.baidu.com/link?url=NfuDuIUwB2r9KnHfu8dMw6ETwEQ21Xg8Zqf-cQ4Dc_R8SUBluYRO7zN62Rv6MlIAvRcTlwWnVxh4lDlk7sESdsGRuU9j4yVKAb-PZVET-R7.

案例点评

广告的真谛就是沟通，公关广告的重要一步更是要把握公众的心理状态。由于可口可乐公关广告宣传被误解，而卷入了社会反响比较大的事件中，引起公众的公愤。所以企业要时刻关注公众的心理状态，积极避免由于公关广告引起不必要的公关危机；再者，当危机事件发生了，尽量不要实施为了迎合某一地区的消费者，而伤害另一个地区的消费者的营销策略，从而失去更多消费者的信任。

案例阅读5

纽崔莱与奥运冠军

继中国跳水皇后伏明霞之后，纽崔莱又一次和中国奥运冠军、体育明星的名字联系在一起——著名跳水运动员田亮2002年正式与安利公司签约，成为安利纽崔莱营养保健食品的形象代言人。在中国，纽崔莱以其卓越的品质，连续成为2000年悉尼奥运会和2004年雅典奥运会中国体育代表团唯一专用营养品，良好的声誉由此得到进一步确立。自从与伏明霞合作，成功推出“有健康，才有将来”的品牌形象广告之后，安利希望再选择一位形象健康、广受大众喜爱的代言人，以进一步体现纽崔莱健康、自然的品牌形象。一番考虑之后，2000年悉尼奥运会跳水冠军田亮脱颖而出。2001年全国十佳运动员评选中，他被评为最受欢迎的男运动员。出于爱护自身社会形象的考虑，田亮选择合作伙伴时，要求对方必须是声誉良好、形象健康、有实力的知名企业。经过多次接触，田亮对安利公司的发展历史、品牌形象有了深入了解，对安利的企业文化、纽崔莱的健康理念也有强烈的认同感，所以愉快地接受了安利的邀请，成为安利纽崔莱的形象代言人。

资料来源：http://wenku.baidu.com/link?url=DrjlhdSVGsLnrydk-w27A5mclq2P4uBfY4-zz6k ACNIot9yF3RSi32Se8yI1dpYnBXY_Xg9Sy6dZIe8Fl8BSibP_i9fffVVltM-CbdaJdpS.

案例点评

该案例是利用社会名流关系所开展的公关广告活动。名人效应，是公共关系传播常用的一种行之有效的传播方式，它主要是借助某些权威人士、社会名流或影视名人已取得的知名度、美誉度，以及在社会上的巨大影响，来扩大本组织的知名度、美誉度。田亮成为安利纽崔莱营养保健食品的形象代言人，就是运用名人效应的典型案例。邀请社会形象好、公众信任度高的运动员做广告，打破了以影视明星定位产品的策划模式，创意非常新颖，给公众耳目一新的感受。同时安利纽崔莱营养保健食品选择代言人，不仅是一位形象健康、广受大众喜爱的代言人，更是以其辉煌的成绩、爽朗率真的笑容而深受大众喜爱，从这个意义上说，“最受欢迎的男运动员”公关广告可信度更高，认同感更强。作为全球维生素与矿物质营养保健食品的领导品牌，纽崔莱一直倡导“营养、运动、健康”的理念，积极支持世界体育事业的发展。在中国，纽崔莱以其卓越的品质，连续成为2000年悉尼奥运会和2004年雅典奥运会中国体育代表团唯一专用营养品，良好的声誉由此得到进一步确立。

安利纽崔莱营养保健食品抓住了由头，策划了具有轰动效应的“金牌运动员”系列广告，达到了提高组织知名度和信誉度的目的。利用和扩展信息是公关广告策划的目的。抓住由头，抓住名人效应，就是抓住了机会。在人们看烦了千篇一律的各类影视明星们做的广告时，让社会形象较好的运动员走上广告说一说实在话，也许能有意想不到的效果。于是，安利纽崔莱营养保健食品“运动员证言”在公众中产生了轰动效应。反之，不懂名人效应，把名人当作一般顾客，就会失去借助名人提高组织知名度、信誉度的大好机会。名人能够利用他们的专长为企业生产和经营管理提供有益的意见，能够通过他们广泛的社会关系网络为企业广结良缘，能借助他们较高的声望提高企业的知名度，扩大社会影响。

案例阅读6

雷诺笔的公关宣传之道

1945年，雷诺去阿根廷谈生意，无意中看到一种在美国还没有生产的新奇产品——圆珠笔。美国一家实力雄厚的杜利制笔公司已打算生产这种笔。雷诺清楚地认识到，这东西一旦投放市场，肯定是走俏商品。他随即决定自己要制造圆珠笔。他买了几支圆珠笔带回美国，一到芝加哥，他就请一位工程师设计了一种不同于原来圆珠笔的新型圆珠笔。他知道杜利制笔公司虽然实力雄厚，但机构烦琐，新产品上市需要很长时间。要想与杜利公司竞争，就必须抓住时机，在对方未出产品之前，抢先占领市场。于是他带着一支样笔到纽约金贝尔百货公司及其老对手梅西百货公司登门推销，接到两批大订单。这也是雷诺匠心独运所在，因为两家百货公司竞争得越激烈，无论谁输谁赢，都将极大地扩大自己产品的知名度。他迅速投入2.2万美元的资金建厂。在杜利公司的制笔计划还在其各个机构审批的时候，雷诺笔已投放到市场上了。金贝尔百货公司售笔这一天，顾客反应之强烈使整个销售界大为震惊，该公司还被迫请了几十名警察维持秩序。一支成本只有0.8美元的雷诺笔售价竟高达12.5美元。

但雷诺仍担心人们不知雷诺笔已经问世，想扩大影响可人手又不够，于是心生一计，向法院控告杜利公司违法试图阻止他生产和销售圆珠笔，要求对方赔款100万美元。杜利公司很快提出反控告。许多报纸都报道了这一消息，案子虽然不了了之，但雷诺却达到了宣传目的。不到半年时间，雷诺就获得纯利润150多万美元。到了1946年，圆珠笔制造厂有100多家，笔的价格已经跌落下来，雷诺打算用飞机作环球飞行的办法扩大产品的影响。于是他买了一架退役的军用飞机，命名为“雷诺弹壳号”，同时推出一种弹壳号圆珠笔。他聘请了两位飞行员，自任领航员。飞机从纽约起飞，穿越欧、亚和太平洋，共花了78小时55分环绕地球一周，打破了当时环球飞行的世界纪录。雷诺回到纽约时受到隆重欢迎。纽约所有报纸都报道了这件事，尽管这次飞行花了近20万美元，但雷诺笔的销售量却翻了几番。

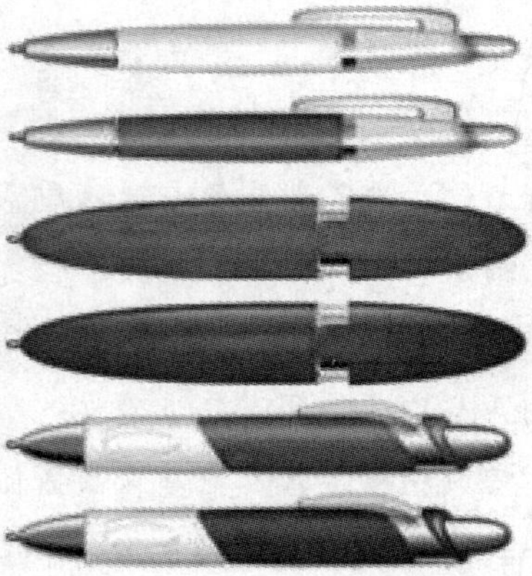

资料来源：http://wenku.baidu.com/link?url=9YDrpAkQP ZhJmmdp ZBRHS8A LJM Cp8Mx8n LiJeC4g O1vMSN ZOQp TufyJaqFWGSy QdO msI8v2 DnbN8t2 p2k7ou12 EnuESW2 OfbcaS2oIFKiLy.

案例点评

宣传型公共关系的特点是利用一定媒介进行自我宣传，其主导性、时效性极强，具体表现在以下三点：

第一，运用公关广告形式。按照本组织的意图在报纸、杂志、广播、电视等新闻媒介上宣传自己、树立形象，争取有关公众的好感。

第二，策划专题活动“制造新闻”，吸引新闻界报道。这是一种不支付费用的宣传方式，在效果上比公关广告更有说服力和吸引力，更有利于提高本组织的知名度。

第三，利用举办各种纪念会、庆祝典礼，或利用名人、明星等特殊人物的声望，达到提高组织知名度的效果。

在本案例中雷诺发现商机之后，便去了解对手，先发制人。在公关上更是不遗余力做到完美，通过与杜利制笔公司打官司的方式制造了新闻，成功赢得了大众的关注，完成了广告宣传的目的。在雷诺笔价格走低之后，又通过“雷诺弹壳号”飞机环球飞行的方式，在全世界范围内大力进行公关宣传雷诺笔。这种宣传方式及时、高效、影响力大，是非常成功的宣传策略。

案例阅读7

“双汇”广告巧入天安门

天安门广场历来被视为圣地，它的一举一动时刻为世人所瞩目。1994年6月8日一大早，天安门广场彩旗飘扬，锣鼓喧天，数百人组成的锣鼓队、秧歌队的精彩表演，引来许多人驻足观看，上午9点整，当北京市和国家有关部门领导同志宣布“逛北京，爱北京，建北京”大型旅游文化活动正式开始时，数千只信鸽同时飞起，把人们的目光引向天空。这时，人们惊奇地看到十多个色彩鲜艳的气球下面拖着一条长长的布幅，微风吹来，布幅上红艳艳的大字格外醒目——“华懋双汇集团漯河肉联厂祝逛北京活动圆满成功！”与此同时，河南省内的大小新闻媒体都竞相报道了这件事。《河南日报》的评论文章把它誉为“河南省最成功、最典型的一次企业活动”。首都新闻界也不再“沉默是金”了，其中《中国经营报》把《广告首入天安门广场》的这条新闻放在了第四版头条，同时配发了1 200字的评论。评论称：“广告首入天安门广场这一事实告诉中国的企业家——请再大胆一些！天安门广场为‘双汇’做广告，将作为一个极成功的企业公关策划活动写入中国公关广告史。”

资料来源：http://www.niubb.net/a/2015/11-20/995029.html.

案例点评

双汇曾经的公关广告成功之处在于：

第一，“第一个吃螃蟹者”的轰动效应。天安门广场历来被视为圣地，是中央政府举行国家级重大政治活动、外交活动的特殊场所，它的一举一动时刻为世人所瞩目，因此在中国重大政治生活中占特殊地位。许多国内企业早就看到它的重要性。但是在1994

年6月份以前，虽然有企业广告曾打过“擦边球”，但始终没有任何一家企业堂而皇之地做广告。“双汇”巧入天安门广场，成为全国众多新闻媒体“爆炒”的对象，产生轰动效应。

第二，公关广告择机巧入天安门的效应。双汇集团目光敏锐，看准时机和“空子”，利用大型旅游活动将在天安门广场隆重举行开幕式之机，借祝贺之名，行公共关系广告之实，这也显示了公共关系广告比一般推销广告的高明之处。

第三，公关广告的小投入、大收获。双汇集团把自己的广告攻入天安门广场，仅仅花费12万元，尚不及《人民日报》半个套红广告版面的花费，反使得广告气球在天安门广场飘扬了3天，成为众多新闻媒介争相“爆炒”的新闻，其产生的企业形象效应远非当初12万元所能衡量的。

案例阅读8

“请留心你家的后窗”

20世纪50年代，好莱坞影片《后窗》曾风靡香港，该片讲述了一个脑部受伤的新闻记者，在家养伤时闲极无聊，便买来一架望远镜，每日坐在屋子里从对面楼层的后窗窥视住户的家庭隐私，从而卷入了一场谋杀案。影片上映后，香港人竞相观看，形成了“后窗热”。这时，香港的一家生产百叶窗的企业成功地抓住了这一事件。他们在报上连续刊登题目为“请留心你家的后窗”的公关销售广告，其生意一下子兴隆起来。

案例点评

在公关广告传播活动中，通过大众传播媒介在社会中形成一个热门话题，让这个话题直接、间接地与组织及其产品挂上钩，从而达到良好的传播效果。一般做法可能是，别出心裁地搞出一个奇特的创意，以吸引公众的注意力。如高价征寻广告词，有奖“打捞”易拉罐等，这些活动都不过是为了让公众因好奇而关注。而案例中的这家企业借“后窗热”这个与自己产品关联度极高的话题，轻而易举地掀起了一个“百叶窗热”，从中获得了良好的市场效益。

案例阅读 9

那些年，加多宝和王老吉斗过的公关广告及文案

2012 年，加多宝手里的“王老吉”商标被收回，同时“改名篇”“销量篇”等广告被裁定禁止播出，并需在媒体上向王老吉道歉。加多宝连发四个“对不起”系列公关广告，立即收到网友反馈，制作出王老吉的四个“没关系”。王老吉表示：“我们不承认、不否认‘没关系’系列到底是不是出自我们之手，但是如果加多宝真的这样道歉了，我们的确应该回一句：‘没关系！’”

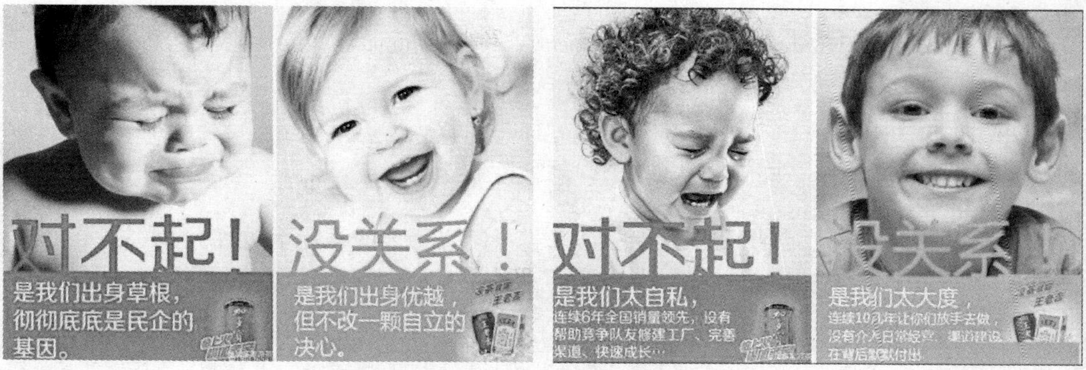

2014 年 12 月 19 日，持续 30 个月的王老吉与加多宝红罐装潢权案一审宣判，王老吉胜诉，加多宝使用红罐装潢构成侵权，被判赔 1.5 亿元。12 月 22 日，加多宝在其官方微

博、电商平台及平面媒体同时登出名为“两个第一”的调侃海报作为回应，“做凉茶世界第一，打官司倒数第一”，这两句有着鲜明互联网风格的自嘲体。然后，王老吉开始反击了。

2015 年 12 月 2 日，广州市中级人民法院一纸判决证明“怕上火”这一广告语归王老吉，被告加多宝应立即停止使用相关侵权广告语，并赔偿原告 500 万元。广州市中院判决书判加多宝公司停止使用“怕上火喝加多宝”“怕上火，喝正宗凉茶；正宗凉茶，加多宝”“怕上火，喝正宗凉茶”的广告语并赔偿。加多宝立即刊发了填空题公关广告。

资料来源：http://www.weixinla.com/document/25468088.html.

案例点评

广告语、外包装、营收……每年一个官司，随之而来的是一大波精彩的公关广告和文案。虽然凉茶行业只有两家巨头，但热闹劲儿一点不比“中国互联娱乐网”差。加多宝与王老吉这么多年的争执和对抗貌似告一段落了，但是两家公司的公关却从未停止。官司输赢不重要，重要的是不能输了公关。有趣的是，两家公司大量使用了自媒体，利用纸媒、网络等各种途径，通过充满创意又十分接地气的公关广告文案创作，在互相争斗的过程中，给大众提供了一个"娱乐"的案例。从好的方面讲，二者在竞争之余也在互相成就，共同把中国的凉茶市场做大做强，金罐和红罐将像五星红旗的配色一样，传遍世界！

实训导引

1. 实训任务：我们为××公司代言。

2. 实训目标：以小组成员组合为企业创新性地进行一个公关广告宣传，可用图片、视频、活动等方式，并对结果进行展示、分享和评价。

3. 实训步骤：

（1）分小组，以4～8人为一组。

（2）在现实或者网上较为深入地了解一个公司，为该公司做一个公关广告宣传，小组合理进行人员分配，保证每个人都有工作任务。

（3）小组成果以PPT的形式展示，并辅以图片、文字、视频、模拟活动等。

（4）下次课开篇进行展示、分享并评价。

4. 实训时间和地点：该任务课外完成，课内展示、分享，展示时间控制在20分钟，评价反思控制在10分钟以内，所拍摄的视频材料需要相关实训室或校内相关场地，任课老师协助申请。

5. 实训评价和反思：

任务单

组名		组员姓名		
工作程序指引及记录内容			完成的打"√"	
1. 确定本次小组长	小组长姓名：			
2. 小组集体查阅资料	/			
3. 明确任务	/			
4. 组员任务分配	/			
5. 设计PPT及准备图片、视频等	/			
6. 根据小组分工，完成自己的任务	/			
7. 班级交流。	展示人：			
8. 小组自我评价及反馈				
9. 个人加分点			/	
写给老师的话				
指导教师评语			签名	

任务评价表

<table>
<tr><td>课程名称</td><td colspan="7"></td></tr>
<tr><td>实训任务名称</td><td colspan="7"></td></tr>
<tr><td colspan="8">三方评价成绩</td></tr>
<tr><td>评分项目</td><td colspan="3">评分内容</td><td>配分</td><td>自评</td><td>小组评分</td><td>教师确认</td></tr>
<tr><td>明确任务
获取信息</td><td colspan="3">能有效利用图书馆资源、网络资源、教材等查找有效信息；
能用自己的语言有条理地去解释、表述所学内容；
能将查找到的信息有效运用到工作任务中。</td><td>10分</td><td></td><td></td><td></td></tr>
<tr><td>感知任务
制订计划</td><td colspan="3">是否熟悉你的任务，认同工作价值；
是否具有执行力；
小组计划制订得是否合理，并具有可操作性。</td><td>10分</td><td></td><td></td><td></td></tr>
<tr><td rowspan="3">实施任务</td><td colspan="3">与教师、组员之间是否相互尊重、理解；
与教师、组员之间是否能够保持多向、丰富、适宜的信息交流。</td><td>10分</td><td></td><td></td><td></td></tr>
<tr><td colspan="3">探究学习、自主学习不流于形式，处理好合作学习和独立思考的关系，做到有效训练；
能提出有意义的问题或能发表个人见解；
能按要求正确操作；
能够倾听、协作、分享。</td><td>10分</td><td></td><td></td><td></td></tr>
<tr><td colspan="3">遵守实训任务要求，实训过程符合目标；
训练过程出勤情况和完成工作任务情况较好；
善于多角度思考问题，能主动发现、提出有价值的问题。</td><td>20分</td><td></td><td></td><td></td></tr>
<tr><td rowspan="2">展示成果</td><td colspan="3">在展示成果中考核小组工作计划、技能训练是否符合目标与要求；
是否获得了进一步发展的能力和创新能力；
是否有良好的语言表达能力。</td><td>10分</td><td></td><td></td><td></td></tr>
<tr><td colspan="3">在展示成果中发现学习者是否有发现问题、提出问题、分析问题、解决问题、创新问题的能力。</td><td>15分</td><td></td><td></td><td></td></tr>
<tr><td>评定反馈</td><td colspan="3">按时按质完成实训任务；
较好地掌握专业知识点；
具有较强的信息分析能力和理解能力；
具有较为全面严谨的思维能力并能条理明晰地表述。</td><td>15分</td><td></td><td></td><td></td></tr>
<tr><td colspan="4">总分（100分）</td><td></td><td></td><td></td><td></td></tr>
<tr><td rowspan="3">评语</td><td>自我整体评价</td><td></td><td colspan="2">学生签名</td><td colspan="3"></td></tr>
<tr><td>小组整体评价</td><td></td><td colspan="2">组长签名</td><td colspan="3"></td></tr>
<tr><td>教师整体评价</td><td></td><td colspan="2">教师签名</td><td colspan="3"></td></tr>
</table>

阅读必备

公关广告创意的特征

1. 具有想象力

公关广告的创意不同于新闻写作，新闻报道要遵循事件的原貌。而广告创意则可以想象，可以夸张，可以增加悬念，可以制造戏剧性的情节。

2. 具有形象化

公关广告的创意是从表象、意象、意念、联想中获取创造素材，并集中凝练出具有形象化的广告妙语、音乐、画面，用强化的艺术手段使其融会贯通，成为树立企业形象、提高品牌魅力的广告艺术作品。如极具形象化的广告语——“这双鞋就像妈妈牵引宝宝的手”（日本某儿童鞋业）、“人头马一开，好事自然来！”（法国“人头马”白兰地）、“今年20，明年18”（奥丽斯化妆品）。

3. 具有真实性

公关广告创意的大目标是塑造企业组织形象，是在“真”的前提下赋予艺术形象，因而不能像文学作品那样天马行空，不可以我行我素。失真的创意，是最大的失策！

4. 具有“攻心”性

公关广告的创意即是通过“攻心”策略，卓有成效地“说服”公众，使之对某企业或某品牌产生良好印象，因此，公关广告即是通过一系列的心理活动来完成的。研究公关广告的创意特征，首先要把握寻求心理活动的轨迹。有一则独具匠心的公关广告，巧妙地体现了“攻心”的传播魅力。广告画面醒目地展现了一个被肇事汽车碰撞得折股缺角的交通标志牌，下端清晰可见一行广告语：“……请喝爱汀根饮料！”这一广告成功之处是将标志牌上的巨大感叹号与受损的牌体组合成一股强大的视觉冲击力，令人惊诧之余自然明白其寓意：为了交通安全，切勿饮酒肇事——请喝不含酒精的爱汀根饮料！策划者用省略号删节了“饮酒易肇事”的字样，避免了一些嗜酒公众对本广告的逆反心理，进而友善地推出品牌形象，真可谓不尽之言尽在“心战”中。

阅读链接

1. 莫动广告官网（http://www.modong.net）。
2. 何修猛：《现代公共关系学》，上海，复旦大学出版社，2015。
3. 胡百精：《公共关系学》，北京，中国人民大学出版社，2016。

任务四　公关写作

公关写作，就是公共关系实务中所运用的一切文体写作的知识和技能。有“公关圣经”之称的《有效公共关系》一书指出：“写作能力是遥遥领先，处于第一位的。”所以，“在你开始攀登公共关系的高峰前，请学习如何写作”。

无论是作为在某一组织结构公共关系部任职的专业人员，还是一名在专业公共关系机构任职的业务人员，其工作的性质决定了他必须较为熟练地撰写从请柬、会议致辞，到新闻稿、活动策划书、评估报告，乃至危机管理方案、企业咨询报告等一系列文案，否则就无法有效开展公共关系工作。

案例阅读1

CECT手机：“中国种的狗”事件声明

2003年2月，南京的个别消费者发现自己购买的中电通信CECT928手机屏幕上竟出现一句问候语“Hello Chow”，翻译成中文是“你好，中国种的狗”，消费者随即向新闻媒体反映。此事经媒体曝光后，立刻掀起轩然大波。许多人认为这是对民族尊严的伤害，是对中国人的侮辱，众多此手机的用户欲向厂家讨说法。

事件发生当日，中电通信市场总监飞赴南京，并与首先发现问题的用户取得联系。随即，中电通信公司发表公开声明：(1)中电通信作为国内重要的手机供应商之一，一直以发展民族企业为己任，本着“用户至上的原则”，绝无伤害国内用户民族尊严的想法与行为。(2) CECT928是2002年8月推出的产品，以性能卓越和价格合理而赢得消费者喜爱。“Hello Chow”是手机问候语，意为“你好，可爱的宠物狗”，是该手机人性化的开机界面。(3) 本着对国内购买者负责的原则，购机用户如不喜欢该界面，CECT可提供免费软件升级，并公布售后服务中心的地址和电话。

资料来源：http://wenku. baidu. com/link? url＝kf3fiJUT8DAQzpssicT2I-KPob7eoWxd_FO 251y4 Dby_ drx7QxCclXHQJJRVkifurELBhrDhhDPStueW1XzxgL7kaRvd0y_225Bg4DniD0_.

案例点评

CECT手机“Hello Chow”事件爆发后，中电通信市场总监即飞赴南京协调，并在第一时间与首先发现问题的用户取得联系，表现了中电通信对危机公关的重视程度和反应的及时性。同时中电通信所发表的公开声明，也具有积极的意义。但是，一则非常简单的声明是很难解决问题并令人信服的。

第一，中电通信似乎对事件的严重性估计不足，危机处理中声明过于轻描淡写。当消费者看到所购买的手机屏幕上竟出现一句问候语“Hello Chow”，即“你好，中国种的狗”时，有过激的反应或者将问题上升到民族和个人人格的高度也不为奇，毕竟人的思维是多样性的，不可能都按照 CECT 的思路理解成“你好，可爱的宠物狗”。毕竟不是消费者自愿或主动下载的，而是供应商强加的。而中电通信仅仅和消费者联系后就草草地出了一则声明。这样“以自我为中心”的声明作用能有多大？能够安抚和平息消费者和舆论吗？

第二，声明写作中的外交辞令并没有一种良好的公众态度，以自我为中心，暗含危机的缘由是消费者的误解，责任在消费者，而不在厂家，没有给自己和消费者都留下余地。中电通信声明的第二条的意思是说：我的手机很受欢迎，开机界面也没有错，你们不应该那样理解！声明的第三条“本着对国内购买者负责的原则”言下之意好像消费者是在无理取闹。显然这些声明没有一种良好的公众态度，显然加大了对立面。

第三，中电通信在此次危机公关中的声明中没有很好地发挥危机公关中的互动性、谅解性、真诚性的原则。中电通信并没有与消费者、媒体进行互动交流，主动让他们参与到此次危机的处理之中。

案例阅读 2

让北京 FUN 起来——房山中央休闲购物区（CSD）的打造

房山区位于北京西南，矿产资源曾是房山区人民赖以生存的支柱产业，随着 2009 年打造“三个北京”路线的提出，摆在房山区政府面前的是停止支柱产业、开辟新经济支柱的难题。如何摆脱房山当时的发展困境、实现区域经济发展成了泰沃公关公司首先要解决的问题。泰沃公关接手房山项目时，长阳还是一片人迹罕至的荒地，没人敢想象而今的长阳已经成了享誉京畿并拥有自己品牌的繁华之地，而且受到了像万科这样的众多一流开发商的青睐。

那么，泰沃公关是如何做到的呢？

当务之急：建立品牌。“Funhill”让房山 Fun 起来，泰沃公关思考并提出了“Fun 动北京，Fun 动房山”的口号，一改房山乡土气息，以此吸引了众多有消费能力的人群关注房山。下一步就是如何让这些人群产生消费，招商引资是任何一个项目都头疼的难题。长阳当时虽然是荒地，但是荒地也有荒地的好处，这块地的可塑性极强。于是泰沃公关利用长阳的优势资源，充分打好区位优势这张牌。通过对长阳优势资源的分析研究，他们总结并写出了几个要点：“（1）人口密集，具有消费能力。（2）处于城市近郊，有大片滞留土地。（3）距城市中心车程不超过1个半小时。”泰沃公关惊喜地发现，只要说服大公司奥特莱斯选址长阳，一切问题就能迎刃而解，于是提出了房山CSD的概念，这个概念第一个吸引到的就是万科。万科敏锐地发现，长阳CSD是未来首都西南的商业核心，于是就有了后来众多地产名企进驻长阳的火爆场面。历经三年的时间，CSD的概念已经成为现实，如今的长阳已经成为名副其实的中央购物区。

资料来源：北京泰沃公关微博（http://blog.sina.com.cn/s/blog_634d52eb0101bi1n.html）.

案例点评

这是典型的“口号”写作带来改变的例子。口号是战略性的语言，目的是经过反复和相同的表现，以便明白它与其他企业精神的不同，使消费者掌握商品或服务的个性。广告口号常有的形式：联想式、比喻式、许诺式、推理式、赞扬式、命令式。口号的撰写要注意简洁明了、语言明确、独创有趣、便于记忆、易读上口。泰沃公关在处理房山中央休闲区时，打造出了与房山谐音的“Funhill”这个英文词，进而提出了“Fun动北京，Fun动房山”的口号。利用这样的谐音，便于记忆，易读上口，让原本稍显土气的房山瞬间变得洋气起来，从而吸引了万科的入驻，最终实现了打造中央休闲区的目的。

案例阅读3

今日头条引发的连锁效应

2016年3月19日，资讯APP今日头条发布了一系列广告，因其新奇的文案画风，引起了大家的热烈讨论。

据了解，今日头条此次广告投放的规模上亿，覆盖面包括“北上广深”几座城市，楼宇、电梯、电影院、地铁站等随处可见其广告。这一系列户外广告，背景统一为红色，且采取了“今天×××，看今日头条”的整齐文案，但与此同时，也结合了不同地点，针对不同人群，定制了不同的文案。比如，在机场的文案是“今天我要去远方，看今日头条”，在北京中关村公交站的文案则是“今天不写代码，看今日头条”。甚至，汽车、电影、时政等各大微信公众号，也在头图或文末植入了今日头条的广告。

在通过刷屏迅速火爆之后，有人发现了一个问题，原来广告牌上的副标题出了问题，“4亿用户正在使用的资讯APP”中“4亿”的数据统计不准确，这令人大为不解。原来，两个月之前今日头条的数据组从成长曲线预估，3月份的用户量将达到4亿。万万没想到，在广告通过审批、投放之后，今日头条的实际用户量已经达到4.5亿，这也从侧面印证了今日头条的发展趋势大好，面对这种情况，相关工作人员可能也是“哭笑不得”。

无论如何，今日头条这次不按常理出牌的方式，不仅有一些市场品牌部找上门，希望利用今日头条的广告文案，在自己的渠道推广产品，还有很多普通群众也在用“头条体”来造句，吸引了不少的关注度。

今日头条这种户外广告文案，因其排版相近、看似口语化而自带看点，针对不同人群设计的内容令人耳目一新，确实是公关广告行业文案界的创新。

资料来源：http://www.chinapr.com.cn/.

案例点评

今日头条通过“今天体”的刷脸和洗脑，带来了传播的广度和热度。这种针对不同场景、不同人群的文案设计，符合其个性化推荐的定位，但称不上优良之作，影响力也是圈内比圈外大，如果不是豪投，无法激起多大的水花。对于经济型企业，这种方式并不推荐。不过，不得不为今日头条的执行力点赞。

知乎作者Tang Magic点评：今日头条的宣传策略：场景营销＋超高记忆度内容＋大规模投放。成功与否，首先要看对成功的定义是什么？业界普遍的测量标准就是是否达到了预计的营销目标。假设他们这一波的目标是打知名度，要最大范围地覆盖人群，同时让他们知道今日头条这个APP，那么，我个人认为，效果应该不错。假设他们这一波目标是要建立美誉度，那么，我认为，没有效果，甚至是负面效果。

案例阅读4

“小燕子”的一封信

美丽的日本古都奈良坐落在绿树满坡的春日山和若春山的怀抱中，奈良郊区有一家旅馆，环境优美，绿树成荫。春天，美丽的樱花随着春风摇曳，使人心旷神怡。该旅馆不仅环境怡人，服务也热情周到，客人光临，服务员总是笑脸相迎，施礼寒暄，使人有宾至如归的感受。但不尽如人意的事情出现了，归春的小燕子也争相光临此处，它们未经主人允许就忙忙碌碌地在屋檐下营巢筑窝，繁衍后代。主人爱鸟，非常欢迎这些可爱的小家伙在此栖息，还时常为它们提供一些方便。可是小燕子们随随便便地排粪便，尤其是那些刚出壳的雏燕。粪便溅脏了房间的玻璃和走廊，实在有碍观瞻。尽管服务员经常擦洗，但小燕子我行我素，前擦后拉，窗户上总要留下那么一点鸟屎，渐渐地，旅客们有些不高兴了。旅馆经理也为此事苦恼，突然他眉头一皱计上心来，提笔给客人们写了一封信——

女士们、先生们：

我们是刚从南方赶到这儿过春天的小燕子，没征得主人的同意就在这儿安了家，还要生儿育女。我们的小宝贝年幼无知，我们的习惯也不好，常常弄脏您的玻璃和走廊，使您不愉快，我们很过意不去。请女士们、先生们多多谅解。还有一事恳求女士们和先生们，请您千万不要埋怨服务员小姐姐，她们是经常打扫的，只是她们擦不胜擦，这完全是我们的过错，请您稍等一会儿，她们就来了。

您的朋友：小燕子

客人们看了这封以小燕子名义写的信，都给逗乐了，怨气随之烟消云散，每当客人回到自己房间，看到窗户上的点点燕子粪，不由得便会想起“小燕子”那亲切、有趣的话语，谁能不原谅它们的一点小过失呢？此后，客人总是带着美好的回忆，依依不舍地离开美丽的古都奈良，离开这逗人的旅馆。

资料来源：http://www.niubb.net/a/2015/11-20/995029.html.

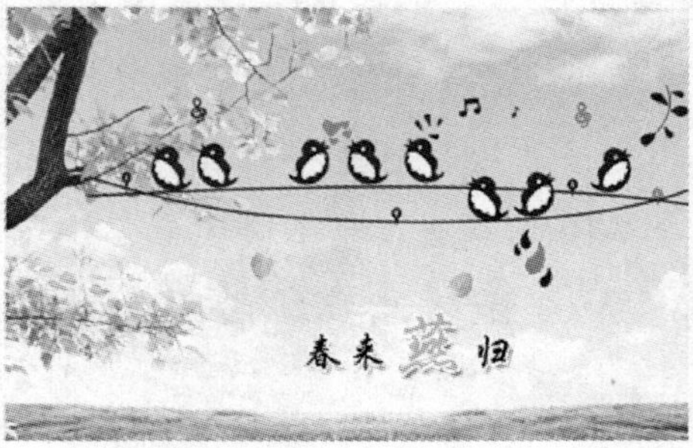

案例点评

公关活动，本质上是一种运用技巧，提高企业自身知名度、美誉度，化解不利因素的管理手段。其主要目标应是获取所涉及的公众对自身的理解。旅店的目标公众当然是顾客和潜在顾客。在本案例中，公关人员巧借小燕子的口吻使顾客理解了他们的服务，选择用一封信的形式，新颖有趣，语言生动活泼、温和妥帖，收到了理想的效果；人们不仅没有了怨气，而且将此事当成美好的回忆。可见，只要善于抓住顾客寻求舒适和乐趣的心理，借助情绪感染力，及时捕捉时机，制定公关宣传策略，顾客便会在鸟语花香的美好环境中，感到更亲近和更受欢迎，也乐意接受宣传的观点，对小小的风波能够谅解，从而吸引更多的顾客。

案例阅读5

《舌尖上的中国》第二季第1集《脚步》解说词（节选）

不管是否情愿，生活总在催促我们迈步向前。人们整装、启程、跋涉、落脚，停在哪里，哪里就会燃起灶火。从个体生命的迁徙，到食材的交流运输；从烹调方法的演变，到人生命运的流转。人和食物的匆匆脚步，从来不曾停歇。

20多年，风雨劳顿，之所以不觉得孤单，除了坚忍的丈夫，勤劳的妻子，相濡以沫的，还有一路陪伴的家乡味道。

一坛家乡味，将被带往1 000千米外的广东中山。也许有一天，它会以新的形式，在他乡重现。千百年来，食物就这样随着人们的脚步，不停迁徙，不断流变。无论脚步走多远，在人的脑海中，只有故乡的味道，熟悉而顽固。它就像一个味觉定位系统，一头锁定了千里之外的异地，另一头则永远牵绊着，记忆深处的故乡。

一顿归乡宴，穷尽乡间名厨的全部手艺。中断几十年的相识和旧情，重新接通，瞬间让一切回到从前。少年熬成白发，故乡变了模样，但各种老味道历久弥新。半生闯荡，带来家业丰厚，儿孙满堂。行走一生的脚步，起点、终点，归根到底都是家所在的地方。这是中国人秉持千年的信仰，朴素，但有力量。

这是剧变的中国，人和食物，比任何时候走得更快。无论他们的脚步怎样匆忙，不管聚散和悲欢，来得有多么不由自主，总有一种味道，以其独有的方式，每天三次，在舌尖上提醒着我们，认清明天的去向，不忘昨日的来处。

西藏林芝，印度洋吹来的暖湿季风，植物正在疯长，又到了白马占堆忙碌的季节，天麻和灵芝是重要的经济来源，但是一个月后，它们将消失得无影无踪。从峡谷到雪山，七千米的海拔高差，让林芝成为世界高山植物区系最丰富的地区。弟弟高中毕业，白马得迅速赚够他读大学的费用，在此之前，他为弟弟准备了一件特殊的礼物。西藏80%的森林集中在这里，白马努力搜寻几天前发现的蜂巢。现在他得想办法达到树顶，在当地人眼中，蜂蜜是宝贵的营养品，值得为它冒险，听起来难以置信，但这种风俗已延续了数百年。白马选了一根藤条，使自己与大树相连，从现在起，这根藤条关系性命，看起来进展不错，一个小时后，白马爬了很高，但还有更高的距离要爬。父亲放心不下，匆匆赶来，白马不敢用双手砍树，速度明显慢了下来。现在，他准备摆脱藤条，40米高，并且没有任何保护，这是一次危险的行走，野蜂并不怕人，白马从长辈那里学会了点燃烟雾，迫使蜜蜂放弃抵抗，砍开蜜蜂藏身的树洞，就可以得到最甜美的蜂蜜。在与世隔绝的森林里，甜食非常难得，而蜂蜜，是白马能带给家人最珍贵的礼物。甜食是人类最简单最初始的美食体验，蜂蜜的主要成分是果糖和葡萄糖，作为早期人类唯一的甜食，蜂蜜能快速产生热量，补充体力，这对我们的祖先至关重要，和人工提炼的蔗糖不同，蜂蜜中的糖，不经过水解，就可以直接被人体吸收。在中国的厨房，无论制作菜肴还是甜点，蜂蜜都是其他糖类无法替代的。当然，白马最喜欢的是酥油蜂蜜。

获得蜂蜜，对藏族小伙子来说，要攀爬十层楼的高度，而对另外一些人来说，则要经过上万公里的艰苦跋涉。油菜花刚刚开花，谭光树已经准备启程，老谭是职业养蜂人，二十多年来，依靠这份工作，他养育了一双儿女。每年清明，他都要和妻子吴俊英，踏上追逐花期的旅程，一昼夜，蜂箱已在500千米外的秦岭。花的味道决定了蜂蜜的味道，地区不同，味道也完全不同，这正是蜂蜜作为美食的神奇之处。秦岭出产中国顶级的槐花蜜，但老谭心里一点也不轻松，毕竟，养蜂是靠天吃饭的行当。四月中旬，天气突变，大风伴随降雨，花期提早结束，没有人知道，糟糕的天气会持续多久。20多年前，老谭对未婚妻许诺，要带她从事一项甜蜜的事业。交通不便的年代，人们远行时，会携带能长期保存的食物，它们被统称为路菜，路菜不只用来果腹，更是主人习惯的家乡味道。看似寂寞的路途，因为四川女人的存在，而变得生趣盎然。妻子甚至会用简单的工作，制作出豆花，这是川渝一带最简单最开胃的美食。通过加热，卤水使蛋白质分子连接成网状结构，豆花实际上就是大豆蛋白质重新组合的凝胶，挤出水分，力度的变化决定豆花的口感，简陋的帐篷里，一幕奇观开始呈现。现在是佐料时间，提神的香菜，清凉的薄荷，酥脆的油炸花生，还有酸辣清冽的泡菜，所有的一切，足以令人忘记远行的疲惫。丰盛的一餐，标志着另一段旅程的开启，全部家当，重量超过10吨，天黑前必须全部装车。因为工作，每个养蜂人每年外出长达11个月，父母的奔波，给两个读书的孩子提供了安稳的生活。

养蜂人老谭和妻子，携带蜜蜂一路迁徙，而另一群人却轻装上路，只带着他们的双手。秦岭北麓，麦子熟了，机械收割的普及，不妨碍竞争者的存在，麦客，中国古老的职业割麦人，他们踩着麦子成熟的节奏，用双手挑战机械。小麦，曾经改变人类文明进程的作物，拥有世界上最广泛的种植面积，从最日常的馒头、面条、锅盔，到肉夹馍、羊肉泡馍，再到花样百出的各色小吃，共同奠定了陕西这个面食王国难以撼动的基石，然而要品尝最古朴的原始面香，只有等到麦收的季节，小麦富含淀粉和蛋白质，而刚刚收获的新麦，甜度最高，陕西人习惯把面加工成三厘米宽的形状，正是这样的宽度，加上合适的火候，才能彰显新面筋实的牙感和清香的味道。老婆婆比谁都清楚做面的奥妙，风箱大柴，一灶旺火最让面条出彩。木耳、胡萝卜、嫩豆腐做成的浇头，陕西人称作臊子，浓墨重彩的油泼辣子，是面条永远不变的忠实搭档。善待麦客是祖辈的传统，大量碳水化合物，可以维持重体力劳动后身体所必需的苷糖。如今，手工割麦毫无优势，狭窄的山坡地块是最后的阵地，一天劳动10小时，每人割一亩多地，最多收入200元。这次出来十几天，收入还不到1 000元，在效率面前，麦客已不属于这个时代，马万全一行，也许就是中国最后的职业割麦人。古老职业和悠久的传说，正被机械们一茬茬收割殆尽……

甘肃山丹牧场，老谭夫妇准备向下一站出发，又是一次千里跋涉；宁夏固原，回乡的麦客们，开始收割自家的麦子；东海，夫妻船承载着对收获的盼望，再次起锚。这是巨变的中国，人和食物，比任何时候走得更快，无论他们的脚步怎样匆忙，不管聚散和悲欢，来得多么不由自主，总有一种味道，以其独有的方式，每天三次，在舌尖上提醒着我们，认清明天的去向，不忘昨日的来处。

资料来源：朱楠."舌尖上的中国"解说词赏析. http://wenku.baidu.com/link? url=za6KUSF3S6ZXbu6pnjDseQoETIYzwqKirfPIGC_lMVu_CA9 fcNPTCnm AELhx TMg M3liKIp OyHTmgCfyk 3YwUb _lBwc 8h85LVvy4ZjGe_iv3.

案例点评

2012年《舌尖上的中国》一经开播便成为央视的品牌节目，使央视的收视率和美誉度进一步提高，更受到民众广泛热议和好评，不仅引发了一场全民美食热潮，带动了食品相关产业链，还产生了一种新兴的网络语体"舌尖体"。纪录片的成功是诸多因素组成的，而其中温润饱满、扎实有力的解说词功不可没。《舌尖上的中国》系列的解说词成功之处在于：(1) 用敬畏的语言和敬畏的态度抒写美食；(2) 不是孤立地说美食，而是把吃还原到家庭、传统等方面；(3) 节奏感强，跳跃性的表达结构实际上就是诗的语言，很多章节始终维持形散神不散的韵味；(4) 字里行间倾注了写作者昂扬的情感和饱满的热情，整个文案充满温度，温暖直指人心；(5) 充满智慧，凸显哲学意味。

实训导引

请从公关的视角为本年度教师节设计一句口号。

1. 小组合作，可以结合文字、图片、视频、音乐等，使其具备审美性和广泛的影响力。

2. 口号要求朗朗上口，情真意切，具有创意。

3. 根据实训评价表给予打分。

创意（50 分）		内容（25 分）		表达（25 分）		总分	
评语	自我评价			学生签名			
	其他同学评价			同学签名			
	教师评价			教师签名			

阅读必备

公关写作是个技术活儿，却也是个基本技能。按常理来说，这本是公关行业人人都该娴熟掌握的“常规武器”。然而事实却并非如此，有些人是眼高手低（当然这眼高或许也只是一种幻觉），有些人虽百般努力却始终不得其法，不少人则莫名其妙地产生畏惧情绪，一有写作任务如临大敌，总是百般推诿。

追根溯源，我们不难发现：对公关写作的科学认知是至关重要的。如果认知发生偏差，就会导致方法上的错误以及最终结果的糟糕。对于那些还不能在公关写作上游刃有余的人而言，重建写作能力的关键，就在于正确认识公关写作。

天赋为轻　训练为重

天赋这个词，空灵，却也玄乎。你很难厘定一个人是否具有天赋，或者具有多少天赋。事实上，即便拥有一定的天赋，如果不加以后天的管理和努力，只怕也会“暴殄天物”，无奈上演“伤仲永”的故事。对公关写作而言，天赋并不是必要条件，其重要性远不如专业训练。不少人会想当然地认为，那些公关写作能力杰出的都是具备文字天赋的人。这其实是曲解了公关写作，也曲解了文字天赋。公关写作是专业范畴的写作，有规律可循，有章法可依，专业、规范、准确、到位才是标准。而文字天赋，则是极其稀缺的珍宝，罕有人可以拥有。而且，天赋如果不能纳入专业视角和专业训练，也根本无法匹配公关写作。这个行业，的确有文字天赋且成为公关写作拔尖的人，但更多的人是通过扎实的专业训练才得以崭露头角。反之，一些手握作协会员证的美文高手也有适应不了公关写作的。

无疑，专业训练应该成为我们提升能力的重中之重。那么，如何才能进行卓有成效的训练呢？首先，定量训练是必需的。需要有一个量的保障，才可能有质的飞跃。训练者需要在一个周期内，为自己定下一个写作量，并严格完成。其次，需要进行细分训练。公关写作范畴广泛，从公关提案、公关稿件到公关公文有三大类别，每个类别中又有诸多细分，比如公关稿件中有新闻稿、深度稿、软文、导购、评测等庞杂分类。如果你想让自己在公关写作上具备"通杀"能力，就必须在每一个细分领域艰苦探索。细分训练是一个长期而艰苦的过程，需要足够的耐心和不懈的热忱。再次是强化训练，对自己擅长的文体或类别进行高强度、高密度的训练，确保自己可以单点突破，铸造自信后再进行延展。最后是对症训练，对自己特别薄弱的写作环节或写作品类，对症下"猛药"，补短板。

俗话说，熟能生巧。对于公关写作而言，要想出人头地，不断地进行训练是必经之路。但在训练中，仅有勇猛是不够的，还必须注意总结经验、吸取教训。究竟失败在何处，错误在何处，亮点在哪里，如何修正和完善等，都需要不断领悟并形成方法。这是一个不断精进的艰辛过程，你需要悟性与坚忍相伴。

技巧为轻　常识为重

对于捷径或秘籍的追求，是人性的弱点，也是一个普遍现象。在武侠小说中经常有这样的暗喻：一个没有武学根基的人因为突然掉入山洞或特殊机缘，获得武功秘籍从而在江湖扬名立万。所以，我们常常可以看到，不少人热衷于去听所谓攻略讲座，翻那些营销噱头的书，以为可以掌握技巧，在公关写作上大展拳脚。但最后他们发现，那些技巧在自己手上全然不灵，实际操作中屡屡碰壁。其实失败原因并不难找，对于技巧的过度关注会导致对常识的漠视。很显然，一个常识缺乏的人，仅凭几招只知其然不知其所以然的技巧，怎么可能在公关写作上闯出一片天地？当然，掌握常识并没有什么了不起，可是缺乏常识却是十足的大问题。在公关实践中，至少有一半不成功的公关写作，都源于常识的缺位。

这里所说的常识主要有四类：一是新闻常识；二是行业常识；三是社会常识；四是生活常识。新闻常识有不少，其中一个最基本的是"倒金字塔结构"。但是这样的基础常识，往往被很多人在写作中抛之脑后，结果写出来的是一个结构错位的稿件，最重要的核心信息被放在最后，前面则是自以为是的抒情或铺垫。这样的稿件除非你碰到了一个不讲常规的审核者，否则必然难逃被"毙"的命运。

行业常识主要指一个行业及产品的基本情况，这对于公关公司职员来说有一定门槛，需要花时间去学习掌握。如果浮于表面，对行业知识一知半解，则可能会带来尴尬甚至是出现笑柄。曾经有一篇讴歌某乳品企业常温奶市场占有率高的文章，有“这是中国乳品市场国际接轨的里程碑”这一结论，结果遭到客户的严厉斥责。因为这有违行业常识：在国际市场，常温奶市场极小，鲜奶却占绝对份额。

社会常识主要指一些社会语境、风土人情。例如：你不能在国家大力提倡节能减排的时候，为大排量汽车耗油辩护；在企业合作签约会上，领导人致辞应该盛赞合作方并强调合作带来的积极意义和深远价值，而不应喋喋不休地强调自身；跨国企业应该表现出对中国市场的重视，对中国经济的看好以及与中国携手发展的决心，而不应总是抱怨甚至攻击。

生活常识上犯错的概率比较小，通常都是由于粗心大意所致。如果你在一篇稿件中说“11 月 2 日，阳光明媚，秋风送爽”，审核稿件的人估计会给差评。

对以上四类常识的掌握，有些来自学习，有些来自观察，有些来自领会。吸纳之后，要不断地积累沉淀，从而形成自己的知识体系，助力公关写作。

状态为轻　积累为重

任何写作都需要状态，这一点毋庸讳言。一个人状态好的时候，的确可以如虎添翼，文思泉涌，笔走龙蛇；而心情糟糕、状态低迷，的确会对写作造成障碍。但对于公关写作而言，对状态却不能过多强调。因为公关写作不是文学创作，它是传播任务的有机一环，拖不得，等不起，需要按质按量完成。所以，对于一个优秀的公关人来说，没有状态也需要投入战斗。实质上，进一步观察，我们就会发现，没有状态通常是手足无措和焦虑的产物。我们由此错以为是没有状态，其实是缺乏积累所致。看起来，你笔下的文字是此时此刻的新鲜产出，其实不过是你的底蕴和积累在发酵后的呈现。你有足够的积累，状态不会让你等太久；而如果你迟迟不在状态，则证明你的积累非常薄弱，需要好好补课了。

积累通常来自几个层面：一是阅读，首先需要阅读专业书籍，对营销、传播、公关最经典和最前沿的书籍都应该一网打尽，精读细读；二是跨学科阅读，积累综合知识；三是对成功案例的实战型阅读。积累的第二个层面来自建档，平时需要注意收集客户文档、领导人言论，同时收集同行业、跨行业标杆案例，以及意见领袖的观点、草根的典型口碑等。积累的第三个层面来自交流，与团队、客户、媒体进行有针对性的交流，并将心得体会予以记录。

文笔为轻　立意为重

我们通常会听到这样的夸赞：“这稿子文笔真好，文采斐然。”很多时候，这种来自第三方或权威人士的评价，的确会让人认为文笔是公关写作出色与否的关键。很多初学公关写作者，总是愿意在文笔上非常努力，以为至少可以做到“一俊遮百丑”。这种努力如果不得其法，就会变成华丽辞藻的堆砌。但实际上这是本末倒置了，文笔只是锦上添花，对于公关写作而言，立意才是最重要的。毫无疑问，如果立意出了问题，再美的文笔也只是败笔。

正所谓，“千古文章意为高”。而所有的立意，都需要依附文章内容本身的价值。为什么那些语言质朴的历史人物口述体文章能够引人入胜？根本原因就在于其信息的厚重和在历史坐标中的意义。在公关写作中，立意的第一要义在于“意图”，要始终能清晰承载此次传播的目标，不能偏离，更不能忘乎所以。其二在于“意思”，要准确表达出先行制定的核心信息，不能遗漏，也不能断章取义。稍高一些要求则在于“新意”，需要表达有新意、角度有新意、观点有新意。立意的另一个层面，则是“意义”，也即常规意义上的拔高。但这种意义的拔高不能大而无当，它需要立得住、站得稳，经得起推敲。比如别克新君威小汽车发布时，推出的“引领中高级轿车运动革命”；张裕力推酒庄酒时，以半汁葡萄酒、干型葡萄酒、酒庄葡萄酒三代产品来定义的“葡萄酒业第三次浪潮”等。

资料来源：黄明胜．公关写作是个技术活．国际公关，2011（10）．

阅读链接

1．中国公关网（http://www.chinapr.com.cn/）。

2．周安华：《公共关系写作》，沈阳，辽宁教育出版社，2004。

3．中国公共关系网：《2015 最具公众影响力公共关系案例集》，北京，新世界出版社，2016。

任务五　公关礼仪

公关礼仪是指公关人员在公关活动中应遵循的礼仪要求。在公共关系中，礼仪具有特殊的作用，不仅展示着个体的素养和形象，而且影响公共关系的发展。因此人们从事公共关系工作应该掌握各种公关礼仪。

现代公关礼仪的类型包括以下几种：一是从礼仪服务对象的内外区分为国内礼仪和涉外礼仪两大类，前者指本国范围内通行的一些礼仪规范和区域特征，后者指参与外事活动应遵循的礼仪规范。二是根据主体应酬的工作对象分为内务礼仪、公务礼仪、商务礼仪、个人社交礼仪。内务礼仪：在家庭中，亲朋好友之间应酬交往时应遵循的礼仪规范，包括家人间的问候、祝贺、庆贺、赠礼、宴请等。公务礼仪：指公务活动中，应遵循的礼仪规范，包括公务行文礼仪、公务迎接送往的礼仪、公务公见会谈的礼仪、公务宴请招待的礼仪。商务礼仪：在商务部门工作应酬中应遵循的礼仪规范，如商务接待、商务谈判、商务庆典等礼仪。个人社交礼仪：个人参加社交活动时应遵循的礼仪规范，包括一些基本的礼节，如握手、介绍、交谈、馈赠等。

案例阅读1

川池集团股份有限公司是中国最大的原酒基地——四川邛崃的一家大型民营股份制企业，为中国白酒协会确认的中国八大原酒生产企业之一，年产优质基酒10 000吨，为中国几大知名品牌白酒的原酒供应商，拥有成都市最大的花园式生态酒业园区。1998年，全国白酒销售下降，原酒生产受到致命打击，川池集团开始生产瓶装白酒。由于缺乏市场经验，集团在瓶装酒产品“川池酒”投入5 000万元巨资后，颗粒无收，样板市场江苏扬州、苏州的“川池酒”产品被号称为“头疼大曲”。集团公司严重亏损，大量包装积压，库存产品达到3 000万元，公司陷入危机。

第二年，川池集团管理层经过反思与总结，从沿海引进外资企业高级管理人员，对川池集团进行全面的改造。很快，川池修订了公司的理念和口号等，将企业口号定义为：酿造品质，超越平凡。将经营方针设计为：高品位，大品牌，大众生活潮流的缔造者。还精心设计了一款广告语：品味人生，人生品位。配套制定了一系列行为规范。

一、员工社会行为规范

（一）员工的仪容仪表

1. 生活化。以寻求与社会大众的共同点，使人容易亲近。

2. 品位化。在生活化的基础上突出川池人审美的品位。

（二）员工语言

中国是礼仪之邦，日常用语的规范是CIS行为识别系统中的重要环节，因此，推广标准语言是各部门主管的重要工作，推广初期，甚至必须与奖金挂钩。

（三）员工的对外行为

1. 员工的行为符合法律准则。

2. 员工的行为符合道德标准。

3. 主动献爱心，助人为乐。

二、川池窗口行为规范

川池集团股份有限公司承担对外接待的部门统称为“窗口”，如集团办公室、直销部、销售部、电话总机、招待所、餐厅等涉外部门。这些部门的具体行为规范：

1. 热情。热情体现出川池人对每一位顾客，朋友的尊重，体现了川池人真诚的本性。

2. 注意每一个细节。细节最能体现职业素质和职业修养，也是川池人关心顾客、关心朋友的集中体现。

3. 体现时代精神。客人、朋友光临，尽量采用形式简单、物化因素小的接待方式，不提倡铺张浪费。

三、公关活动行为规范

公关活动是宣传企业品牌、树立企业形象的大好时机，充分抓好公关活动，以规范的行为来传播企业各类信息。

1. 新闻宣传。主要是媒体报道、新闻发布会、记者招待会等。新闻宣传是隐性的广告宣传，比真正的广告宣传更具威力。

2. 文体活动的参与。文娱与体育活动的参与对企业形象的提升、知名度与美誉度的提高有直接的作用。

3. 赞助公益活动。依企业实力有选择地进行。

4. 赈灾济困。可以发动员工参与，激发员工的美德。

四、营销活动行为规范：

1. 针对经销商的营销活动行为规范：让利于商；以诚待商；服务于商。

2. 针对消费者营销活动的行为规范，包括促销活动、市场调研活动以及各种类型的终端活动：诚恳；简洁；企划组织。

3. 针对学术活动的行为规范。

经过一番改革，川池集团实现了突破，销售业绩开始上升。

资料来源：http://www.niubb.net/a/2015/11-20/995029.html.

案例点评

作为企业，要想做大做强就离不开规范的礼仪和管理。在本案例中，我们看到川池集团在经历企业低迷期后，痛定思痛，通过一系列的行为规范来整顿企业内部管理，重新树立企业形象，取得了显著的效果。内部的行为习惯从员工个人形象的规范，到营销礼仪的规范等，无不体现着企业的用心和决心。企业用提升员工和服务礼仪，从而让大众对品牌产生信赖感，进而提升产品的销量。仅从员工个人形象来说，一个人穿了什么实际上就是说了什么。导购人员在为顾客服务的过程中，如果着装统一规范，色彩舒适，举止得体，语言温和，实际上透露出的不仅是员工本身的素养和专业，更是企业培养和管理的结果，就会让顾客感觉到真正的宾至如归。

案例阅读2

新加坡航空公司的完善服务

新加坡航空公司（以下简称“新航”）在国际航空业群雄角逐的激励竞争中独占鳌头，多年连续被国际民用航空组织评为优质服务第一名。新航的服务有很多独特之处，他们把西方的先进技术及管理手段与东方的殷勤待客传统有机地融合在一起，把“乘客至上”的公关思想贯穿于服务的全过程，给每一位乘客留下极为深刻的良好印象，使来自各国的乘客自然成为新航的义务宣传员，再加上通过新闻媒体做广告宣传，公司的形象就不胫而走，誉满五洲。新航的服务准则是：对所有乘客一视同仁地施以关心和礼貌，在一切微小的服务细节上给乘客留下难忘的印象，并树立公司的整体形象。这些服务准则通过每一位工作人员的良好举止体现出来。这些服务措施有：(1) 订票时可选座位号，登机时对乘客以姓相称；(2) 殷勤款待，乘飞机如同做客；(3) 照顾乘客休息、用餐，将饭店服务方式搬进机舱，赠送纪念品加优待券，希望再次光顾。以上这些及其他各项服务措施，构成新航充满活力的公共关系，使新航在国际航线上赢得了声誉、赢得了顾客，在激烈的国际竞争中胜人一筹。

资料来源：http://www.docin.com/p-1450037780.html.

案例点评

新加坡航空公司为塑造本组织的形象，从公关基本原理出发，实行了完善服务的一系列措施，其突出特色在于新加坡航空公司抓住每一个细小环节来赢得顾客的信任，打造服务型公关模式，以提供各种实惠的服务工作为主，目的是以实际行动获得社会公众的好评，树立组织的良好形象。新加坡航空公司在整个航行过程中，让旅客时刻都能感受到乘务员无微不至的热情服务，使航行生活显得丰富多彩，充满情趣。切实把服务型公关模式有效地通过东方式的殷勤待客、一视同仁、无微不至等礼仪、礼貌达到"行动"层次。

有人说："现在的顾客与其说是买东西，不如说是买服务，就交易成功率来说，周到的服务大于商品的质量与价格。"而服务很大程度上体现在对顾客的礼仪态度。礼仪态度周到周全，就基本能够建立良好的顾客关系。建立良好的顾客关系的目的，是促使消费者形成对组织及其产品或服务的良好印象和评价，提高组织及其产品或服务的知名度和美誉度，增加对市场的影响力和吸引力，实现组织与顾客利益的双赢。

案例阅读3

海尔集团的真诚服务

海尔集团是我国家电行业的著名企业，它不仅因其产品质量高而畅销世界，而且还因其所提倡的"海尔国际星级服务"享誉全球。

"满足用户的潜在需求"是"海尔国际星级服务"的宗旨所在。在这一宗旨的指导下，海尔集团于 1990 年投资 800 万元建立海尔售后服务中心。为了实现"国际星级服务"，海尔人制定了著名的售后"一、二、三、四服务模式"。

一个结果——服务满意。

二条理念——带走用户的烦恼，留下海尔的真诚。

三个控制——服务投诉率小于 10%，服务遗漏率小于 10%，服务不满意率小于 10%。

四个不漏——一个不漏地记录用户反映的问题，一个不漏地处理用户反映的问题，一个不漏地复查处理结果，一个不漏地将结果反映到设计、生产、经营部门。

为了落实"一、二、三、四服务模式"，海尔公司规定上门维修人员在顾客家中洁净的地板上铺上一条专用布，完工后自带抹布将维修时留下的污渍擦拭干净；如果客户的冰箱需要拉回中心修理，那么顾客马上会得到一台周转冰箱使用。与此同时，海尔对所有服务人员规定：上门维修不许抽烟、喝酒、吃饭、接受礼品，后来干脆规定连用户的水也不准喝。于是便有了海尔人自带矿泉水上门维修的情景。

资料来源：http://www.docin.com/p-1589018305.html.

案例点评

良好的服务往往外在体现为礼貌周到、礼仪周全。海尔公司开展的“国际星级服务”活动属于服务型公共关系。在当前国内家电市场上，竞争十分激烈，在同类产品的性能、价格相差不多的情况下，哪个企业能提供优质的服务，哪个企业就能赢得更多的顾客。从某种意义上讲，实实在在的优惠服务，比一般的广告宣传更能打动顾客，为企业树立良好形象。

海尔公司的“国际星级服务”：(1) 创造条件，具备服务设施。海尔集团于1990年投资800万元建立海尔售后服务中心，成为优质服务的可靠保证。(2) 开动脑筋，确定服务的方向和内容。海尔不仅建立了服务中心，而且从顾客利益着想，制定“一、二、三、四服务模式”，一整套服务措施使服务工作尽可能让顾客满意。(3) 力所能及，说到做到。海尔不仅制定了详细的服务规范，而且有严格的管理，非常周全具体，并保证说到做到。工人上门服务，不仅不吸烟、喝酒、收礼品，甚至自带矿泉水上门服务，从而赢得了顾客的好评，以实际行动为企业树立了良好形象，扩大了市场。

案例阅读4

女总统的笑

马耳他前女总统芭芭拉访问上海期间，曾下榻锦江饭店，锦江饭店公关部的同志在接到任务后查阅了大量资料，进行了周密的准备。当芭芭拉走进总统客房时，意外地发现化妆台上放置了全套“露美”化妆品、吹风机和珠花拖鞋，房间内还放置了一架昂贵的钢琴。面对这极为中意的一切，她笑了，并高兴地弹起了钢琴。临别时她亲笔留言：“在上海逗留期间，感谢你们给予我一流的服务，并祝你们前途美好!”女总统的留言被多家媒体报道。

资料来源：http://www.docin.com/p-848012363.html.

案例点评

礼仪的核心是“尊重”。著名心理学家简·尼尔森说过：“感觉好才能做得好。”服务礼仪最根本的核心就是让顾客感觉好。当女总统走进饭店，看到饭店不仅准备了她的照片，还按照她的习惯准备了相应的物品，她自然会感受到酒店的用心。当我们被商家当成家人一样呵护时，我们就会对商家产生信赖感。这种美好的感觉会随着客人的人际交往而被广泛传播，也就成就了一个商家的美誉度。

案例阅读5

计算机大鳄的礼仪教训

曾经的“电脑之王”、美籍华人王安，20世纪50年代从哈佛大学毕业后便投身于新型的计算机行业。80年代中期，王安计算机公司在全球计算机和办公室电脑设备领域独领风骚。王安个人资产一度高达20亿美元，为全球第五富翁和华人首富，并进入“美国发明家殿堂”，与爱迪生等发明家齐名。

然而，80年代后期，王安公司因管理和研发问题而每况愈下。面对IBM的竞争，王安只好寻求与英特尔的合作，但英特尔并没有表现出多大热情，原因是多年前掌门人格鲁夫对王安的一次拜访受挫。当时为了促销英特尔公司的产品，格鲁夫前往王安的办公室，当他将样品放在王安的办公桌上时，王安只是瞟去轻蔑的眼神，这让格鲁夫感到羞辱，而且会谈期间王安频频接电话，屡屡打断他们的会谈。事后，格鲁夫在出差报告中写道："我害怕的是我将被他那深沉的哈欠声所淹没。"

没想到，多年前的失礼使王安丧失了挽救公司的一次关键性机会，1992 年王安计算机公司宣告破产。比尔·盖茨曾说，如果王安能再一次完成其战略转型，世界上可能就没有今天的微软公司，"我可能就在某个地方成了一位数学家或一位律师"。

资料来源：许湘岳，蒋璟萍，费秋萍．礼仪训练教程．北京：人民出版社，2012.

案例点评

礼仪反映一个人的气质风度、阅历见识、道德修养、精神风貌，因此礼仪就是教养。在公众面前的礼仪就是公关表达的内容之一。公关中运用礼仪可以帮助人们规范彼此的交往行为，更好地向公众表达自己的尊重、敬佩、友好和善意，增进彼此之间的了解和信任，良好的人际关系会促进形成和睦的工作伙伴关系。如果对方没有感受到你在尊重，你在其他方面的任何努力也许都将白费。懂得以礼相待他人，才会拥有更多的支持者，才能获得更多的机会。

案例阅读 6

周恩来的两次握手

1972 年 2 月 21 日，这一天是尼克松访华的日子。

候机厅旁的小休息室里，周恩来、叶剑英、李先念等国家领导人已等候多时。天上银色的飞机扯着尖锐的呼啸，发出颤震的轰鸣，降落在主跑道上。这时周恩来率先走出大厅门，站在分支跑道边，跑道两边插着彩旗，陆海空仪仗队穿着大衣笔直地站在凛冽的寒风中……

记者们屏息静气，紧张地等待大洋两岸历史性的握手！

舱门打开，第一个出现在门口的是满面笑容、挥手致意的尼克松，紧跟身后的是他的夫人。尼克松身着灰色的呢大衣，夫人则如一团火，鲜红鲜红的……这时人们有些奇怪，走下飞机舷梯的怎么只有尼克松夫妇俩人，其他人呢？

尼克松微笑着下舷梯，他的步子很快，一会儿挥手，一会儿鼓掌，走到离地面还有三四级台阶时就伸出了手，笔直地伸向二三米开外的周恩来。

周恩来不卑不亢，面带笑容，也伸出手等待着这只从太平洋彼岸伸过来的手……

后来记者们才知道，为什么舱门打开只看见了尼克松夫妇。原来飞机降落后，尼克松坚持把随行人员和100多名记者全部留在机舱内，因为他心里明白，18年前，即1954年日内瓦国际会议上，美国前国务卿约翰·福斯特·杜勒斯曾拒绝和中国的总理握手。18年后，尼克松与周恩来握手不仅事关两国重要关系，而且可以弥补前任留下的民族裂隙。

尼克松有意要让历史画卷中，永远留下他与周总理单独握手的镜头……

中国与美国，两双世界巨手终于跨越了25年的时间距离，横跨了辽阔太平洋的空间距离，紧紧地握在一起，足足有一分多钟。

手与手传递了一个明确的信息：一个时代结束了，另一个时代开始了！

尼克松激动地说："总理先生，我感到很荣幸，终于来到了你们伟大的国家。"

周恩来说："总统先生，非常欢迎你到我们的国家访问。你把手伸过了世界最辽阔的海洋来和我握手。我们有25年没有交往了啊！"

资料来源：顾保孜. 周恩来与尼克松握手背后的故事. 新浪专栏·中南海光影.

案例点评

在日内瓦会议期间，美国代表企图把中国代表视为根本不存在。美国代表团团长杜勒斯当时命令美国代表团不许同中国的代表团成员握手。当周总理在休息室等候进入会场时，杜勒斯并不知道都有哪些人在休息室，于是他推门而入。周总理见杜勒斯进来了，准备走向前去同他握手，他一见到周总理，马上转头便跑。但是，美国代表团副团长史密斯将军对杜勒斯的这一做法却很不以为然，他认为即使是敌人，在停战以后双方也会互相握手。因此他走到周总理身边。由于杜勒斯曾命令不许同对方握手，他向周总理伸出手来，用手按一下周总理的肩膀。在日内瓦会议之后，“握手”成了中美关系的象征性词汇。

对此事印象最深的大概是首次访问中国的美国前总统尼克松。1972年2月，他在飞往北京的航程中对身边工作人员说了6次，要他们在飞机到达北京首都机场的时候不要紧跟着他出舱门，要让他独自与周恩来握手，以弥补当年杜勒斯的失礼。1972年2月21日，尼克松乘坐的“空军一号”在北京着陆以后，他即和夫人走下舷梯。这时，周恩来正在寒风中等着他。尼克松在回忆录中写道：“我知道，1954年在日内瓦会议时福斯特·杜勒斯拒绝同周恩来握手，使他深受侮辱。因此，我走完舷梯时决心一边伸出我的手，一边向他走去。我们的手相握时，一个时代结束了，另一个时代开始了。”

实训导引

1. 实训任务：设计一次“××公关活动”的迎来送往。

2. 实训目标：以小组为单位，模拟公关活动中的接待、会谈与送客礼仪。

3. 实训步骤：

（1）分小组，4～8人为一组。

（2）设计一次公关活动，体现公关活动中迎来送往的礼仪，各组合理进行人员分配，保证每个人都有工作任务。

（3）可以做成视频，也可以现场展示，要求完整、正确体现公关礼仪的各个环节。

4. 实训时间和地点：课外设计和演练，课堂展示和分享，时间控制在10分钟以内，评价反思的时间控制在10分钟以内。

5. 实训评估与反思：

任务单

<table>
<tr><td>组名</td><td></td><td>组织姓名</td><td colspan="2"></td></tr>
<tr><td colspan="3">工作程序指引及记录内容</td><td colspan="2">完成的打“√”</td></tr>
<tr><td>1. 确定本次小组长</td><td colspan="2">小组长姓名：</td><td colspan="2"></td></tr>
<tr><td>2. 小组集体查阅资料</td><td colspan="2">/</td><td colspan="2"></td></tr>
<tr><td>3. 明确任务</td><td colspan="2">/</td><td colspan="2"></td></tr>
<tr><td>4. 组员任务分配</td><td colspan="2">/</td><td colspan="2"></td></tr>
<tr><td>5. 设计公关活动礼仪</td><td colspan="2">/</td><td colspan="2"></td></tr>
<tr><td>6. 根据小组分工，完成自己的任务</td><td colspan="2">/</td><td colspan="2"></td></tr>
<tr><td>7. 班级交流</td><td colspan="2">展示人：</td><td colspan="2"></td></tr>
<tr><td>8. 小组自我评价及反馈</td><td colspan="2"></td><td colspan="2"></td></tr>
<tr><td>9. 个人加分点</td><td colspan="2"></td><td colspan="2">/</td></tr>
<tr><td>写给老师的话</td><td colspan="4"></td></tr>
<tr><td>指导教师评语</td><td colspan="2"></td><td>签名</td><td></td></tr>
</table>

任务评价表

<table>
<tr><td>课程名称</td><td colspan="6"></td></tr>
<tr><td>实训任务名称</td><td colspan="6"></td></tr>
<tr><td colspan="7">三方评价成绩</td></tr>
<tr><td>评分项目</td><td colspan="2">评分内容</td><td>配分</td><td>自评</td><td>小组评分</td><td>教师确认</td></tr>
<tr><td>明确任务获取信息</td><td colspan="2">能有效利用图书馆资源、网络资源、教材等查找有效信息；
能用自己的语言有条理地去解释、表述所学内容；
能将查找到的信息有效运用到工作任务中。</td><td>10分</td><td></td><td></td><td></td></tr>
<tr><td>感知任务制订计划</td><td colspan="2">是否熟悉你的任务，认同工作价值；
是否具有执行力；
小组计划制订得是否合理，并具有可操作性。</td><td>10分</td><td></td><td></td><td></td></tr>
<tr><td rowspan="3">实施任务</td><td colspan="2">与教师、组员之间是否相互尊重、理解；
与教师、组员之间是否能够保持多向、丰富、适宜的信息交流。</td><td>10分</td><td></td><td></td><td></td></tr>
<tr><td colspan="2">探究学习、自主学习不流于形式，处理好合作学习和独立思考的关系，做到有效训练；
能提出有意义的问题或能发表个人见解；
能按要求正确操作；
能够倾听、协作、分享。</td><td>10分</td><td></td><td></td><td></td></tr>
<tr><td colspan="2">遵守实训任务要求，实训过程符合目标；
训练过程出勤情况和完成工作任务情况较好；
善于多角度思考问题，能主动发现、提出有价值的问题。</td><td>20分</td><td></td><td></td><td></td></tr>
<tr><td rowspan="2">展示成果</td><td colspan="2">在展示成果中考核小组工作计划、技能训练是否符合目标与要求；
是否获得了进一步发展的能力和创新能力；
是否有良好的语言表达能力。</td><td>10分</td><td></td><td></td><td></td></tr>
<tr><td colspan="2">在展示成果中发现学习者是否有发现问题、提出问题、分析问题、解决问题、创新问题的能力。</td><td>15分</td><td></td><td></td><td></td></tr>
<tr><td>评定反馈</td><td colspan="2">按时按质完成实训任务；
较好地掌握专业知识点；
具有较强的信息分析能力和理解能力；
具有较为全面严谨的思维能力并能条理明晰地表述。</td><td>15分</td><td></td><td></td><td></td></tr>
<tr><td colspan="3">总分（100分）</td><td></td><td></td><td></td><td></td></tr>
<tr><td rowspan="3">评语</td><td>自我整体评价</td><td colspan="2"></td><td colspan="3">学生签名</td></tr>
<tr><td>小组整体评价</td><td colspan="2"></td><td colspan="3">组长签名</td></tr>
<tr><td>教师整体评价</td><td colspan="2"></td><td colspan="3">教师签名</td></tr>
</table>

阅读必备

公关礼仪的含义

公关礼仪是指公关人员在公关活动中应遵循的礼仪要求。公关礼仪不包括其他场合的礼仪。但是，公关礼仪与其他交际礼仪也有相通之处，只不过目的、对象有所不同罢了。

公关礼仪的作用

在日常生活和工作中，礼仪能够调节人际关系，在一定意义上说，礼仪是人际关系和谐发展的调节器，人们在交往时按礼仪规范去做，有助于人与人之间互相尊重，建立友好合作的关系，缓和和避免不必要的矛盾和冲突。一般来说，人们受到尊重、礼遇、赞同和帮助就会产生吸引心理，形成友谊关系，反之会产生敌对、抵触、反感，甚至憎恶的心理。

礼仪具有很强的凝聚情感的作用。礼仪的重要功能是对人际关系的调解。在现代生活中，组织与公众的关系错综复杂，在平静中会突然发生冲突，甚至采取极端行为。礼仪有利于促使冲突各方保持冷静，缓解已经激化的矛盾。如果公关人员都能够自觉主动地遵守礼仪规范，按照礼仪规范约束自己，就容易使组织与公众间感情得以沟通，建立起相互尊重、彼此信任、友好合作的关系，进而有利于各种事业的发展。所以礼仪是组织形象、组织文化、员工修养素质的综合体现，我们只有遵循礼仪要求，才能将组织在形象塑造、文化表达上提升到一个满意的地位。

公关礼仪的类型

1. 电话礼仪

（1）电话形象，十分重要；

（2）未打电话，先要思考；

（3）接通电话，莫忘客套；

（4）控制音量，亲切稳重；

（5）铃声一响，规范接话；

（6）对方事情，礼貌待之；

（7）做好记录，准确应答；

（8）接话完毕，别忘客气；

（9）移动电话，勿扰他人。

2. 空间礼仪

（1）人际交往，须留空间；

（2）常见空间，各有定数（亲密距离、私人距离、社交距离）；

（3）具体空间，因情而变。

3. 体态礼仪

（1）体态含义，各有异同；

（2）站有站相，挺直如松；

（3）走有走姿，从容稳直；

（4）坐有坐相，文雅端庄；

（5）仪态万千，手势领先。

4. 舞会礼仪

(1) 提高认识，认真准备；

(2) 礼貌邀请，文明共舞。

5. 服饰礼仪

(1) 服装的色彩与款式造型：服装色彩，各有效应；色彩搭配，注意效果；根据肤色，选配色彩；了解原始结构，讲究款式造型。

(2) 服饰运用的礼仪要求与技巧：常用礼服，各有讲究；穿着西装，得体大方；饰品佩戴，合情合理；美容化妆，应知技巧；服饰须讲究，遵行TPO。

公关礼仪的注意事项

一忌强硬公关。以老大自居、唯我独尊，与人交往态度冷漠傲慢。

二忌盈利公关。多一个朋友，多一条路子。就商务合作来说，任何人很难一开始就成为你的客户，总会从准客户向实际客户过渡。所以，就当你所交往的人都是准客户，以一样的激情、热情、诚意和他交往，总会在你不经意的时候，“投之以桃，报之以李”。

三忌一次公关。具体表现有两种：一种是公关礼仪中，为了达到自己的目的，有求必应，达到目的后就无视对方的要求了；另外一种是一次社交目的成功达到后，就不再和对方联系了，认为“以后反正也不用他了”。这种短期行为，势必使自己的朋友越来越少。

四忌高层公关。认为“擒贼先擒王”是条百试不爽的捷径，总是寻找对方的最高领导来做“尚方宝剑”，逼迫对方就范。这样做一是不可能得到对方心悦诚服的、长久的帮助，二是这种关系是人情网，在市场经济下，竞争越来越透明的今天，容易受各种因素影响，以致自食苦果。

五忌江湖公关。把社交信誉押在江湖义气上，以感情取代原则和理性，结果往往让别有心机的人钻了空子，使自己蒙受损失。

六忌媚求公关。公关不能通过获得别人的同情而获得交情，任何一个上进的组织和个人，或有一定位置的组织和有身份的人，都不会和可怜虫、溜须拍马的人进行平等的交往。

阅读链接

1. 许湘岳、蒋璟萍、费秋萍：《礼仪训练教程》，北京，人民出版社，2012。

2. 宋海燕、纪亚飞：《销售礼仪标准培训》，北京，中国纺织出版社，2014。

3. 吕艳芝、纪亚飞：《银行服务礼仪标准培训》，北京，中国纺织出版社，2014。

4. 吕艳芝、朱玉华：《饭店服务礼仪标准培训》，北京，中国纺织出版社，2014。

5. 纪亚飞：《优雅得体中西餐礼仪》，北京，中国纺织出版社，2014。

6. 吕艳芝：《公务礼仪标准培训》(第2版)，北京，中国纺织出版社，2016。

参考文献

1. 居延安. 公共关系学. 上海：复旦大学出版社，2001.

2. 赵驹，王小玲. 公关策划，北京：北京大学出版社，2006.

3. 中国国际公共关系协会. 第七届最佳公共关系案例. 北京：清华大学出版社，2007.

4. 大龙，王庐霞，尹涛. 中国式公关. 北京：中信出版社，2006.

5. 王培才. 公共关系理论与实务. 北京：电子工业出版社，2014.

6. 陈秀丽. 世界十大公关败局. 北京：清华大学出版社，2006.

7. 胡百精. 2006 年中国危机管理报告. 北京：中国人民大学出版社，2006.

8. 游昌乔. 危机公关案例回放及点评. 北京：北京大学出版社，2006.

9. 杨俊. 新型实用公共关系. 北京：经济科学出版社，2010.

10. 齐小华，殷娟娟. 公共关系案例研究. 武汉：武汉大学出版社，2009.